Cloud FinOps

클라우드 핀옵스

클라우드 핀옵스

비용은 최소화 운영은 최적화

초판 1쇄 발행 2020년 12월 1일

지은이 J. R. 스토먼트, 마이크 풀러 / **옮긴이** 오성근 / **펴낸이** 김태헌
펴낸곳 한빛미디어(주) / **주소** 서울시 서대문구 연희로2길 62 한빛미디어(주) IT출판부
전화 02-325-5544 / **팩스** 02-336-7124
등록 1999년 6월 24일 제25100-2017-000058호 / **ISBN** 979-11-6224-363-3 93000

총괄 전정아 / **책임편집** 이상복 / **기획** 김지은, 박용규 / **편집** 박용규
디자인 표지 이아란 내지 김연정 전산편집 백지선
영업 김형진, 김진불, 조유미 / **마케팅** 박상용, 송경석, 조수현, 이행은, 고광일 / **제작** 박성우, 김정우

이 책에 대한 의견이나 오탈자 및 잘못된 내용에 대한 수정 정보는 한빛미디어(주)의 홈페이지나 아래 이메일로 알려주십시오. 잘못된 책은 구입하신 서점에서 교환해드립니다. 책값은 뒤표지에 표시되어 있습니다.
한빛미디어 홈페이지 www.hanbit.co.kr / **이메일** ask@hanbit.co.kr

지금 하지 않으면 할 수 없는 일이 있습니다.
책으로 펴내고 싶은 아이디어나 원고를 메일(writer@hanbit.co.kr)로 보내주세요.
한빛미디어(주)는 여러분의 소중한 경험과 지식을 기다리고 있습니다.

Cloud
FinOps

클라우드 핀옵스

O'REILLY® 한빛미디어
Hanbit Media, Inc.

지은이 · 옮긴이 소개

지은이 **J. R. 스토먼트** J. R. Storment

클라우더빌리티(현재 앱티오 클라우더빌리티)의 공동 설립자다. 지난 10년 동안 제너럴 일렉트릭에서 스포티파이, BP, 나이키, 우버 등 전 세계 최대 클라우드 소비자 수백 명과 함께 협업하며 기술, 문화, 프로세스를 통해 클라우드 지출을 최적화하고 분석하는 전략을 설계했다.

현재 앱티오의 핀옵스 부사장 겸 핀옵스 재단 회장으로 그동안 여러 AWS 리인벤트 행사와 미국, 아시아 태평양, 영국, EU 전역에 걸친 수십 개의 콘퍼런스에서 클라우드 재무관리에 대해 발표했다.

오리건에서 태어나 하와이에서 자라 샌프란시스코, 바르셀로나, 런던에서 거주하며 일했으며 지금은 아내, 아들과 함께 오리건주 포틀랜드에 살고 있다. 스토먼트는 여덟 살 쌍둥이 아들을 둔 아버지인데 그중 한 명은 이 책을 쓰는 기간 중 세상을 떠났다.

지은이 **마이크 풀러** Mike Fuller

지난 7년간 아틀라시안 시드니 본사에서 근무했으며 현재 클라우드 엔지니어링팀(클라우드 혁신 센터)에서 수석 시스템 엔지니어로 근무하고 있다. 아틀라시안의 AWS 이용을 지원하고 아틀라시안 지원 팀들이 보안, 고가용성, 비용을 효율적으로 운영될 수 있도록 지원한다. 아틀라시안의 클라우드 엔지니어링팀은 아틀라시안의 대규모 클라우드 아키텍처 전반에서 모범 사례의 설계, 거버넌스, 구현을 담당한다.

울런공 대학교에서 컴퓨터 과학 학사 학위와 9개의 AWS 자격증을 취득했다. 더불어 AWS 리인벤트, AWS 서밋 행사에서 AWS 보안과 비용 최적화(핀옵스)에 대해 발표했다.

아내, 두 아이와 함께 호주의 남쪽 해안에서 살고, 아름다운 해변과 시골 풍경 사이에서 가족과 함께 시간을 보내고 있다.

옮긴이 오성근 osk@mensakorea.org

SK텔레콤에서 통신망 시스템에 대한 구축/운용, 성능 개선/문제 해결 업무를 거쳐 현재 Core엔지니어링팀에서 설계/CAPEX 투자/신기술 도입 등의 업무를 맡고 있다. 5G/4G Gateway, MEC 시스템을 담당하고 있으며 최근에는 SKT 통신망과 AWS 클라우드를 융합하는 AWS 웨이브렝스 WaveLength 프로젝트도 진행하고 있다.

빠르게 발전하는 IT/클라우드 환경에서 안정적인 통신 시스템을 만들도록 노력하고 사내 강사로 활동하고 있다. 중앙대학교에서 컴퓨터 공학 학사를 따고, 고려대학교에서 컴퓨터 공학 석사로 졸업했으며 동 대학원에서 기술경영학 박사 과정을 밟으며 깊고 넓게 공부하고 있다.

AWS, MS Cloud Admin, 레드햇 RHCE/RHCVA/OpenStack, 오라클 OCP, CISSP, CISA 등의 자격증을 보유하고 있으며 번역서로 『VMware vSphere6 서버 가상화 구축과 운용』(에이콘출판사, 2015), 『오픈스택 인 액션』(한빛미디어, 2016), 『처음 시작하는 AWS 람다』(한빛미디어, 2016), 『매니징 쿠버네티스』(한빛미디어, 2019)가 있다.

옮긴이의 말

코로나19 확산을 계기로 클라우드 활용도가 폭증하고 있습니다. 비대면과 온라인으로 갑작스럽게 이동한 고객의 수요는 클라우드가 있었기에 대응할 수 있었습니다. 위기 상황으로 인해 물리적인 공간에서 경영이 어려웠던 기업에서는 클라우드가 가상 환경에서 경영이 지속될 수 있도록 하는 유일한 수단으로 활용되었습니다.

클라우드는 혁신의 아이콘입니다. 편리하고 유연하지만 지속해서 비용이 발생한다는 특징이 있습니다. 저는 현재 5G, MEC 등 통신 인프라에 대한 투자와 설계를 담당하고 있습니다. 통신 인프라는 주로 온프레미스로 구축하고 있기 때문에 설계 방식에 따라 시스템 용량과 그에 맞는 인프라 물자 투자 비용을 자연스럽게 연결할 수 있습니다. 이러한 투자 비용은 수요에 기반하여 승인을 받게 되고 시스템은 일정 기간의 준비 시간을 거쳐 상용화합니다.

그런데 (이 책에서도 소개되지만) 클라우드 환경에서는 유연한 스케일 아웃(확장)으로 별도의 경영진 승인 없이 용량이 지속 증가하여 준비된 운영비용 예산을 쉽게 소진할 수도 있습니다. 한편 늘어난 인프라는 트래픽이 적은 시간대에는 줄어들어야 합니다. 하지만 통신 서비스 품질을 지켜야 하는 상황에서는 유연한 스케일 인(축소)을 하기 위한 기술적인 제약이 있기도 합니다. 지속 발전하는 기술, 폭증하는 트래픽, 클라우드 전환 등을 고려한 주변 상황에서 안정적이면서도 최적화된 비용을 고려한 시스템 설계를 어떻게 그려가야 할지 많은 고민이 됩니다.

이 책은 전문적인 기술 서적은 아니며 클라우드에 대한 기본적인 지식만 있어도 쉽게 읽을 수 있습니다. 독자분들이 클라우드 기반의 업무를 수행하신다면 여러 관점과 경험을 잘 정리한 이 책이 많은 도움이 되리라 생각이 듭니다.

IT 시장은 워낙 발전 속도가 빠르니 이 책에서 소개하는 클라우드에 대한 내용도 언제든지 업데이트되고 변경되거나 없어질 수 있습니다. 이 책을 통해 중요한 개념을 배우고 세부적인 항목은 각 클라우드 공급 업체 사이트를 참고하길 바랍니다.

미국 속담 등 번역하기 까다로운 부분들은 더 쉽게 읽을 수 있도록 저자의 의도를 해치지 않는 선에서 의역했습니다. 배경지식의 여부에 따라 이해가 되지 않을 수 있는 부분은 가능한 역주를 많이 덧붙였지만 더 쉽게 전달하지 못한 점이 있지는 않을까 하는 마음에 아쉬움이 남습니다. 만약 누락되거나 잘못된 부분이 있다면 언제든지 출판사나 역자에게 해당 부분을 말씀해주세요. 바로 반영토록 노력하겠습니다.

이 책이 출간되기까지 적극적인 관심과 지원을 해준 허근만 그룹장님, 복재원 리더님, 김진태 매니저님, 주변에서 힘이 되어준 선후배님, 동료분들, 번역 과정에서 항상 친절한 안내와 상세한 조언을 해준 박용규, 김지은 편집자님 등 한빛미디어 관계자분들께 감사의 인사를 드립니다.

마지막으로 몇 달 동안 야근과 번역으로 첫째 다윤이와 둘째 준섭이를 잘 보살필 수 없었는데 늘 곁에서 도와주신 양가 부모님과 김성순 이모님, 그리고 한결같이 믿고 응원해준 아내 지은에게 진심 어린 감사와 뜨거운 사랑을 보냅니다.

오성근
2020년 11월

어떤 프로젝트든 컴퓨팅 리소스를 비롯한 비용 문제는 첫 번째 고려 항목입니다. 많은 인프라가 클라우드로 전환되는 상황에서 이 책과 같이 핀옵스를 활용하면 비용 효율에 큰 도움이 되리라 생각합니다.

유헌창(고려대학교, 정보대학 컴퓨터학과 교수)

최근 다양한 산업군에서 클라우드 전환이 진행되고 있습니다. 클라우드는 사업화 지원에서는 매우 좋은 전략이지만 사용량을 잘 관리하지 못하면 많은 비용이 청구될 수 있습니다. 클라우드 도입 시 이 책에서 제시하는 다양한 방법을 고려해보기를 추천합니다.

허근만(SK텔레콤, ICT Infra 센터 Infra Eng 그룹장)

클라우드는 기업이 하나의 기술 트렌드를 넘어 기업 가치를 높이는 새로운 비즈니스 모델을 빠르게 만들고 재무적 가치를 높일 수 있는 도구입니다. 클라우드를 도입한 많은 고객이 이미 핀옵스를 통하여 새로운 사업을 유연하게 기획하고 비즈니스 목표를 중심으로 IT 운영 계획을 지속해서 개선하고 있습니다. 이 책은 새로 클라우드를 도입하는 많은 기업 담당자가 성공적으로 클라우드 전환을 하고자 할 때 알아야 하는 필수 가이드라인을 제시합니다.

김기완(AWS, Senior Solutions Architect Manager)

몇 년 전과는 달리 현재는 IT 분야에 종사하는 전문가라면 그 누구도 '클라우드가 뭐지?' 하며 궁금해하지 않습니다. 오히려 퍼블릭 클라우드로 가려면 가장 빠르고 효과적인 방법이 무엇인가를 묻습니다. 이제 곧 클라우드로 최고의 비즈니스 가치를 얻을 수 있는 방법이 무엇인가를 묻는 시기가 올 것입니다. 클라우드를 계속 성공적으로 사용하려면 지금까지의 재무관리, 구매관리, IT 비용 관리 방법론과는 다른 새로운 접근 방법을 생각해야 하기 때문입니다. 이 책에서 소개하는 핀옵스가 바로 새로운 접근법입니다. 핀옵스는 클라우드 때문에 생겨난 새로운 분야이고 클라우드를 사용하는 모든 기업에 꼭 필요합니다. 또한 앞으로 그 중요성이 더 커질 분야입니다. 클라우드를 사용하는 각 기업의 재무, 구매, IT 관리자들이 핀옵스를 이해하고 적용하는 데 이 책은 큰 도움이 될 것입니다.

유 폴 Paul Yu(**베스핀글로벌**Bespin Global, **Cloud Services Delivery 부문장**)

클라우드의 자유에는 핀옵스의 책임이 따릅니다. 각 기업은 소프트웨어 엔지니어가 솔루션 비용을 책임지는 운영 모델로 나아가야 합니다. 이 책은 어디서부터 어떻게 시작해야 할지 알려줍니다.

디터 마치온 Dieter Matzion(**핀옵스 전문가**)

현재 클라우드 전략의 대부분은 재정적인 요소입니다. 클라우드 기반 솔루션의 장기적인 비즈니스 가치는 클라우드 프로비저닝의 경제성에 따라 어디에서 무엇을 실행해야 할지에 대한 올바른 결정을 내리는 데 달려 있습니다. 그러나 일반적으로 클라우드 비용, 특히 재무관리에 대한 이해가 많이 부족합니다. 이 책은 안개 속을 헤치고 클라우드 의사결정권자에게 현재와 미래를 대비하여 올바른 선택을 내리는 데 필요한 사항을 명확하게 알려줍니다.

존 콜린스 Jon Collins(**기가옴**GigaOm **연구소 부사장**)

핀옵스는 재무팀과 기술팀이 협업하는 새로운 모델로 주목받고 있습니다. 이 책은 조직이 혁신을 늦추지 않고도 클라우드 지출을 관리하고 최적화하며 발전시킬 수 있도록 로드맵을 제시합니다. 이 책은 재무팀과 기술팀 모두가 클라우드 재무관리에서 각자의 역할을 이해할 수 있도록 잘 설명해줍니다.

키스 재럿 Keith Jarrett(**클라우드 재무관리 리더**)

헌사

이 책을 와일리에게 바칩니다.

와일리는 언젠가 책을 쓰는 게 꿈이었습니다. 인생의 마지막 세 번의 주말 중 두 번을 이 책이 마무리되기만을 기다려주었고, 결국 이 책 제목을 '핀옵스 똥 똥 책'으로 바꿨습니다.

서문

몇 년 동안 우리는 같은 이야기를 계속 들어왔습니다. 엔지니어링팀은 비용 효율성을 고려하지 않아 실제 필요한 것보다 클라우드에 더 많은 비용을 지출한다는 이야기입니다. 한편 재무팀은 각 팀이 지출하는 금액을 파악하기도 바쁜데 경영진은 회사에서 지출해야 하는 비용을 확보해주지 않고 우선순위 결정도 신경 쓰지 않는다는 이야기입니다.

전통적으로 조달과 구매 프로세스에서는 모든 대규모 장비 구매에 승인이 필요했기 때문에 IT 비용의 대부분을 통제할 수 있었습니다. 그러나 조직이 클라우드로 전환하게 되면서 엔지니어가 가변 지출 모델이라고도 불리는 종량제 모델을 통해 조달 승인 프로세스를 우회할 수 있게 되었습니다. 클라우드 지출이 심각한 수준에 도달하면 조직은 이러한 비용을 할당, 설명, 제어할 수 있어야 합니다. 클라우드 서비스 제공 업체에는 30만 개 이상의 SKU가 있고 매년 수천 개의 새로운 기능이 도입되다 보니 클라우드 재무관리는 자동으로 해결되지 않는 문제입니다.

이제는 새로운 클라우드 재무관리 운영 모델이 필요합니다. 핀옵스의 세상으로 들어가봅시다.

일반적으로 콘퍼런스에서 듣거나 블로그에서 읽을 수 있는 성공 사례에서는 조직이 기술을 어떻게 마이그레이션을 했는지에 중점을 둡니다. 이 사례들은 보통 개발팀과 운영팀이 직면한 과제를 어떻게 수행하고 극복했는지에 대한 이야기입니다. 규모와 데이터, 복잡한 문제를 해결하는 데 사용한 최신 서비스에 대해 이야기합니다. 하지만 이러한 성과를 가능하게 한 재무관리 방법은 간과되는 일이 많습니다. 그간 비효율적인 클라우드 재무관리 때문에 실패한 사례가 많은데도 말이죠.

지난 8년 동안 핀옵스 각 담당자는 실무자와 경영진으로부터 일관된 목소리를 들었습니다. 핀옵스 교육과 지식이 부족하다는 것입니다. 마이크는 이러한 이야기를 아틀라시안의 대규모 클라우드 배포를 위한 클라우드 비용 최적화 과정에서 들었고, J. R. 스토먼트는 앱티오 클라우더빌리티의 클라우드 지출 관리 플랫폼을 만든 공동 창립자로서 세계 최대의 클라우드 지출을 코칭하는 동안 이러한 이야기를 들었습니다.

기업들과 기술 유니콘들은 모두 데브옵스와 클라우드의 세계에서 팀들이 일하는 방식을 발전시키기 위해 노력하고 있습니다. 그렇지만 모범 사례들을 체계화하려고 하다 보면 결국 했던 일을 다시 하는 꼴이며 마땅히 바뀔 내용도 없습니다.

성공 사례를 외부에서 찾아봤습니다. 성숙도 곡선에 맞춰 따라가는 소수의 기업(핀옵스 영웅이라고 부름)은 부서 간 이기주의와 장벽을 허물었습니다. 이들은 핀옵스를 도입하기 전보다 더 비용을 절감했습니다. 더 구체적으로 살펴보면 엔지니어들은 더 빠른 속도로 혁신을 실현하고 있었습니다. 조달과 구매 프로세스는 클라우드 제공 업체와 전략적 관계로 사용, 소유하는 것으로 전환되었습니다. 재무팀은 이 프로세스에서 기존의 역할을 하면서 기술적인 측면과 단위 경제성에 초점을 맞추는 적극적인 파트너로 변했습니다. 그리고 경영진은 속도, 품질, 비용 중에서 우선순위를 정해주고 전략적인 선택을 하게 되었습니다.

핀옵스를 공식적으로 정의하고 업계 최고의 핀옵스 실무자를 모아야 한다는 필요성과 함께 모두가 배울 수 있는 리소스에 대한 요청을 자주 들었습니다. 따라서 업계 최고의 사람들이 어떻게 성공하는지 알아보고 그것을 전 세계와 공유하고자 합니다.

이것이 우리가 핀옵스 재단(*http://finops.org*)을 설립한 이유입니다. 이 책에서 다루는 모범 사례에 힘을 실어준 사람들은 바로 해당 조직의 실무자들입니다. 모든 사례는 그들의 피드백을 기반으로 만들었습니다. 또한 핀옵스에 대한 실제 의견과 콘텐츠를 연결하는 데 도움이 되도록 이들의 인용문을 넣었습니다.

이 책에 대하여

핀옵스는 1장에서 공식적으로 정의하겠습니다. 우리가 만든 정의는 가장 경험이 풍부한 클라우드 재무팀(연간 수억 달러의 클라우드 지출비용을 관리하는 팀)과 협력하여 공식화했습니다. 재무팀이 파악하고 해결한 몇 가지 실수, 위험 요소와 함께 클라우드 성공을 달성하기 위한 공통적인 관행을 모았습니다. 효과적인 핀옵스가 어떤 모습이고 조직에 어떻게 적용되는지 보여드리겠습니다.

이전에는 이러한 지식에 접근할 수 있는 유일한 방법은 전문가들이 자신의 아이디어를 발표하는 공개 행사에 참석하는 것뿐이었습니다. 이 책과 핀옵스 재단은 이를 바꾸려고 합니다. 우리의 창립 헌장 회원에는 스포티파이, 네이션와이드, 피어슨, 아틀라시안, 써모피셔사이언티픽, 히어 테크놀로지, 오스트레일리아 우정공사와 같은 다양한 회사가 있습니다. 핀옵스 재단은 클라우드 재무관리 모범 사례와 표준을 체계화하고 홍보하는 데 중점을 둔 비영리 협회입니다.

핀옵스 재단은 핀옵스에 대해 계속 학습할 수 있는 좋은 장소입니다. 또한 실무자들이 온라인이나 가상 회의에서 흥미로운 주제로 논의하며 만날 수 있는 활기찬 커뮤니티이기도 합니다.

이 책에 수록된 실제 전략, 프로세스, 사례가 우리 모두에게 클라우드 지출을 더 잘 제어할 수 있도록 영감을 주기를 바랍니다. 그리고 이러한 과정으로 회사와 각자의 경력을 더 경쟁력이 있게 만들 수 있다고 생각합니다. 회사와 경력이 더 효과적이고 새롭게 클라우드 재무관리 수단으로 전환되어야 한다고 생각하는 사람이라면 누구나 핀옵스 재단에 가입할 수 있습니다.

J. R. 스토먼트는 클라우더빌리티의 공동 창립자였으며 전체 클라우드 재무관리 성숙도 곡선을 처음부터 거쳤습니다. 따라서 이 책 전체에서는 클라우드 재무관리 플랫폼의 예로 앱티오 클라우더빌리티를 들게 되었습니다. 그러나 핀옵스에는 특정 기술 플랫폼이 필요하지 않습니다. 사용자가 직접 만든 다른 도구, 오픈 소스, 스크립트를 사용하여 이러한 권장 사항 중 일부를 따를 수 있습니다.

대상 독자

엔지니어링, 재무, 조달 및 구매, 제품 및 서비스 사업, 경영진에서 일하는 사람이 퍼블릭 클라우드 기반으로 일해야 한다면 누구나 이 책의 혜택을 누릴 수 있습니다. 조직이 핀옵스의 성격을 이해할 수 있게 되면 이를 비즈니스 전반 관련 팀에 연결할 수 있습니다.

엔지니어와 운영팀은 비용을 일상적인 문제로 생각하는 데 익숙하지 않을 것입니다. 클라우드 이전에는 성능에 대해 걱정했습니다. 하드웨어의 제약을 받고 필요할 때마다 더 많은 서버를 얻을 수 없었기 때문에 리소스를 비축하거나 미리 계획을 세워야 했습니다. 용량 계획은 몇 년이 아니더라도 몇 달 전에 미리 완료되었어야 했습니다. 이제 클라우드에서는 추가 용량이 필요할 때마다 문제를 해결할 수 있습니다. 그러나 이로 인해 비용이라는 새로운 고려 사항이 더해졌습니다. 또한 인프라 선택의 비용과 이것이 비즈니스에 미치는 영향에 대해서도 고민이 필요하게 되었습니다. 처음에는 이러한 고민이 이질적인 느낌이 들고 조달과 구매의 주요 초점과는 어긋나 보일 수도 있습니다. 그렇지만 시간이 지나면 비용도 비즈니스에 긍정적인 영향을 미치기 위해 조정할 수 있는 또 다른 효율성 메트릭이라는 것을 금방 깨달을 수 있게 됩니다.

> 많은 엔지니어가 '문제'를 해결하기 위해 하드웨어를 투입할 것입니다. 핀옵스에서는 엔지니어가 비용(및 이윤)을 고려해야 합니다.
>
> 존 스튜어트John Stuart (잡바이트Jobvite 데브옵스 보안 IT 부사장)

재무팀은 전통적으로 정해진 예산을 기반으로 월별 또는 분기별 보고를 하는 데 중점을 두었지만 이러한 보고는 금방 낡아졌습니다. 이제 이러한 일들은 사업이 지속적으로 발전할 수 있도록 지원하고, 기술팀과 엔지니어링팀이 적극적으로 협력하여 엔지니어(비용에 대해 생각하는 데 익숙하지 않은 사람)의 작업을 기반으로 지출이 예측될 수 있도록 발전했습니다. 즉 불투명하고 고정된 설비투자비용 보고에서 투명하고 유동적인 운영비용 예측으로 전환되고 있습니다. 이러한 역할의 일환으로 재무팀은 수천 개의 상품 재고 단위에서 클라우드 지출의 원인이 무엇인지 이해하는 파트너가 됩니다. 또한 재무 업무를 수행하는 방법에 대한 근본적 혁신 및 경영진과 투자자에게 기술 지출을 보고하는 방법을 변경할 수 있도록 고민하고 지원하고 있습니다.

조달팀과 구매팀은 지출을 엄격하게 통제하고, 신중하게 요금 협상을 하고, 공급 업체에 비용을 지불하기 전 구매력을 행사하는 데 익숙했습니다. 이제 조달팀은 전략의 핵심이 됩니다. 조달팀은 모든 악성 지출을 클라우드 서비스 제공 업체와 엔터프라이즈 계약으로 통합하여 엔지니어가 이미 사용 중인 제품에 대해서 제일 좋은 요율로 협상합니다.

> 클라우드 제공 업체로부터 비용을 조금 깎는다고 이기는 것이 아닙니다. 우리는 고객에게 기능을
> 제공함으로써 이기는 것입니다.

앨릭스 랜디스Alex Landis (오토데스크Autodesk)

CIO 또는 CTO와 같은 기술경영진은 많은 지출 결정을 통제할 수 없게 되었습니다. 이제는 팀이 합리적인 예산 내에서 운영할 수 있도록 신뢰해야 합니다. 기술경영진은 더 이상 대규모 구매 결정을 계획하지 않습니다. 대신 현재 발생하고 있는 지출을 예측하는 방법에 대해 더 많이 생각합니다. 대화 주제는 서비스에 대한 용량을 확보하는 것에서 지출할 적절한 비용을 확보하는 것으로 바뀌었습니다. 기술경영진은 지출 금액을 더 잘 통제하고 지출되는 부분에 대해 전략적으로 영향을 미칠 수 있기를 원합니다.

이 책은 공통 용어와 따라야 할 모범 사례를 제시하여 각 역할이 겪는 장벽을 허물고자 합니다.

읽기 전에 알아야 할 사항

새로운 핀옵스 세계에서 모두가 어떻게 성공할 수 있을지 공유하고자 합니다. 공유를 통해 회사들은 더 경쟁력을 갖추는 데 도움이 될 것입니다. 이 책의 독자는 세 가지 주요 퍼블릭 클라우드 제공 업체인 아마존 웹 서비스(AWS), 애저(Azure), 구글 클라우드 플랫폼(GCP) 중 적어도 하나에 대한 기본 수준의 지식을 보유하고 있다고 가정했습니다. 독자는 클라우드의 작동 방식과 리소스 비용을 이해해야 합니다. 또한 컴퓨팅 및 스토리지와 같은 주요 리소스 유형과 관리형 데이터베이스, 대기열, 객체 스토리지와 같은 고급 서비스 제품도 숙지해야 합니다.

AWS에 필요한 수준의 지식을 갖추기 위해서 AWS 비즈니스 프로페셔널 교육을 수강하는 게

좋고, AWS 클라우드 전문가 자격증을 취득하면 더 좋습니다. 둘 다 AWS에서 작동하는 기본 사항을 다룹니다. 구글의 경우 GCP 기초 과정을, 애저의 경우 애저 기초 학습 과정을 확인해 보길 바랍니다. 이러한 과정은 일반적으로 1일 워크숍이나 온라인 교육을 통해 완료할 수 있습니다.

독자는 클라우드 컴퓨팅 작동 방식의 기본 지식도 이해해야 합니다. 일반적인 사례들을 포함하여 클라우드 공급자의 주요 서비스를 알고 있어야 합니다. 종량제 소비 모델에서 청구 및 가격이 어떻게 작동하는지에 대한 기본적인 이해도 필요합니다.

예를 들어 AWS 사용자는 EC2와 RDS의 차이점을 이미 알고 있어야 합니다. 온디맨드, 예약 인스턴스(RI), 스팟과 같은 리소스에 대한 비용을 지불하는 다양한 방법이 있음을 이해해야 합니다. 예약 인스턴스의 작동 방식을 자세히 모르거나 구매하기 위한 전략을 어떻게 계획할지 잘 몰라도 괜찮습니다. 이에 대해서는 자세히 설명하겠지만 EC2 리소스 비용을 절약하는 데 사용할 수 있다는 것은 이미 알고 있어야 합니다.

핀옵스는 진화 중

지난 몇 년 동안 오늘날 우리가 핀옵스라고 부르는 것이 진화해왔으며 앞으로도 계속 진화할 것입니다. 클라우드 서비스 제공 업체가 점점 더 많은 서비스를 제공하고 플랫폼을 최적화하는 다양한 방법을 계속 제공함에 따라 핀옵스는 계속해서 적응할 것입니다. 이 책에서 살펴보는 클라우드 서비스 제공 업체의 구체적인 제품 세부 사항을 항상 확인하는 것이 좋습니다. 책 내용에 대한 수정, 대안에 관한 의견, 비판이 있다면 우리에게 연락해주시면 좋겠습니다. 여러분의 피드백 덕분에 오늘날의 성공적인 핀옵스 방식들을 수립할 수 있었습니다.

*http://finops.org/book*을 확인하여 최신 정보 및 클라우드의 최근 변경 사항에 대한 반응을 확인하길 바랍니다.

감사의 말

많은 시간 동안 핀옵스와 콘텐츠에 관해서만 이야기하며 힘든 시간을 보낸 가족들에게 감사의 인사를 전합니다.

오라일리 팀원 여러분(어밀리아 블레빈스[Amelia Blevins], 존 데빈스[John Devins], 세라 그레이[Sarah Grey], 버지니아 윌슨[Virginia Wilson])의 노력 없이는 결코 해낼 수 없었을 것입니다.

다듬어지지 않은 문장들을 부드럽게 만들 때까지 정말 많은 시간을 쏟아준 개빈 케이힐[Gavin Cahill]에게 감사합니다.

핀옵스 스토리를 더욱 일관된 목소리로 다듬고 명확하게 해준 메시지 글루[Message Glue]의 켄 보인튼[Ken Boynton]에게 감사합니다.

책 전체에 인용할 수 있게 해준 모든 사람에게 감사의 인사를 보냅니다.

핀옵스 재단의 모든 회원에게 감사 인사를 보냅니다. 핀옵스 재단을 시작하면서 핀옵스가 무엇인지 공식화하는 데 도움을 준 창립 멤버의 열정과 회원사, 실무자들의 수에 의해서 겸손하게 되었습니다.

수년 동안 클라우드의 문제 및 해결 방안에 대해 여러 회사의 이야기를 공유해 준 분들과 협업했습니다. 여러분 모두에게 감사합니다.

마지막으로 기술 검토 과정에서 콘텐츠를 리뷰해주신 다음 모든 분께 감사드립니다. 여러분의 피드백 덕분에 이 책은 더 나아졌습니다. Adam Heher, Alex Hullah, Alex Landis, Alexander Price, Alex Sung, Alison Pumma, Ally Anderson, Anders Hagman, Andrew Midgley, Andrew Thornberry, Anthony Tambasco, Ashley Hromatko, Ben Kwan, Bhupendra Hirani, Bob Nemeth, Casey Doran, Dana Martin, Darek Gajewski, David Andrews, David Angot, David Arnold, David Shurtliff, David Vale, Dean Layton-James, Dieter Matzion, Elliot Borst, Elliott Spira, Ephraim Baron, Erik Onnen, James Jackson, Jason Fuller, Jess Belliveau, John Merritt, John Stuart, Jon Collins, Joseph Daly, Justin Kean, Keith Jarrett, Manish Dalwadi,

Marsha Shoemaker, Martin Bleakley, Matt Finlayson, Matt Leonard, Michele Allesandrini, Nabil Zakaria, Naveen Chand, Pedro Silva, Phillip Coletti, Rob Martin, Sascha Curth, Shane Anderson, Stephanie Gooch, Stephen Elliot, Tom March, Tom Marrs, Tony Curry, Umang Sehgal, Vasilio Markanastasakis, Wendy Smith.

CONTENTS

CHAPTER 1 핀옵스란

CHAPTER 2 왜 핀옵스일까

CONTENTS

CONTENTS

CHAPTER 7 나의 현재 위치는 핀옵스의 어느 단계일까

CHAPTER 8 할당하기

CHAPTER 9 태그, 라벨, 계정

CHAPTER 10 목표 달성을 위한 최적화

CONTENTS

CHAPTER 11 사용량 줄이기: 사용량 최적화

CONTENTS

CHAPTER **14 예약 인스턴스와 약정 사용 할인 전략**

CHAPTER **15** 사업 목표에 맞춘 협력

CHAPTER **16** 메트릭 기반 비용 최적화

CONTENTS

CHAPTER 17 비용 관리 자동화

CHAPTER 18 컨테이너 세상에서의 핀옵스

CHAPTER **19 경제 단위 관리: 핀옵스 최고 수준**

핀옵스 소개

이 책의 첫 부분에서는 핀옵스FinOps의 정의, 팀 운영 방식, 핀옵스 용어, 클라우드 서비스 요금 청구 방식 등 기본적인 많은 사항을 다룹니다.

Part I

핀옵스 소개

핀옵스란

핀옵스는 클라우드 흐름에 맞춰 자연스럽게 등장했습니다. 어떤 사람이나 회사가 생각한 것이 아닙니다. 온디맨드^{on-demand} 클라우드 리소스와 기존 기술 경영론이 더 이상 관련이 없어졌습니다. 이러한 원인으로 핀옵스는 전 세계적으로 발달한 방법론이 되었습니다. 이런 현상은 문화적인 변화이며 하나의 과정입니다.

핀옵스는 클라우드의 다양한 지출 모델인 재정적인 부분을 담당합니다. 재정적인 부분을 담당한다는 의미는 단지 결론적인 관점에서의 작은 정보일 뿐입니다. 클라우드 운영이 중심이 되면서 기술과 재무 의사결정권은 조직의 각 팀으로 이동합니다. 핀옵스는 오랫동안 사용한 용량 설계 방법론[1]을 뒤집었고 이미 사용한 기술에 대한 요금 최적화 분석을 하는 툴로 자리매김하고 있습니다. 또한 IT, 재무, 비즈니스 전문가가 경험해본 적 없는 방식으로 협력해야 합니다. 기존의 인프라 관리 방식은 클라우드에서는 비효율적일 뿐만 아니라 필요가 없습니다.

1장에서는 핀옵스의 핵심 원칙과 클라우드 성공을 위해 핀옵스를 도입해야 하는 이유를 다룹니다.

핀옵스를 정의하는 단계를 한 실무자의 이야기로 시작하겠습니다.

---

1 옮긴이_ 서비스 시나리오, 설계 구조, 예상 접속자 수, 주요 자원(CPU, 메모리, 스토리지, 네트워크)에 대한 요구 사항 등을 반영하여 필요한 용량에 맞춘 인프라를 설계하고 구매하는 방식입니다.

1.1 핀옵스 영웅의 업무 이야기

오늘날 핀옵스 리더는 IT와 가상화 서버를 관리, 계획, 회계하는 업무를 수행합니다. 여러분이 그동안 들어봤을 아주 진부한 이야기를 하겠습니다. 아마 이 책을 읽는 여러분도 비슷한 업무를 시작하려고 하거나, 현재 진행 중이거나, 이미 일부 업무를 완료했을 수도 있습니다. 이야기의 주인공은 핀Finn입니다.

핀에게 주어진 업무는 매우 간단했습니다. 과거의 재무 보고서는 분기별로 수행되고 용량 계획은 제품의 변화하는 수요를 맞추기 위해 조직의 생산 요구를 결정하는 것을 의미했습니다. 이때는 놀랄 만한 일이 많지 않았습니다.

그 후 핀은 구매 주문서를 첨부하지 않고 들어오는 AWS와 구글 클라우드 플랫폼Google Cloud Platform(GCP) 계산서가 증가하고 있다는 걸 알게 되었습니다. 클라우드를 잘 아는 동료인 세라Sarah는 클라우드의 매우 다양한 특징과 클라우드가 온프레미스on-premise**2**와 어떻게 다른지를 설명해주었습니다. 그리고 완전히 새로운 방식의 관리 방법과 새로운 전문 분야가 생겼다는 점도 알려줬습니다.

핀은 세라의 말을 집중해서 들었습니다. 흥미롭고 매력적인 이야기였습니다. 그때 핀은 회사의 8,000개의 사내 온프레미스 서버에 대한 업무 처리 방식이 얼마나 안정적인지 생각했습니다. 클라우드라고 달라서는 안 됩니다. 즉 클라우드도 업무 처리 방식이 안정적이어야 합니다.

다음 분기 클라우드 지출이 예상치 못하게 두 배로 증가했을 때 핀은 세라를 보기가 부끄러웠습니다. 그래서 핀은 지출 명세서를 자주 보면서 지출이 많은 팀과 계속 소통하며 새로운 업무 방식 도입을 시도했습니다.

예전에는 클라우드 지출에 별 관심이 없었던 재무팀 리더는 갑자기 지속적으로 소통하는 실시간 업무처리가 회사의 다른 업무 방식과 어울리지 않는다며 핀에게 분기별로 보고 하라고 강요했습니다. 또한 지출비용을 고려하지 않던 기술팀 리더는 제품 배송 마감일을 맞출 수 없다며 반발에 나섰습니다. 하지만 핀의 경영진은 하향식top-down으로 강제했습니다. 핀은 다시 세라에게 도움을 청했고 세라는 핀에게 핀옵스 재단의 동료들을 소개해주었습니다. 동료들의 실수와 성공 사례들을 조언삼아 핀은 회사의 프로세스를 재설정하고 문화적 변화를 줄 수 있는 야심찬 계획을 세우기 시작합니다.

---

2 옮긴이_ 물리적 서버를 직접 구축하고, 이후 소프트웨어를 설치해서 사용하는 방식입니다.

시간이 흐르고 핀은 새로운 클라우드 지출 할당 전략, 체계화된 가이드라인, 라이트사이징rightsizing,**3** 클라우드 제공 업체에 대한 초기 요금 최적화 협상 결과를 공지합니다. 이는 핀이 지출비용을 분석할 수 있으면서 팀 간에 마찰도 줄일 수 있는 방법처럼 보입니다. 클라우드 마이그레이션migration이 급증하기 시작합니다.

일이 잘 진행되고 있었습니다. 그런데 새로운 최고 정보 책임자chief information officer(CIO)는 클라우드가 너무 비싸기 때문에 다시 데이터 센터data center로 돌아가자고 주장합니다. 핀은 정말 큰 숙제를 받았습니다. 클라우드를 잘 아는 동료들과 협력하여 클라우드는 단지 하나의 코스트 센터cost centre가 아니라 그 이상의 가치를 지녔다는 것을 증명해야 했습니다. 클라우드에서는 온프레미스에서 불가능한 혁신과 속도를 가능하게 하며 회사의 경쟁 우위를 빠르게 확보할 수 있다는 것을 보여주어야 합니다. CEO는 더 큰 그림을 보며 핀의 주장에 동의했고 클라우드 우선 전략을 수립할 수 있는 기반을 마련해주었습니다.

다시 자신감에 찬 핀은 각 팀이 사일로silo**4**를 허물고 조직의 실질적인 변화를 이끌도록 지원했습니다. 그러나 마지막 문제가 남았습니다. 클라우드 지출비가 이제 원가 수준에 도달하여 수익에 영향을 미치게 되었습니다. 최고 재무관리자chief financial officer(CFO)는 모든 수단을 동원하여 클라우드 지출비의 상승 추세를 막고 마진에 영향을 받지 않고 해결하기를 원했습니다. 핀은 클라우드의 지출만 바라보는 1차원적 관점에서 벗어나 지출을 비즈니스 가치와 연결하는 단위 경제 모델로 전환하여 클라우드 지출이 올바른 방향으로 나아가는 방법을 제시해야 합니다.

결국 핀은 이 여행이 시작에 불과하다는 것을 깨닫게 됩니다. 클라우드는 진화하고 있으며 핀옵스도 진화하고 있습니다. 핀과 세라는 이 분야에 모범 사례를 정의하는 데 큰 도움을 주었기 때문에 가장 큰 영향력을 발휘하게 될 것입니다. 핀과 세라는 그들의 업무 경험이 도움을 받았던 지역 사회에 환원할 수 있는 주요 방법이라고 생각합니다.

핀의 이야기는 여러분이 공감하거나 앞으로 일어날 상황일 수도 있습니다. 이야기를 들었으니 이제는 어디서부터 핀옵스가 시작됐는지 살펴보겠습니다.

---

3 옮긴이_ 워크로드 요구 사항에 맞게 클라우드 리소스 크기를 조정하는 기준입니다.

4 옮긴이_ 회사 안에 성이나 담을 쌓고 외부와 소통하지 않는 부서를 가리키는 말입니다

1.2 핀옵스는 어디에서 왔을까

퍼블릭 클라우드public cloud를 초기에 도입한 어도비Adobe와 인튜이트Intuit 같은 회사들은 샌프란시스코에서 2012년에 핀옵스의 초창기 모습을 보여주었습니다. 몇 년 후 콴타스Qantas와 탑코프Tabcorp 같은 호주의 미래 지향적 기업에서도 유사한 사례들을 볼 수 있었습니다. 그 후 2017년에, 이 책의 필자 중 한 명인 J. R. 스토먼트는 런던에서 BP와 세인즈버리Sainsbury와 같은 기업에서 이러한 새로운 접근 방식의 발전된 모습을 직접 확인했습니다. 클라우드의 재무와 책임 문제가 각 산업 영역에서 대규모로 나타나면서 핀옵스는 전 세계에 천천히 스며들었습니다.

'핀옵스'란 단어는 늦게 생긴 용어입니다. 초기 기업들은 단순히 '클라우드 비용 관리'라고 불렀습니다. 클라우드의 할당 문제를 언급하지 않았지만 '클라우드 비용 최적화'라는 말도 이야기하기 시작했습니다. AWS와 다른 클라우드 제공 업체는 '클라우드 재무관리'라는 문구를 사용하기 시작했습니다. 결국 이 문구는 '핀옵스'로 바뀌게 되었습니다. 데브옵스DevOps를 의도적으로 반영하는 핀옵스 용어를 사용하면 앞으로 나아가려는 민첩한 뜻과 두 용어를 섞은 복합 개념을 모두 포함하게 됩니다.

이제 핀옵스는 전 세계적으로 사용되고 있습니다. 최근 나이키는 새로 설립한 클라우드 사업부 오피스의 임원을 공개했습니다. 사우스웨스트 항공Southwest Airlines은 핀옵스 비즈니스 사무소를 설립했습니다. 피어슨Pearson, 스포티파이Spotify, 랜드스타드Randstad와 같은 대규모 클라우드 기업은 링크드인LinkedIn에 핀옵스 관리자 채용 정보를 자주 올립니다. 아틀라시안Atlassian과 같은 기술 유니콘 기업Unicorn[5]은 팀 협업 소프트웨어로 핀옵스 운영을 시작했습니다.

클라우드 이야기 – J. R. 스토먼트

저는 2016년 워싱턴 DC의 AWS 공공 부문 서밋에서 AWS의 에밀 러치Emil Lerch와 데브섹옵스DevSecOps 대화 중 핀옵스의 개념에 대해 처음 언급했습니다. 『피닉스 프로젝트』(프리렉, 2014) 저자 진 킴Gene Kim이 정의한 데브옵스 이야기를 시작했습니다.

'데브옵스'라는 용어는 일반적으로 개발과 IT 운영 간의 공동 작업 관계를 요구하는 최근 프로페셔널 방식을 의미합니다. 이로 인해 계획된 작업이 빨라지고 상용 환경의 신뢰성, 안정성, 탄력성, 보안을 향상할 수 있습니다.

---

5 옮긴이_ 기업 가치가 10억 달러(=1조 원) 이상인 비상장 스타트업 기업입니다.

진 킴의 내용을 바탕으로 약간의 과장과 존경의 마음을 담아 다음과 같은 핀옵스 정의를 만들었습니다.

'핀옵스'란 일반적으로 데브옵스와 재무 간의 공동 작업 관계를 요구하는 최근 프로페셔널 방식을 의미합니다. 따라서 반복적으로 데이터 중심의 인프라 지출 관리(클라우드의 단위 경제성을 낮추는)를 가져오며 비용 효율성을 높이고 궁극적으로 클라우드 환경의 생산성을 높일 수 있습니다.

그 이후로 핀옵스의 정의는 발전하고 확대되었지만 팀 간 협업 관계를 주도하고 데이터 중심 통찰력을 사용하여 반복적인 변경을 수행하고 단위 경제성을 향상하는 가장 중요한 원칙들을 유지했습니다.

1.3 정의

핀옵스는 분산된 여러 팀이 속도, 비용, 품질 간에 비즈니스 균형을 이룰 수 있도록 가변적 지출 클라우드 모델에 재정적 책임을 부여하는 방식입니다.

중요한 것은 핀옵스는 문화를 만듭니다. 또한 핀옵스는 클라우드 비용을 관리하는 방법 중 전 세계에서 가장 효율적인 방법으로 모든 사람이 중앙의 모범 사례 그룹에서 지원하는 클라우드 사용량에 대한 소유권을 갖게 합니다. 여러 부서에서는 빠른 소통을 위해 동시에 협력하며 더 많은 재무와 운영 제어 권한을 가지게 됩니다.

이제는 독립적인 조달팀이 비용을 파악하고 승인하지 않습니다. 그 대신 핀옵스팀이 일련의 완벽한 조달 모범 사례를 채택하여 클라우드 공급 업체 관리, 요금, 할인을 최적화하기 위한 기술, 비즈니스, 재무를 통합할 수 있도록 지원합니다.

핀옵스를 통해 각 운영팀(워크로드, 서비스, 제품 소유자)은 지출에 영향을 주는 데이터에 실시간으로 접근할 수 있으며 지능적인 결정을 내릴 수 있습니다. 궁극적으로 속도, 성능, 품질, 서비스 가용성 대비효율적인 클라우드 비용의 균형을 이룰 수 있습니다.

경쟁업체에 비해 시장 진출이 빠르지 않거나 민첩하지 않다면 여러분은 경쟁에서 지게 될 것입니다. 따라서 이러한 기능을 신속하게 출시하고 빨리 테스트할 수 있어야 더 좋은 결과를 얻을 수 있을 것입니다. 또한 비용을 지출한 것만큼 사업을 더 빨리 지원할 수 있으므로 더 빨리 돈을 벌 수도 있습니다.

『피닉스 프로젝트』(프리렉, 2014) 저자 진 킴

핀옵스가 돈을 **절약하는 것**이 아니라 돈을 **벌게** 해주는 것입니다. 클라우드 지출은 더 많은 수익을 창출하고, 고객 중심의 성장을 뜻하고, 더 많은 제품과 기능이 더 빨리 출시되도록 해줍니다. 심지어 핀옵스를 사용하면 데이터 센터를 운영하지 않아도 됩니다.

핀옵스는 제한 요소들을 없애 줍니다. 엔지니어링팀이 더 나은 기능, 앱, 마이그레이션을 더 빠르게 제공할 수 있도록 지원하며 투자 대상과 시기에 대해 다양한 선택지를 만들어줍니다. 때로는 회사가 비용을 줄이기로 결정할 수도 있고 더 많은 투자를 결정하기도 합니다. 하지만 이제는 팀원들이 회사가 왜 이러한 결정을 내리는지 알 수 있게 되었습니다.

히어 테크놀로지HERE Technologies에서 핀옵스를 운영하는 제이슨 풀러Jason Fuller는 핀옵스 재단 회의에서 이러한 점을 잘 보여주는 이야기를 공유했습니다.

우리는 한 달에 90억 개의 람다 함수를 사용하여 예산을 초과했습니다. 제가 이런 상황에 대해 직접적으로 영향을 끼치진 못합니다. 다만 제가 할 수 있는 일은 팀원들과 함께 앉아 람다로 작성된 알고리즘의 품질을 확인하고 더 밀도 있게 알고리즘을 쓸 수 있을지 결정하는 것입니다.

시스템에서 제공하는 밀리세컨드만큼의 정확도가 우리에게 필요한가요? 네, 맞아요. 기업은 이제 이것이 그만큼의 가치가 있다는 것을 이해했습니다.

이제 서비스 판매에 대한 가격 모델을 살펴볼 수 있습니다. 우리는 이 제품이 얼마나 가치가 있다고 생각하는지 그리고 실제로 시장에서 제품으로서 얼마나 가치를 얻는지에 따라 사업 결정을 내릴 수 있습니다.

결과적으로 우리는 더 이상 인프라에 대해 싸울 필요가 없게 되었고 대신 인프라의 비즈니스 가치에 대해 이야기할 수 있게 되었습니다.

1.4 실시간 보고(프리우스 효과)

성공적인 핀옵스 사례들은 세 가지 부분으로 나뉩니다.

- **실시간 보고 + 즉각적인 프로세스 + 팀 간 협력 = 핀옵스**

이 책의 뒷부분에서 적시 프로세스와 팀 간 협력에 대해 살펴볼 예정입니다. 첫 번째 사례인 실시간 보고를 먼저 살펴보겠습니다.

실시간 보고를 통한 피드백 루프feedback loop는 인간의 행동에 강력한 영향을 미칩니다. 경험상 시스템은 해당 작업이 수행되는 중에 충돌이 난다면 최대한 빠르게 엔지니어에게 피드백을 주어야 합니다. 이것은 자동적인 행동 변화를 더 좋은 쪽으로 만듭니다.

전기 자동차를 운전한 사람은 아마도 프리우스 효과Prius Effect[6]를 경험했을 것입니다. 페달을 세게 밟으면 차량의 디스플레이에 에너지가 배터리에서 엔진으로 흘러가는 것이 보입니다. 페달에서 발을 떼면 에너지가 배터리로 다시 흐릅니다. 피드백 루프는 분명하고 즉각적입니다. 과거에 무의식적으로 했던 선택이 현재 사용 중인 에너지의 양에 어떤 영향을 미치는지 알 수 있습니다.

이렇게 실시간 시각 정보는 일반적으로 즉각적인 효과를 만듭니다. 좀 더 센스 있게 운전을 시작하고 가속 페달을 세게 밟지 않게 됩니다. 목적지로 가기 위해 너무 가속할 필요가 없다는 것을 깨닫기 시작합니다. 또는 느리게 달리는 경우 페달을 더 밟는 추가적인 에너지 소비가 더 가치 있다고 결정하게 되기도 합니다. 어느 경우든 적절한 에너지를 사용하여 운영 중인 환경에 맞춰 필요한 곳으로 갈 수 있는 현명한 결정을 내릴 수 있습니다.

> 자신에게 물어보세요. 어떻게 하면 팀원들이 더 나은 결정을 내리는 데 필요한 정보를 제공할 수 있을까요?
>
> 론 퀄Ron Cuirle (타깃 코퍼레이션Target Corporation 수석 엔지니어링 관리자)[7]

핀옵스가 이러한 실시간 데이터 기반의 의사결정 지원을 제공할 수 있습니다. 데이터 센터 환경에서 엔지니어들은 보통 개별적으로 작업을 수행하는데 이러한 작업은 회사에 어떤 재무적

---

6 옮긴이_ 토요타의 친환경 하이브리드 자동차인 프리우스를 타면, '나는 환경을 생각하는 사람'으로 인식하는 효과를 의미합니다.

7 https://oreil.ly/FJ1SP

인 영향을 미칠지 쉽게 확인할 수 없습니다. 클라우드를 사용하면 해당 데이터를 수집할 수 있는데 다만 클라우드에 있다고 해서 자동으로 피드백 루프가 제공되지는 않습니다.

클라우드 이야기 – J. R. 스토먼트

전 세계 최대 규모의 클라우드 사용자 중 한 명을 만난 적이 있습니다. 연간 9건의 클라우드 지출이 발생함에도 그 비용을 발생시킨 엔지니어와 비용의 내역을 공유하는 사람은 아무도 없다는 것을 알게 되었습니다. 최종 비용을 엔지니어링팀에 공유했을 때 전체 코스트 센터의 검토는 30~60일이 지난 후였습니다. 그들은 원시 데이터를 사용할 수 있었지만 핀옵스 문화를 채택하지 않아서 피드백 루프를 구현할 수 없었습니다.

핀옵스를 사용한 후 결과는 극적으로 달라졌습니다. 눈에 띄는 팀은 실제로 필요하지 않은 개발 환경을 운영하는 데 매달 20만 달러 이상을 지출하고 있었습니다. 단 3시간의 엔지니어링 노력만으로 불필요한 자원을 차단할 수 있었고 추가 엔지니어 팀을 고용할 수 있는 충분한 비용을 절감할 수 있었습니다.

새로운 시각적인 정보 덕분에 꽤 흥미로운 결과들이 나타났습니다. 아무도 변화를 위해 구체적인 지시나 권고를 하지 않았습니다. 엔지니어링 관리자가 개별 환경의 비용을 파악할 수 있게 되자 추가 개발 환경 없이도 엔지니어링 관리자는 팀이 할 수 있는 현명한 결정을 내렸습니다. 비즈니스 영향이 얼마나 큰지 이해하지 못했기 때문에 이전에는 아무런 조치도 할 수 없었습니다. 이러한 초기 핀옵스 프로세스는 비용을 다른 효율성 지표로 바꾸었습니다. 엔지니어의 성향을 아는 사람이라면 누구나 엔지니어들이 효율성이 없는 것을 싫어하는 경향이 있다는 것도 알 것입니다.

핀옵스는 바쁘게 변화하는 환경에서도 사업부가 더 나은 의사결정을 내릴 수 있도록 도와줍니다. 그리고 팀 간에 마찰이 없는 대화를 가능하게 하여 업무 속도가 빨라지도록 해줍니다.

> 모두가 서로를 신뢰했기에 이 팀들이 훌륭한 성과를 이루었습니다. 마법과 같은 역동성이 존재할 때 강력한 팀이 될 수 있습니다.
>
> 『피닉스 프로젝트』(프리렉, 2014) 저자 진 킴

이전에는 각자 다른 말을 하고 서로를 멀리 하던 팀은 이제 비즈니스에 중점을 두고 마찰이 없는 관계를 이루게 되었습니다. 이것이 핀옵스입니다. 회사는 모범 사례를 정의하고 클라우드

지출에 대한 공통 용어를 정의함으로써 어떤 팀이 참여하더라도 생산적이고 균형적인 대화를 할 수 있게 되었습니다. 공통 용어들은 4장에서 다루겠습니다.

1.5 핀옵스의 핵심 원칙

핀옵스의 가치를 생각하며 모든 프로세스, 도구, 사람들이 핀옵스의 핵심 원칙에 맞게 조정하는 것이 성공으로 이어질 수 있다고 생각합니다. 이러한 원칙을 수용하는 핀옵스팀은 조직 내에 비용에 대한 책임감도 높이고 빠른 사업화가 될 수 있도록 적극 지원하게 됩니다. 궁극적으로 클라우드의 속도와 혁신 이점을 유지하면서 비용을 더 효과적으로 관리하고 최적화할 수 있도록 자체적인 비용에 민감하게 생각하는 문화를 만들 수 있습니다.

- 팀은 서로 협력해야 합니다.
  - 리소스별 초 단위로 운영되는 클라우드에 맞춰 재무팀과 기술팀은 실시간으로 협력합니다.
  - 팀은 효율성과 혁신을 위한 지속적인 개선에 협력합니다.

- 클라우드의 비즈니스 가치에 따라 의사결정이 이루어집니다.
  - 재무 단위, 가치 기반의 측정 항목들은 총지출보다 비즈니스에 더 많이 영향을 미칩니다.
  - 비용, 품질, 속도 간에 적절한 절충안을 내리도록 합니다.
  - 클라우드를 혁신의 원동력으로 생각합니다.

- 누구나 클라우드 사용에 대한 소유권을 갖습니다.
  - 사용과 비용에 대한 책임이 각 팀으로 바뀝니다.
  - 기능 팀과 제품 팀은 각자의 예산에 따라 자체 클라우드 사용을 관리할 수 있습니다.
  - 리소스 사용과 최적화에 대한 의사결정을 분산시킵니다.
  - 기술팀은 비용을 새로운 효율성 측정 기준으로 고려해야 합니다.

- 핀옵스 보고서는 적절한 시기에 접근이 가능해야 합니다.

  - 비용에 관련된 데이터가 제공되는 즉시 처리합니다.

  - 가시성은 클라우드 활용도를 향상시킵니다.

  - 빠른 피드백 루프는 행동을 더 효율적으로 만듭니다.

  - 어떤 조직이든 클라우드 지출에 대해 일관되게 가시적으로 볼 수 있습니다.

  - 실시간으로 재무를 예측하고 계획을 세우고, 모니터링하고, 개선합니다.

  - 추세와 변화에 대한 분석은 비용이 증가한 이유를 설명하는 데 도움이 됩니다.

  - 내부 팀 벤치마킹으로 모범 사례를 이끌어내고 격려할 수 있습니다.

  - 동종 업계 기준으로 자회사의 실력과 성과를 평가합니다.

- 중앙집중화된 팀이 핀옵스를 주도합니다.

  - 핀옵스의 중앙집중화된 자동화로 중복 작업을 줄일 수 있습니다.

  - 임원이 핀옵스를 승인해야 하고 이것은 실행과 프로세스가 필요합니다.

  - 요금과 할인 최적화가 중앙집중화됩니다.

  - 예약한 인스턴스와 같은 약정 할인과 대량 구매 할인과 같은 사용자 맞춤 할인을 클라우드 제공 업체를 통해 중앙에서 관리하고 제어합니다.

  - 엔지니어와 운영팀은 요금 협상에 대해 생각할 필요가 없습니다. 다만 사용량 최적화에 계속 집중해야 합니다.

- 클라우드의 다양한 비용 모델을 활용하세요.

  - 클라우드의 다양한 비용 모델은 위험이 아닌 기회로 보아야 합니다.

  - 적시에 예측, 계획하고 용량을 구매합니다.

  - 정적인 장기 계획보다 신속한 반복 계획이 낫습니다.

  - 클라우드 사용량 최적화를 위해 지속해서 조금씩 조정합니다.

1.6 언제 핀옵스를 시작하는 게 좋을까

비용 최적화에 집중하는 블로그, 대화, 판매 설득이 매우 많기 때문에 많은 사람은 핀옵스를 구현하기 위한 적절한 시기가 클라우드 사용량에 따라 결정되어야 한다고 생각합니다. 어느 정도 일리가 있습니다. 예를 들어 대규모 클라우드 사용자는 잠재적으로 많은 절감 효과를 즉시 볼 수 있습니다. 그러나 경험상으로 수백만 비용을 지출하는 잘 관리된 팀이 소규모 클라우드를 구현한 팀보다 핀옵스의 혜택을 적게 받습니다.

성공적인 핀옵스 운영에는 대규모 클라우드 구축과 수백만 달러의 클라우드 비용이 필요하지 않습니다. 핀옵스를 더 빨리 시작하면 운영 규모에 관계없이 클라우드 지출에 대한 더 많은 정보를 바탕으로 의사결정을 내리는 것이 훨씬 쉬워집니다. 따라서 **기고**crawl, **걷고**walk, **뛰는**run 핀옵스 개념을 이해해야 합니다.

이 책과 핀옵스 재단은 일반적인 문제를 피할 수 있도록 지원하면서 조직이 성공적으로 업무할 수 있도록 이끌 수는 있지만 핀옵스가 아예 없는 곳에서 완벽하고 효율적인 핀옵스로 바로 바꿀 수는 없습니다. 모든 조직과 팀은 핀옵스 프로세스를 점진적으로 도입해야 하고 서로에게 배우는 시간을 가져야 합니다. 이전의 데브옵스와 마찬가지로 핀옵스는 궁극적으로 문화적 변화이며 핀옵스를 일찍 시작할수록 조직이 더 빠르게 클라우드 비용 관리를 할 수 있습니다.

첫날부터 핀옵스를 수행할 수는 있지만 규모가 커질수록 더 많은 프로세스를 수행하게 됩니다. 일반적으로 회사에서 핀옵스를 도입하는 두 가지 경우가 있습니다.

- 가장 일반적인 경우는 일이 틀어질 때입니다. 이 사례는 늘어나는 클라우드 지출을 막기 위해 경영진이 새로운 관리 모델을 만들어야 하는 경우입니다. 가장 일반적인 사례이지만 핀옵스를 선택해야 하는 이상적인 상황은 아닙니다. 위와 같은 상황에서는 혁신과 마이그레이션이 느려지거나 심지어 일시적으로 중단되기도 합니다.

- 클라우드로의 전환이 순조롭게 진행되고 기고, 걷고, 뛰는 모델과 맞춰지는 것을 본 임원들은 덜 보편적인 접근 방식을 취합니다. 이러한 일들은 핀옵스 성장 주기에서 회사의 위치에 맞는 속도로 발전해야 합니다. 예를 들어 클라우드 제공자의 업무를 관리하기 위해 한 사람이 배정될 수 있습니다. 이들은 초기 계정, 레이블, 태깅 계층 구조를 구현하기 시작했습니다. 거기에서부터 일들이 커질수록 프로세스의 각 부분을 확장할 수 있습니다.

그러나 회사가 핀옵스를 어떻게 도입할지의 결정과 관계없이 가장 중요한 첫 단계는 실시간으로 가시성을 확보하여 모든 상황을 파악하고 일이 너무 커져서 비용이 초과되기 전에 방지할 수 있도록 하는 것입니다. 실시간 가시성이 확보되는 동안 핀옵스팀은 전체 비즈니스에 대한 교육을 시작합니다. 여러 부서가 함께 협력하면 재무 담당자는 클라우드 언어에 대해 더 많이 배우고 엔지니어는 재무 개념을 배우게 됩니다.

이런 문화적 변화에 가능한 한 빨리 시작하는 것은 무엇보다도 가치 있으며 핀옵스의 장점을 즉시 알게 되고 좋은 결과를 얻을 수 있습니다.

1.7 천 리 길도 한 걸음부터: 단위 경제

핀옵스에서 가장 중요한 개념 중 하나는 **단위 경제**unit economics입니다. 비즈니스 메트릭(총수익, 출하량, 유료 가입자, 완료된 고객 주문 등)과 비교하여 클라우드 지출을 측정하는 것입니다. 올바른 비즈니스 측정 항목을 선택하는 것은 복잡한 프로세스이며 이 내용은 19장에서 자세히 다루겠습니다. 지금은 단위 경제가 태그 지정, 비용 할당, 비용 최적화, 핀옵스 운영 등 핀옵스의 거의 모든 측면과 관련 있다는 내용만 기억하면 됩니다.

비즈니스 측정 항목은 중요합니다. 지출만 하던 비용을 효율성과 클라우드 가치에 필요한 지출 비용으로 바꿀 수 있게 만드는 지표이기 때문입니다. '수익이 Y달러인 고객에게 서비스를 제공하는 데 X달러의 비용이 발생한다'라고 하면 X달러와 Y달러가 조직에 적합한지 여부를 결정하는 데 도움이 됩니다. 서비스가 새로운 기능으로 완전히 발전하거나 변화함에 따라 회사는 이러한 비즈니스 메트릭을 통해 변경의 영향을 측정할 수 있습니다.

그 결과 회사는 좋은 클라우드 지출과 나쁜 클라우드 지출의 차이를 판단할 수 있고 클라우드 지출에 대한 결정을 내릴 수 있게 됩니다. 조직 내에서 핀옵스를 도입할 때 비즈니스 메트릭을 염두에 두어야 합니다. 업무에 익숙해질수록 단위 경제의 가치를 잘 실현하고 파악할 수 있을 것입니다.

1.8 마치며

1장에서는 핀옵스를 실제로 시작하려는 모든 조직에게 안내하려는 핵심 원칙과 가치를 체계화했습니다. 초기 단계의 조직이라면 핀옵스가 달성하려는 목표에 맞게 모범 사례들을 잘 따르며 핀옵스 발전 단계에 맞춰서 기고, 걷고, 뛰면 성공하게 될 것입니다.

요약하자면 다음과 같습니다.

- 핀옵스는 조직 내 모든 팀 간의 협업에 관한 것입니다.

- 모든 사람은 각자 맡은 일이 있고 비용을 고려해야 합니다.

- 핀옵스의 핵심 원칙은 클라우드 재무관리와 관련된 모든 프로세스에 기반을 두어야 합니다.

- 실시간 보고에서는 현재 지출과 최적화를 측정합니다.

- 데이터 중심 프로세스는 비용 효율성이 높아지는 조직의 핵심 요소입니다.

- 비즈니스 의사결정은 클라우드 리소스 의사결정 속도를 가속화하며 그에 부합할 수 있도록 합니다.

이제 핀옵스가 무엇인지 이해했으니 클라우드가 조직 내에서 어떤 것들을 가능하게 하는지 그리고 성공적인 핀옵스 운영을 방해하는 프로세스들을 왜 피해야 하는지 살펴보겠습니다.

CHAPTER 2

왜 핀옵스일까

조직에서 클라우드를 사용하는 이유와 클라우드로 얻을 수 있는 이점을 이해하면 핀옵스의 중요성과 필요성이 분명해집니다. 성공적인 핀옵스 수행으로 클라우드를 통해 실현되는 비즈니스 이점은 더 확장되고 가속화됩니다.

2.1 클라우드를 사용하는 이유

클라우드의 주요 이점으로 비용 절감 효과가 있습니다. 하지만 가장 성공적인 클라우드 기반 기업은 확장성과 혁신이 클라우드의 진정한 장점이라는 것을 시장에 보여주었습니다.

클라우드의 확장성을 활용해 전세계 고객이 직접 콘텐츠를 스트리밍하는 스포티파이와 안전하고 빠른 액세스를 위해 대량의 고객 데이터를 클라우드에 안전하게 저장하는 플리커Flickr를 떠올려보시길 바랍니다. 이 회사들은 클라우드 덕분에 자체 데이터 센터로는 결코 할 수 없는 방식으로 경쟁하고 있습니다. 비용은 고려되는 주요 항목이지만 확장성과 글로벌 가용성에 비하면 3분의 1 수준입니다.

또한 클라우드로 운영하면 기업은 더 빠르게 변화하고 매출을 늘릴 수 있습니다. 항공사, 은행, 유통 회사와 같은 '비기술' 분야의 기업조차도 경쟁 업체와 차별화하기 위해 소프트웨어와 데이터 기반으로 바뀌고 있습니다. 소프트웨어는 고객과의 연결을 지원하고, 물리적 자산을 최적화하며, 공장을 모니터링할 수 있도록 지원합니다. 최신 가요를 제공할 수 있고 유통 패키지를 지원할 수 있으며 이것을 전 세계 사람들에게도 제공할 수 있는 것이 소프트웨어입니다.

> 우리는 더 이상 항공사가 아닙니다. 우리는 날개를 가진 소프트웨어 회사입니다.
>
> 비에르 시타Veresh Sita (알래스카 항공 CIO)[1]

2018년에는 세계에서 가장 가치 있는 10대 기업(시가 총액 기준) 중 7개가 소프트웨어 중심의 기업이었습니다. 마이크로소프트, 아마존, 알리바바, 텐센트와 같은 주요 기술 업체들은 JP모건 체이스와 뱅크오브아메리카 같은 금융 업체들과 어깨를 나란히 하고 이 기업들은 기본적으로 소프트웨어를 통해 고객과 소통합니다. 심지어 전통적으로 비기술 기업인 엑슨모빌ExxonMobil과 존슨앤드존슨Johnson & Johnson도 경쟁 업체와 차별화하기 위해 디지털 혁신을 가속화하고 있습니다.

성공의 핵심 요소는 이제 빠른 사업화 지원과 혁신 속도입니다. 이전에는 기업들이 단순히 비용을 줄이는 전략으로 클라우드를 생각했지만 이젠 클라우드를 혁신의 주요 동력으로 봅니다. 서비스형 모든 것anything as a service (XaaS)을 통해 기업은 더 많은 기술을 더 빠르게 시도해볼 수 있으며 서비스로서의 인프라스트럭처infrastructure as a service (IaaS)는 이전에는 불가능했던 속도로 컴퓨팅 리소스를 제공합니다.

고객에게 제공하는 영업 활동의 핵심은 이제 클라우드입니다. 빈 공간에 랙rack을 세우고, 서버를 쌓고, 엔지니어링하여 '해결된 문제'는 더 이상 기업이 차별화할 수 있는 방식이 아닙니다. 클라우드는 확장 가능한 인프라, 머신러닝, IoT와 같은 최신 기술을 모든 규모의 비즈니스에 대해 즉각적으로 제공할 수 있도록 만들어졌습니다. 기존 기업들은 인프라를 운영하며 이를 지원할 인재를 끌어들이고 구글, AWS, 마이크로소프트의 규모와 경쟁하며 노력하고 있습니다.

성공하는 기업은 엔지니어가 애플리케이션을 더 빠르고 효율적으로 만들 수 있도록 조직을 운영합니다. 이런 환경에서 엔지니어는 필요할 때 원하는 것을 점점 더 많이 얻을 수 있게 됩니다. 인프라에 덜 집중하고 앱에 더 집중할 수 있습니다. 클라우드는 근본적으로 엔지니어가 고객에게 더 경쟁력 있는 제품을 제공하는 능력을 갖추도록 변화시켰습니다. 그 결과 기업들은 매 분기가 아니라 매일 더 빠르게 변화하고 더 나아질 것으로 기대합니다.

----
1 *https://oreil.ly/K-G4k*

클라우드 서비스 공급 업체는 거의 무한한 가능성을 지닌 조직 내부의 혁신을 위한 진정한 서포터가 되었습니다.

2.2 문제

클라우드 지출이 정점에 도달하기 시작했습니다. 가트너 최신 예측에 따르면 2022년에는 클라우드 지출이 3600억 달러에 이를 것으로 예상하고 있습니다. 단지 추측일 뿐일까요? 실제 지출은 훨씬 더 높아질 것입니다. 경험으로 봤을 때 조직은 클라우드 지출을 과소평가하고 있는데 업계 예측은 정기적으로 상향 조정됩니다. 클라우드 지출은 조직 예산의 중요한 부분이 되어 기업의 손익에 영향을 미치게 됩니다. 클라우드 사용 규모가 큰 회사들은 이미 억 단위로 연간 지출을 하고 있으며 심지어 일부는 IaaS 지출에서만 연간 5억 달러 이상을 지출할 수도 있습니다.

그리고 이러한 모든 지출 증가로 기술, 재무, 조달 간의 오래된 사일로가 문제를 일으켰습니다. 이 문제를 이해하기 위해 데이브 닐슨[Dave Nielsen]이 가장 좋아하는 클라우드 정의를 살펴보겠습니다(*https://www.youtube.com/watch?v=0fhRyl5BeNk*). 데이브는 '클라우드'라고 부르기 위해서는 인프라 제공 업체가 'OSSM'이어야 한다고 했습니다. 'OSSM'에 대한 설명은 다음과 같습니다.

- **O**: 온디맨드[on-demand]

- **S**: 확장 가능[scalable]

- **S**: 셀프서비스[self-service]

- **M**: 측정 가능[measurable]

퍼블릭 클라우드에서 OSSM의 'OSS'는 놀라운 혁신을 주도하는 동시에 새로운 운영 모델을 필요하게 합니다. 엔지니어는 셀프서비스, 확장 가능, 온디맨드 기능으로 기존 재무나 조달 승인 프로세스를 거치지 않고도 버튼 한 번이나 코드 한 줄을 실행하여 회사 비용을 지출할 수 있습니다. 결과적으로 모든 사람의 역할이 바뀌었습니다.

3~5년 주기로 대량의 장비를 사전 구입하는 시대는 지났습니다. 클라우드에서의 새로운 표준은 시간당 아주 적은 양의 리소스를 값싸게 구매하기 때문에 기존의 조달 프로세스와 다르게 매우 효율적으로 만들고 있습니다. 엔지니어는 개별 클라우드 리소스에 대해 중앙 조달팀의 승인을 받을 필요가 없습니다. 세부 단위까지 승인 프로세스를 만드는 것은 클라우드의 주요 장점 중 하나인 혁신 속도를 늦출 수 있습니다.

데이터 센터의 기존 프로세스를 다시 살펴보겠습니다.

- 감가상각 기간에 예상치 못한 성장을 수용할 수 있도록 예비 용량이 내장된 장비를 구입했는데 결과적으로 종종 과잉 사양으로 도입되었습니다.

- 어떤 서비스가 합리적인 용량보다 더 많은 용량을 사용했을 때 용량이 부족하지 않다면 문제가 되지 않았습니다.

- 리소스 사용량을 줄여도 비용은 전혀 절감되지 않았으며 여유 있는 용량 내에서 소비한 서비스는 추가적인 비용이 들지 않았습니다.

- 용량 관리는 장비 수명 주기 동안 사용된 주요 비용 관리였습니다. 용량이 부족하면 서비스 리소스 할당을 검토하고 조정했습니다.

- 장비 비용은 데이터 센터 비용, 소프트웨어 라이선스 등과 같이 월별 비용을 충분히 숙지하고 선불로 지급했습니다.

- 월별 또는 분기별로 비용이 보고되고 검토되었습니다. 데이터 센터의 일일 비용은 변하지 않았기 때문에 월 단위이나 분기처럼 가끔 올리는 보고가 허용되었습니다.

이제 클라우드를 살펴보겠습니다.

- 구매할 선불 장비가 없으며 언제든 예비 용량을 사용할 수 있습니다. 일반적으로 용량을 미리 구매할 필요가 없고 회사는 필요하지 않은 용량을 지불하지 않음으로써 비용을 절약할 수 있습니다.

- 서비스에서 필요한 것보다 더 많은 리소스를 사용하면 결과적으로 운영비용이 커집니다. 서비스에 할당된 리소스의 크기를 줄이면 비용이 절감됩니다.

- 클라우드 서비스 제공 업체의 용량 가용성으로 용량 관리는 큰 문제가 되지 않습니다. 용

량 관리 프로세스가 없어진다는 말은 더 이상 인위적으로 리소스 가용성에 제한을 받지 않는다는 것을 의미입니다.

- 사용량이 많은 시간 동안 리소스를 소비한 다음 적게 사용하는 시간 동안 할당 리소스를 제거할 수 있습니다. 이러한 가변 소비 모델은 운영비용을 낮추지만 비용을 예측하기 어렵게 만들기도 합니다.

- 리소스들이 개별적으로 소량 청구되므로 청구된 영수증은 더 이상 이해하기 쉽지 않습니다.

분기별이나 월별로 비용을 검토할 때 예상치 못하거나 잊혀진 리소스 사용량이 청구서에서 눈에 띄는 항목 수준으로 도달하면 종종 높은 가격에 놀라는 경우가 많습니다.

고정 지출에서 가변 지출로 급격히 전환되고 비용 보고 방식이 바뀌게 됩니다. 일련의 제약이 제거되어 기업이 소프트웨어를 구축하고 제공하는 방식을 근본적으로 바꿨습니다. 이러한 지출의 변동성을 관리하는 일은 IT 부서가 고정 비용을 기준으로 운영할 때와는 크게 다릅니다.

2.3 핀옵스가 없다면

속도와 혁신에 중점을 두면 클라우드 비용이 급증하기 쉽습니다. 그렇게 되면 기업은 지출을 줄이고, 혁신은 둔화하며, 경쟁력이 약화될 수 있습니다. 이때 핀옵스가 등장하게 됩니다. 데브옵스가 사일로를 분해하고 민첩성을 향상해 개발에 혁명을 가져왔던 것과 마찬가지로 핀옵스는 기술, 비즈니스, 재무 전문가를 새로운 프로세스와 문화에 결합하여 클라우드의 비즈니스 가치를 높일 수 있습니다.

이제는 클라우드 지출이 IT 지출의 많은 양을 차지하지만 클라우드 운영 모델은 아직도 미숙합니다. 기업들이 고정 비용의 데이터 센터 모델에서 벗어나 가변 비용, 소비 기반 모델의 클라우드를 향해 나아가면 개발 과정과 마찬가지로 재무 운영도 혁신해야 합니다.

기업은 분기별로 한 번이나 일 년에 한 번 소수의 사람만이 구매 결정을 내리는 방식을 버려야 합니다. 3~5년 주기의 투자 방식도 버려야 합니다. 클라우드에서 의사결정은 필요에 따라 기술팀, 사업부, 재무팀에 분산되어야 합니다. 이렇게 하는 것이 논리적으로 타당하지만 조직은 빠른 의사결정 속도와 운영, 재무관리의 균형을 유지하기 위해 종종 애쓸 일이 생길 것입니다. 이때 여러분은 핀옵스와의 균형을 추구해야 합니다. 그렇지 않으면 다음과 같이 원치 않는 결과를 마주하게 될 것입니다. 첫 번째는 클라우드로 인한 비효율성으로 비즈니스 속도가 느려질 수 있습니다. 두 번째는 월간 클라우드 요금 폭탄으로 비용에 충격을 받을 수 있습니다.

좋은 소식은 두 마리 토끼를 모두 잡을 수 있다는 것입니다. 핀옵스 프로세스는 여러 부서에서 클라우드의 단위 경제성을 개선하는 동시에 빠르게 운영할 수 있도록 지원합니다. 분산된 의사결정의 필요성과 함께 클라우드에서의 가변적 지출로 변화하면서 기술팀은 재무팀, 사업부와 협력하여 합리적인 결정을 내려 조직의 혁신을 가속할 수 있습니다.

2.4 마치며

클라우드의 주요 장점은 비용 절감이 아니라 서비스 제공과 혁신 속도입니다.

요약하자면 다음과 같습니다.

- 클라우드 지출은 조직의 대차대조표에 큰 영향을 미칠 것입니다.

- 조달팀은 더 이상 지출을 통제할 수 없습니다. 클라우드에서는 이런 통제 권한을 엔지니어가 갖게 됩니다.

- 핀옵스를 활용하면 기존의 월별, 분기별로 지출을 운영하지 않고 초 단위로 운영할 수 있어서 예상치 못한 비용을 피할 수 있습니다.

핀옵스는 모든 회사에 새로운 개념이며 모든 조직에서 채택되고 성공적으로 적용되어야 합니다. 3장에서는 핀옵스의 문화와 핀옵스 적용을 성공하기 위해 모두가 해야 하는 역할을 살펴보겠습니다.

CHAPTER 3

문화적 변화와 핀옵스팀

핀옵스는 기술적인 솔루션이나 팀에게 제공되는 체크리스트의 수준이 아니라 그 이상의 역할을 합니다. 그래서 핀옵스는 클라우드와 클라우드 재무관리 옆에서 항상 함께합니다. 기술은 클라우드 내에서 예약된 범위를 확인하거나 비정상적인 지출을 감지하는 것과 같은 문제를 해결하는 데 확실히 도움이 됩니다. 그러나 비즈니스 가치를 논할 때는 이야깃거리가 되지 못합니다.

3장에서는 핀옵스를 주도하는 사람과 그런 사람이 어느 조직에서 근무하는지 살펴보겠습니다. 이 사람들의 모습과 역할도 살펴볼 것입니다. 궁극적으로 핀옵스를 담당하는 사람들이기 때문입니다.

지출과 관련된 회사 문화는 조직의 도구 및 프로세스와 함께 진화해야 합니다. 성공적으로 핀옵스를 이끌어 가기에는 많은 장애물과 과제가 있습니다. 조직 전체의 사람들과 팀에 의해 이슈가 생기거나 해결될 수도 있습니다. 그런데 궁극적으로 중요한 것은 여러분입니다. 여러분의 팀은 성공적인 핀옵스가 이루어지도록 알맞은 가치와 색깔을 만들 수 있을까요?

3.1 누가 핀옵스를 할까

재무, 운영, 개발자, 설계자, 경영진에 이르기까지 조직 내 모든 사람이 참여해야 합니다. 이 책 전반에 걸쳐 인용된 다양한 사람들의 직함을 살펴보면 그 의미를 알 수 있을 것입니다.

우리 모두가 해야 할 일은 회사가 더 빠르게 발전하도록 지원하는 것입니다. 빠르게 변화하는 세상에서 우리는 엔지니어들이 하고 있는 일을 잘 수행할 수 있도록 도와주는 섬기는 리더servant leader입니다. 엔지니어 외에 모든 사람은 일이 잘되게끔 도와줘야 합니다.

데이비드 앤드루스David Andrews (저스트잇Just Eat의 선임 기술 관리자)

클라우드 리소스를 배포하는 직원이 적은 중소기업이든 수천 명의 직원이 있는 대기업이든 핀옵스는 필요한 도구와 프로세스 수준에 관계없이 수행될 수 있어야 합니다.

이 책의 뒷부분에서는 **최적화**optimization 단계를 진행하면서 핀옵스팀이 광범위한 조직에서 고려해야 할 권장 사항(예를 들어 리소스 구성을 변경하거나 클라우드 서비스 제공 업체에 구매를 미리 약속하는 것)을 어떻게 만들어야 하는지 알아보겠습니다. 이러한 권장 사항은 확실히 비용을 절약해줍니다. 하지만 잘 실행되기 위해서 핀옵스팀은 재무팀과 엔지니어링팀 중간에서 믿음을 형성해야 합니다. 핀옵스팀은 가능한 한 빨리 이러한 신뢰 관계를 만들기 위해 클라우드 전문 지식을 갖추고 있어야 합니다. 그렇지 않으면 권장 사항이 잘못될 수도 있고 엔지니어링팀이 직접 재무팀에 필요한 성능 개선 방법을 설명하려고 할 수도 있습니다. 전문성은 신뢰를 쌓고 핀옵스의 탄탄한 기반을 다질 수 있는 유일한 방법입니다.

핀옵스 실무자들은 모범 사례들을 주변에 공유할 수 있는 자율성을 가지고 있어야 하며 경영진의 전폭적인 지원을 받아야 합니다. 이는 '핀옵스가 회사에 중요하다'라는 메시지를 전하는 데 도움이 될 뿐만 아니라 직원들이 핀옵스 관련 업무시간을 보장받도록 해줍니다. 일이 잘되고 있다면 핀옵스는 기술팀과 사업부 간 충돌을 발생시키지 않습니다. 갈등이 사라지게 됩니다. 이는 관련 팀이 비즈니스 목표를 중심으로 협력하는 대화를 시작하게 되면서 자연스럽게 이루어집니다.

중앙 핀옵스팀은 조직 전반에 핀옵스 사고방식을 주도하고 개발 계획에 비용 고려 사항을 통합하는 모범 사례를 전파합니다. 핀옵스 실무자는 예약된 클라우드 용량에 대한 관리와 보고 같은 중앙집중식 작업을 수행합니다. 한편 이러한 모범 사례의 실제 수행은 다양한 제품 및 애플리케이션팀의 엔지니어가 처리합니다. 이에 대한 좋은 예는 라이트사이징과 유휴 사용량이 줄어드는 경우입니다. 핀옵스팀은 목표를 설정하고 엔지니어는 실제 인스턴스를 변경하여 코드에 시작/중지 매개변수를 추가하는 사람이 됩니다. 핀옵스팀은 이러한 모범 사례와 노력에 시간을 투자하기 때문에 중앙팀은 혁신을 하는 데 집중할 수 있습니다.

분기가 지난 후가 아니라 24시간 내 지출 급증에 대한 경고를 할 수 있으면 신용도가 높아질 것입니다. 만약 지출 초과의 원인을 파악하는 데 여러 달이 걸리면 기술자들이 어떤 일들을 하고 있는지 알더라도 재무팀에서는 믿을 수 없게 됩니다.

조 데일^{Joe Daly} (네이션와이드^{Nationwide}의 클라우드 비용 최적화 담당 이사)

중앙집중식 핀옵스팀의 또 다른 중요한 역할은 팀 간의 대화를 촉진하고 신뢰를 쌓는 것입니다. 재무팀은 보고서를 공유하면서 엔지니어와 협력하여 모든 사람이 해결해야 하는 문제를 신속하게 찾고 해결할 수 있도록 해야 합니다.

핀옵스팀의 보고서와 청구서 내용을 바탕으로 엔지니어는 계획과 비용이 예산을 초과하는 기간, 항목, 사유를 설명할 수 있습니다. 이러한 정보 공유는 확신, 믿음, 효율성으로 이어지게 됩니다.

핀옵스는 지출 승인을 중앙집중화하는 데 초점을 맞추는 대신 적절한 영역별로 지출이 명확하게 보이게 만들어서 책임감을 느끼도록 만들어줍니다. 핀옵스팀의 클라우드를 잘 아는 전문가들을 통해 다른 팀은 각자 사용한 내역을 쇼백^{showback}받고 어떻게 차지백^{chargeback} 되었는지 이해할 수 있습니다.

이러한 용어는 비용을 표시하고 처리하는 방법에 사용합니다. 이 주제에 대해서는 8장에서 더 자세히 살펴보겠습니다.

3.1.1 왜 중앙집중식 팀일까

공정한 중앙집중식 팀은 엔지니어링팀과 재무팀 모두와 연계하여 객관적인 모범 사례와 권장 사항을 공유할 수 있습니다. 이 팀의 구성원은 자신의 이익을 위해 특정 업무들을 추진하는 것으로 보이지 않으며 이로 인해 중앙집중식 팀의 조언은 신뢰가 높아집니다.

이런 중앙 그룹이 비용 할당에 대한 규칙을 만들고 각 팀이 어떻게 업무를 해야 할지에 대해 명확한 커뮤니케이션을 추진하면 모든 사람이 동일한 기준에 따라 관리되고 평가받고 있다는 사실에 안심하게 됩니다. 예산을 보유한 팀이 이런 프로세스를 주도할 때 특정 그룹이 클라우드 지출을 가장 많이 부담한다면 정보의 무결성에 의문을 제기할 수 있습니다. 반면 팀마다 독립적으로 비용 할당이 이루어지는 경우 지출 데이터가 중복되기도 하고 차이가 발생하기도 합니다. 어느 경우라도 의심은 커집니다. 팀들이 데이터에 대한 신뢰를 잃으면 책임을 질 수 없게 됩니다.

개별 팀이 자체 클라우드 보고 프로세스를 만들 때 누가 비용을 부담했는지 예산을 마련했는지에 대한 의견 차이가 발생합니다. 중앙집중식 핀옵스팀은 지출 데이터가 올바른 데이터라는 합의를 도출하고 각 비용을 적절한 엔지니어링 그룹에 객관적으로 할당하여 문제를 해결합니다.

마지막으로 중앙팀은 비즈니스 지표로 어떤 것을 조직들이 사용하는 것이 좋을지 정의합니다. 실제로 이것은 핀옵스팀의 핵심 초기 과제입니다. 클라우드 지출에 있어서 1달러는 단순한 1달러가 아닙니다. 할부로 상환하거나, 상환하지 않은 비용을 보거나, 사용자 지정 요율을 적용하거나, 제외하는 것들을 선택할 수 있습니다. 다른 서비스에서 애플리케이션을 같이 사용한 비용이 포함되거나 보이지 않을 수 있습니다. 여러 팀에서 사용하는 비즈니스 지표가 명확하게 정의되면 모든 사람이 동일한 관점의 용어로 이야기할 수 있습니다(4장에서는 핀옵스의 용어에 대해 자세히 살펴보겠습니다).

3.1.2 핀옵스에서 각 팀의 역할

[그림 3-1]은 조직이 핀옵스 모델에서 어떻게 운영되는지를 보여줍니다. 클라우드 혁신센터Cloud Center of Excellence(CCoE)와 같은 여러 부서에서 클라우드 전략, 거버넌스governance, 모범 사례를 관리하고 나머지 사업부와 협력하여 클라우드 사용 방식을 혁신합니다.

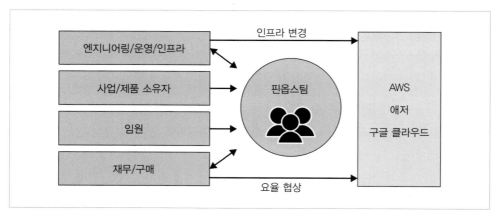

그림 3-1 핀옵스에서의 팀 간 관계

어떤 조직에서 근무하는지 그 조직에서 어떤 위치에 있는지에 따라 개인은 핀옵스 업무에서 서로 다른 역할을 수행합니다. 자세한 내용은 다음과 같습니다.

경영진executive

경영진(예를 들어 인프라 담당 부사장, 책임자, 클라우드 센터 책임자, 최고 기술 책임자(CTO), 최고 정보 책임자(CIO))은 책임감을 높이고 투명성을 만드는 데 집중해서 팀의 효율성을 높이고 예산을 초과하지 않도록 추진합니다. 이런 활동은 엔지니어가 비용을 효율성 지표로 고려하도록 만드는 문화적 변화의 기반이 됩니다. 이에 대해서는 19장에서 자세히 설명하겠습니다.

핀옵스 실무자FinOps practitioner

> 재무팀 사람들은 저를 기술자로 생각합니다. 기술자들은 저를 재무 담당자로 생각합니다.
>
> 앨리 앤더슨Ally Anderson (뉴스타Neustar의 사업부 운영 관리자)

핀옵스 실무자는 핀옵스 업무의 심장 역할을 합니다. 이들은 서로 다른 관점을 이해하고 다양한 기능을 알고 전문 지식을 갖추고 있습니다. 이들은 조직에 모범 사례를 도입하고 필요한 모든 곳에서 클라우드 지출 보고서를 전달하며 다양한 비즈니스 영역 간 인터페이스 역할을 하는 중앙팀(또는 개인)입니다. 이들은 종종 클라우드 비용 최적화 관리자, 클라우드 핀옵스 분석가, 클라우드 최적화 관리자, 클라우드 운영 관리자, 클라우드 비용 최적화 데이터 분석가와 같은 직함을 가지며 기술에 정통한 재무 분석가입니다.

엔지니어링 및 운영engineering and operation

엔지니어와 운영팀 구성원(예를 들어 수석 소프트웨어 엔지니어, 핵심 시스템 엔지니어, 클라우드 설계자, 서비스 제공 관리자, 엔지니어링 관리자, 플랫폼 엔지니어링 관리자)은 조직의 서비스를 구축하고 지원하는 데 중점을 둡니다. 다른 성능 지표를 확인하고 모니터링하는 것과 동일한 방식으로 비용도 지표로 도입됩니다. 팀에서는 라이트사이징, 컨테이너container 비용 할당, 사용되지 않은 스토리지와 서버 찾기, 지출 이상 징후 확인 등의 활동을 통해 리소스의 효율적인 설계와 사용을 고려하게 됩니다.

재무와 조달 및 구매

기술 조달 관리자, 글로벌 기술 조달, 재무 계획 및 분석 관리자, 재무 조직 고문 등 재무팀과 조달팀은 회계와 예측을 위해 핀옵스팀이 제공한 보고서를 사용합니다. 핀옵스 실무자와 긴밀히 협력하여 과거의 청구 데이터를 이해하고 더 정확한 비용 모델을 만들 수 있습니다. 이들은 핀옵스팀의 예측과 전문 지식을 사용하여 클라우드 서비스 제공 업체와 요금 협상을 진행합니다.

3.2 새로운 협력 방식

기존의 업무들은 이전과는 전혀 다른 방식으로 통합해야 합니다. 어떤 사람들은 엔지니어가 금융인처럼 생각해야 하고, 금융인은 엔지니어처럼 생각해야 한다고 말합니다. 좋은 생각이지만 전체 조직은 중앙집중식 비용 관리 모델에서 책임을 서로 나누는 모델로 전환해야 합니다. 그래야만 중앙 핀옵스팀이 더 빠르게 움직이며 혁신할 수 있습니다.

이러한 문화적 변화는 리더십 위치에 있는 사람들이 현재와 다른 방식으로 의사결정에 참여할 수 있게 해줍니다. 경영진의 의견을 바탕으로 각 팀은 혁신, 제공 속도, 서비스 비용에만 초점을 맞출지 아닐지 여부에 대한 합리적인 선택을 할 수 있습니다. 어떤 팀은 모든 비용을 고려한 사고방식으로 올인하기도 합니다. 결국 클라우드 비용이 너무 커지면 성장과 비용에 대해 생각하기 시작해야 합니다. 핀옵스는 속도, 비용, 품질 간의 균형을 추구합니다. 이에 대해서는 '빠르게 혁신하더라도 지출 증가율을 월 5% 미만으로만 유지하시길 바랍니다'와 같은 예시가 있습니다.

3.3 핀옵스팀은 어디에 위치하고 있을까

핀옵스팀은 아직 조직 계층 구조 내에서 기본적인 위치를 가지고 있지 않습니다. 위의 질문을 핀옵스 재단 위원들에게 물어보면 핀옵스팀은 각자의 조직마다 약간씩 다른 위치에 배치되어 있다고 합니다.

가장 일반적으로 핀옵스팀은 기술 운영팀 내에 있거나 기술 운영팀 옆에 있습니다. 이것은 CTO나 기술 책임자 업무의 일부라는 것을 의미합니다. 어떤 사람은 돈을 쓰는 그룹과 감시하는 사람이 같이 있어서 닭의 집을 감시하는 여우[1]와 비슷하다고 했습니다. 그러나 기술 조직에 핀옵스를 배치하면 많은 장점이 있습니다. 처음에는 재무팀의 권장 사항이 모호할 수 있는데 엔지니어링팀, 기술 운영팀의 권장 사항은 신뢰할만하고 분명합니다. 또한 기술 운영팀은 클라우드의 복잡성을 가장 잘 이해하고 있기 때문에 핀옵스팀으로 시작하기 가장 적합합니다.

수많은 내부 핀옵스팀을 관찰한 결과 핀옵스를 위한 최적의 위치는 최고 운영 책임자chief operating officer(COO)의 비즈니스 운영 쪽이라고 생각합니다. 이를 통해 핀옵스팀은 CEO가 설정한대로 핀옵스의 일상적인 운영 프로세스를 회사의 목표와 전략에 맞출 수 있습니다. 예를 들어 회사가 마진을 높이기 위해 힘쓴다면 핀옵스팀은 폐기물 감소에 주력할 수 있습니다. 회사가 성장과 시장 점유율 확보에 중점을 둔다면 무엇보다도 속도를 높이는 데 중점을 둘 수도 있습니다. 핀옵스는 이러한 위치에서 좋은 것, 빠른 것, 저렴한 것에 대한 빠른 의사결정을 내릴 수 있습니다.

중앙 핀옵스팀은 재무 조직과 긴밀하게 협력해야 합니다. 소규모 기업은 핀옵스팀을 위한 전용 공간이 없을 수도 있으며 기술팀과 재무팀이 협업하기 위해 한 명만 할당하거나 핀옵스를 연습하고 홍보하기 위해 개인의 업무시간을 쪼개야 할 수도 있습니다. 대규모로 클라우드를 사용하는 조직은 중앙 핀옵스팀에 10명 이상의 직원이 있기도 합니다.

[그림 3-2]에서 핀옵스 실무자는 기술 리더와 재무 리더에게 보고하고 자동화 및 최적화 엔지니어와 협력하여 조직의 변화를 알립니다. 이들의 역할은 재무 분석, 모니터링, 지출 추적, 최적화 작업에 초점이 맞춰져 있습니다. 자동화 관리자는 리소스 조정과 같은 작업을 만들고 자동화합니다.

---

1 옮긴이_ 우리 속담 '고양이 보고 반찬 가게 지켜 달란다'와 유사합니다. 믿을 수 없는 사람에게 중요한 일을 맡겨서 생기는 불안함을 이르는 말입니다.

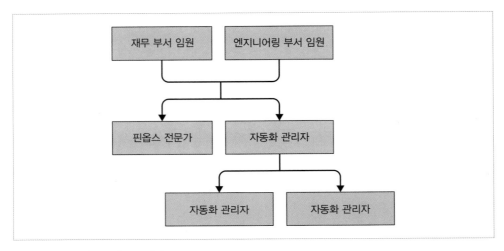

그림 3-2 핀옵스팀의 조직 구조 예시

3.4 동기

> 신뢰는 보통 다른 사람들의 문제에 공감하게 되면 생깁니다.
>
> 자샤 쿠르트Sascha Curth (OLXOnLine eXchange의 클라우드 재무 및 거버넌스 책임자)

다양하고 똑똑한 사람들이 조직의 다른 부분에서 모이면 서로 다른 목적과 목표를 가지고 있어서 항상 약간의 마찰이 생깁니다. 재무팀은 비용 효율성에 중점을 두고 예산 목표를 초과하지 않도록 합니다. 운영팀은 서비스 문제와 운영 중단을 최소화하여 고품질 서비스를 제공하는 것을 중점으로 생각합니다.

다른 사람들의 동기를 좀 더 자세히 살펴보겠습니다.

3.4.1 엔지니어engineer

- 의미 있고 재미있는 일을 원함

- 소프트웨어를 빠르고 안정적으로 제공하고 싶음

- 비효율적인 일을 싫어하고 자원을 효율적으로 사용하기를 원함

- 최신 기술을 계속 사용하고자 함

- 서비스 지속 시간, 고장 시간에 의해 업무가 평가됨

- 기능을 제공하고 버그를 수정하고 성능을 개선하고자 함

- 비용에 대해 걱정하지 않으려 함(다만 비용 발생의 책임은 있음)

일반적으로 엔지니어는 재무적인 측면 대신 고객에게 최신 소프트웨어 기능이나 버그 수정을 제공하는 데 주력합니다.

재무 운영팀은 엔지니어가 비용을 이해하고, 잠재적 최적화를 위해 환경을 검토하고, 엔지니어에게 비용 효율성이 어느 정도인지 결정하도록 지원하는 데 주력하는 경향이 있습니다.

히어 테크놀로지의 클라우드 관리 책임자인 제이슨 풀러는 엔지니어들과 함께 다음과 같은 접근 방식을 따릅니다.

> 우리 팀과 핀옵스 조직에서 그렇게 해드리겠습니다. 스토리지 수명 주기 정책을 설정하겠습니다. 엔지니어라면 당연히 스토리지 수명 주기 정책 하나쯤은 있어야 한다는 걸 알고 있겠지만 사실 말이 하나일 뿐 따져볼 사항들은 100가지나 되죠. 제가 알아서 하겠습니다. 그들에게 가장 잘 맞는 전략은 다음과 같습니다. '제가 도움을 드리겠습니다. 제가 다 알아서 할게요. 스토리지 수명 주기 정책을 표준화하고 작성하겠습니다. 그래서 당신은 할 필요가 없습니다.'

이상적으로 핀옵스 실무자는 엔지니어를 대신해서 이러한 작업을 수행하는 데 더 많은 시간을 할애합니다. 엔지니어에게 최적화에 대한 권장 사항을 제시하고, 중앙집중화하는 프로세스를 제거하고, 이것을 표준화하여 엔지니어를 지원할 수 있습니다. 이렇게 되면 엔지니어는 서비스에 최대한 집중할 수 있습니다.

3.4.2 재무팀finance people

- 지출을 정확하게 예측하고자 함

- 비용의 100%를 차지백하거나 할당할 수 있기를 원함

- 담당 팀이 비용을 적절하게 상환하도록 방법을 찾고 싶음

- 지원, 공유 서비스와 같은 공유 비용을 분담하고 싶음

- 비용을 통제하고 절감하면서도 품질과 속도는 유지하고 싶음

- 경영진이 클라우드 전략을 알릴 수 있도록 돕고 싶음

- 예산 위험을 알고 싶음

재무 담당자는 설비투자비용capital expense (CAPEX)이 운영비용operational expense (OPEX)으로 전환될 때 갑자기 충격을 경험할 수 있습니다. 이들은 설비투자비용과 3년의 감가상각에는 익숙합니다. 하지만 클라우드 지출은 훨씬 유동적입니다. 재무 담당자는 종종 어떻게 변화 속도를 따라갈지 확신하지 못하고 숫자를 신뢰하지 못할 수도 있습니다.

따라서 클라우드는 이미 알고 있는 모델에 적합하다는 사실을 기존 재무팀에게 알려주는 것이 중요합니다. 단순히 운영비용입니다. 마이크로초로 동작하기도 하고 주말에도 지출이 일어나기도 합니다. 물론 다른 공급 프로세스보다 세분화 되어있지만 여전히 동일한 재무 모델입니다. 어찌됐건 클라우드를 처음 접하는 재무 담당자들은 겁을 먹기 쉽습니다.

3.4.3 경영진

- 팀과 책임을 공유하고 싶음

- 디지털 비즈니스 혁신을 추구

- 새로운 서비스의 시장 출시 기간을 단축하고 싶음

- 경쟁 우위 확보

- 성공적인 클라우드 전략을 수립하고 싶음

- 핵심 성과 지표^{key performance indicator}(KPI)를 정의하고 관리하고 싶음

- 기술 투자의 가치를 입증해야 함

2장에서는 조직이 소프트웨어와 인터넷 연결 기술을 사용하여 경쟁 업체와 차별화하는 방법을 설명했습니다. 클라우드는 이러한 디지털 변화를 가속화하는 주요 도구 중 하나입니다. 경영진은 클라우드 우선 전략을 설정하고 클라우드로 팀을 이끌고 있습니다. 클라우드 지출이 조직 내에서 중요해지면서 경영진은 엔지니어링팀의 비용을 추적하고 균형을 유지하는 것도 추진하고 있습니다. 경영진은 핀옵스 실무자가 조직 내에서 시행하기 위해 노력하고 있는 문화적 변화도 지원합니다. 경영진에서 지시하는 하향식 방식으로 팀들은 좋고, 빠르고, 저렴한 것 사이에서 균형을 잡을 수 있게 됩니다.

3.4.4 조달 담당자^{procurement and sourcing people}

- 습관적으로 항상 비용 절감 효과를 측정하고 싶음

- 선택한 기술을 빨리 팀에게 제공하고 싶음

- 지출에 대한 통제력을 어느 정도 유지하고 싶음

- 벤더^{vendor} 파트너와의 전략적 관계 구축

- 벤더 계약을 협상하고 갱신하고 싶음

조달은 더 이상 IT 지출에서의 문지기가 아닙니다. 엔지니어가 클라우드 리소스를 직접 활용하여 구축하면서 조달의 책임은 분산되기 시작했습니다. 이젠 클라우드 지출에 대한 가시성을 유지하고 정확한 예측을 하는 것이 더 중요해졌습니다. 이 과정에서 데이터를 사용하며 공급 업체와의 관계와 계약 협상을 추진할 수 있습니다. 조달팀은 핀옵스를 수용하면서 클라우드 지출에 대해 세부적으로 일일이 승인을 받는 프로세스를 강요하지 않습니다. 대신 각 팀이 혁신을 위해 적절한 리소스에 접근할 수 있도록 하고 책임감을 높일 수 있는 방법을 선택합니다.

3.5 조직 전체의 핀옵스

각 팀은 더 이상 자신의 우선순위만을 고려할 수는 없습니다. 운영팀이 클라우드 지출의 영향을 고려하지 않으면 재무팀은 조직의 클라우드 지출을 예측하고 예산을 책정하는 데 어려움을 겪게 됩니다. 만약 재무팀에서 클라우드 지출을 완전히 제어하고 모든 리소스에 대한 승인이 필요하게 되면 다른 조직들은 다양한 리소스를 사용하고 온디맨드 인프라를 갖추는 속도와 민첩성을 갖추기가 어려워집니다. 클라우드의 장점은 혁신 속도라는 점을 꼭 기억하시길 바랍니다.

3.6 핀옵스를 위한 채용

단지 실무자를 고용하거나 계약자를 데려오는 것만으로는 핀옵스로 문화적 변화를 촉진할 수 없다는 것에 유의하시길 바랍니다. 핀옵스를 사용하려면 조직 내 모든 사람이 참여해야 합니다. 핀옵스의 요구 사항은 경영진에서부터 재무, 영업에 이르기까지 모든 채용 과정에 포함되어야 합니다. 예를 들어 채용 시 각 직무 설명에 핀옵스 관련 사항을 나열하거나 조직에 새 직원을 참여시키는 과정에 핀옵스 교육과정을 추가하는 것입니다. 클라우드 운영 엔지니어에게 비용 지표가 서비스 설계에서 어떤 역할을 하는지 물어보고 재무 담당자에게 다양한 클라우드 지출이 일반적인 재무 관행을 어떻게 변화시키는지 물어보시길 바랍니다. 핀옵스에 대한 이해가 없는 직원을 고용하거나 신입 사원에게 지속적으로 핀옵스 교육을 하지 않는다면 올바른 사고방식을 갖추지 못한 신입 직원들에 의해 열심히 쌓아온 핀옵스 문화가 천천히 사라질 것입니다.

핀옵스의 요구를 충족하기 위해 필요한 역할들이 많아질 것입니다. 비즈니스 사고, 재무적 사고와 기술 통찰력을 갖춘 다재다능한 직원이 더 많이 등장할 것입니다. IT 담당자가 재무를 배우는 것처럼 재무 담당자도 클라우드를 배우게 될 것입니다.

풀스택full-stack 엔지니어라는 용어를 처음 들었을 때를 생각해보세요. 이제는 풀비즈니스full-business 기술자에 대해 생각해볼 차례입니다.

다음은 핀옵스 역할에 대해 포함해야 할 몇 가지 요구 사항입니다.

기술적으로 쓸 수 있고 이야기할 수 있는 사람

핀옵스 프로세스에 대한 문서를 작성하고, 기준을 전파할 수 있고, 예산에 대한 경고를 보낼 수 있어야 합니다.

분석가

비용적 이상 징후를 파악하고, 클라우드 비용 모델에 대해 알아보고, 엔지니어와 재무 담당자에게 설명하고, 보고서 작성과 경영진에게 보고할 수 있어야 합니다.

엔지니어와 개발자

설계 방안에 대한 비용을 고려하고 여러 분야에 대한 자동화를 지원할 수 있어야 합니다(청구 데이터, 최적화, 예산과 예측 보고, 거버넌스 자동화).

핀옵스 실무자

클라우드 지출, 예산 유지, 비용 회피, 비용 절감에 초점을 맞출 수 있어야 합니다.

3.7 실무로 다가온 핀옵스 문화

핀옵스에 대한 이야기와 함께 핀옵스 문화가 어떻게 비즈니스를 지원할 수 있는지 보여주는 예로 컨테이너 도입이 비용 가시성에 어떤 영향을 미치는지 살펴보겠습니다. 컨테이너가 도입되면서 운영팀은 동일한 컴퓨팅 리소스에 더 많은 서비스를 제공할 수 있게 되었습니다. 쿠버네티스Kubernetes와 같은 서비스는 운영팀에 이전과는 다른 제어 방식과 자동화를 제공합니다. 컨테이너로 바뀌는 것이 운영팀에게 좋은 기회라는 것을 쉽게 알 수 있습니다. 컨테이너가 대규모로 도입되는 과정이 업계 전반에 걸쳐 큰 역할을 했습니다.

동일한 컴퓨팅 리소스에 더 많은 서비스를 제공하면 비용을 더 효율적으로 사용한다고 생각할 수 있지만 이러한 비용은 가시성이 떨어집니다. 청구된 비용 데이터에 기본 컴퓨팅 인스턴스 비용은 있지만 각 인스턴스에서 어떤 컨테이너가 작동하고 있는지에 대한 정보는 재무를 관리하는 데 도움이 되질 않습니다.

핀옵스 문화 없이 어떻게 동작할지 고려해보시길 바랍니다.

재무팀은 기본 컴퓨팅 리소스의 비용을 각 사업 단위로 알맞게 분리하는 방법을 알고 싶어 합니다. 그래서 엔지니어에게 도움을 요청합니다. 그런데 이 요청은 엔지니어가 현재 진행 중인 작업을 중단하고 비용과 재무 데이터 중심으로 업무를 해야 하는 것을 의미합니다. 궁극적으로 생산성이 떨어지므로 재무팀은 결국 컨테이너 도입이 비즈니스 운영에 좋지 않다는 결론을 내리고 경영진에게 이런 관점으로 이야기하게 됩니다.

그러나 핀옵스를 적용하고 핀옵스 실무자와 함께 이야기를 해보면 다른 결과가 나옵니다. 실무자는 클라우드 서비스 제공 업체의 비용 청구 데이터를 검토하여 이 중 어떤 데이터가 있는지 또는 없는지 깊게 파악할 수 있습니다. 재무팀은 컨테이너의 기초 지식과 그것이 비즈니스에 도움이 되는 이유를 배우고 이해하게 됩니다. 한편 운영팀은 차지백과 쇼백의 중요성에 대해 배우게 됩니다.

재무팀이 클러스터^{cluster}에서 실행되는 컨테이너의 비용 내역을 요구할 때 핀옵스 담당자는 재무팀의 관점을 이해할 수 있습니다. 클러스터의 전체 비용만 볼 수 있기 때문입니다. 반면에 엔지니어링팀은 각 클러스터 인스턴스에서 예약된 컨테이너를 알고 있지만 이 데이터를 클라우드 청구 요금과 쉽게 연결할 수는 없습니다. 그러나 이 정보들을 공유하면 핀옵스 실무자는 비용을 계산해야 하는 숙제를 떠안게 됩니다.

그래서 핀옵스팀은 이 데이터들을 가져와서 필요한 분석을 수행하고 청구 비용 데이터와 결합합니다. 이제 재무 부서에서는 필요한 보고서를 받아 볼 수 있으며 엔지니어링팀도 계속 작업을 할 수 있습니다. 이렇게 업무를 융합한 방식을 통해 재무팀은 이제 컨테이너는 막아야 할 요소가 아니라 효율성의 원동력으로 보게 됩니다.

3.8 마치며

3장에서는 모든 팀이 핀옵스 사고방식을 취해야 한다고 강조했습니다. 조직 내부의 모든 팀은 중앙 핀옵스팀과 함께 서로의 목표를 이해하며 협력할 수 있습니다. 핀옵스팀은 보고와 업무 체계를 만들어 모든 사람이 목표를 달성할 수 있도록 지원하게 됩니다.

요약하자면 다음과 같습니다.

- 모든 팀은 핀옵스에서 각자 역할을 수행합니다.

- 팀마다 지출과 비용 절감을 유도할 수 있는 동기부여 요소가 다릅니다.

- 팀은 서로의 목표에 대한 공감의 균형을 유지하고 협력해야 합니다.

- 핀옵스 실무자는 회사의 목표에 각 팀이 동참할 수 있도록 지원합니다.

4장에서는 각 팀이 서로 어떻게 대화하는지 살펴보겠습니다. 협업을 잘하려면 팀을 같은 공간에 배치하는 것 이상의 작업이 필요합니다. 재무에서의 용어와 공학에서의 용어는 크게 다를 수 있기 때문에 모든 사람이 용어를 하나로 통일해서 사용해야 합니다.

CHAPTER 4

핀옵스와 클라우드 언어

성공적인 핀옵스를 위해 비즈니스의 여러 부분에서 팀이 함께 협력해야 합니다. 조직 내의 각 팀은 조직별 용어를 사용하고, 클라우드 비용을 다른 관점에서 보고, 달성하려는 목표에 대해 서로 다른 동기를 가지고 있습니다. 4장에서는 사용 중인 특정 용어와 혼동되는 용어를 피하는 방법을 교육하여 팀이 효과적으로 협업할 수 있는 방법에 대해 설명하겠습니다.

클라우드 이야기 – 마이크

핀옵스를 시작하기 전에 팀은 자체 비용을 분석하고 각자 자신의 방법으로 청구서 중 어느 부분이 자신들의 책임인지를 결정하게 했습니다. 첫 번째 조치는 보고서를 작성하여 사업부에 보내는 것이었습니다. 그러나 중요한 단계를 빼놓았습니다. 각 팀은 언제나 그랬듯 자신의 관점에서 보고서를 읽고 있었습니다. 클라우드 지출이 명확하지 않은 보고서는 혼란을 야기했습니다. 각자가 사용한 용어는 모든 사람이 이해하지 못하기 때문에 보고서의 타당성에 대한 의견이 엇갈렸습니다.

따라서 공통의 용어가 필요하다는 것을 깨닫게 되었습니다. 모든 팀에게는 지출과 최적화를 분석하는 데 사용할 수 있는 핀옵스 용어와 일반적인 보고서 양식에 대한 폭넓은 이해가 필요했습니다. 클라우드 재무에 중점을 둔 보고서가 엔지니어링팀에게 혼란을 준 것과 마찬가지로 클라우드 인프라 용어로 채워진 보고서는 재무팀에게 혼란을 일으켰습니다.

물론 핀옵스를 적극적으로 도입하고 있는 회사의 이야기입니다. 아직 핀옵스를 맛보는 수준의 회사에서는 일반적으로 팀별로 지출 내역을 보여주는 간단한 일일 지출 그래프 정도만 사용합니다. 하지만 이 정도의 가시성으로도 행동에 영향을 미치기 시작합니다.

4.1 공통 용어표 정의

공통 어휘의 필요성은 쉽게 강조할 수 있습니다. 재무팀과 엔지니어링팀이 각각 서비스를 설명하도록 요청하기만 하면 됩니다. 재무팀은 일반적으로 **사용량**usage, **요금**rate, **비용**cost, **활용률**utilization과 같은 용어를 사용합니다. 반면에 엔지니어는 **서비스 가용성**service availability, **안정성**reliability, **사용 가능한 용량**available capacity의 용어를 사용합니다. 둘 다 맞습니다. 이러한 팀이 서로 대화하려고 하면 소통이 되지 않습니다. 클라우드 시대에서는 데이터 센터 시대보다 훨씬 더 자주 대화를 시도해야 합니다. 그리 멀지 않은 과거에는 새로운 장비 구입을 제안했을 때만 운영팀과 재무팀은 대화했습니다. 구매 후 운영팀의 일상 업무는 서비스의 효율성과 성능에 관한 것이었습니다. 재무팀은 교대로 조달 담당자에게 어떤 지출이 발생했는지 어떤 예산에 대해 감가상각해야 하는지 물었습니다.

구매 승인 내역을 조직 전체에 공지할 때는 필요한 비용을 설명하는 데 있어서 모든 팀이 동일한 어휘를 사용하도록 해야 합니다. 즉 용어를 과도하게 사용하지 않아야 합니다. 클라우드 서비스 제공 업체별 용어를 추가하기만 해도 더 복잡해지고 여러 클라우드 서비스 제공 업체의 용어와 벤더별[1] 용어를 바꾸어 사용하면 정말 이해하기 어렵고 비논리적인 수준으로 보입니다.

작성한 모든 보고서에 용어표 또는 그 이상의 사전이 있어야 하는 경우 팀 간 협업을 방해하는 보고서를 어떻게 읽어야 하는지에 구성원들에게 가르쳐야 합니다. 이때 사람들은 스스로가 이해력이 부족한 사람으로 비칠 수 있기 때문에 보고서를 이해하는 데 걸린 시간은 이야기하지 않을 것입니다. 그리고 핀옵스 실무자는 모든 사람에게 정보를 제공하려다 보니 시간이 부족할 것입니다.

----

1 옮긴이_ 벤더는 제품을 만드는 공급 업체를 의미합니다.

조직 전체에서 공통 용어를 구축하려면 보고서가 지속적으로 특정 용어를 사용해야 하고 팀은 해당 용어를 올바르게 해석하는 방법을 배워야 합니다. 어떤 사람은 비용을 분담한다는 뜻이 비용 할당과 동일하다는 것으로 이해할 수 있지만 핀옵스의 초기 단계에서는 일반적인 지식이 아닙니다.

가능하면 팀이 배워야 하는 새로운 용어를 모두 만드는 대신 기존 용어들을 사용하는 것이 좋습니다. 또한 클라우드 서비스 제공 업체가 기존 비즈니스 언어와 일치하지 않는 용어를 사용하는 경우 팀에 알려주기 전에 이를 제대로 된 용어로 바꾸어 전달하는 것이 가장 좋습니다.

4.2 기본 용어 정의

모든 사람이 이 책을 읽으면 핀옵스에서 사용하는 용어에 대한 공통적인 이해를 높일 수 있습니다. 이번에는 업계에서 사용하는 몇 가지 용어를 정의하겠습니다.

비용 할당cost allocation

클라우드 청구서를 분할하고 비용을 각 코스트 센터에 연결하는 프로세스입니다. 이 과정은 9장에서 더 자세히 살펴보겠습니다. 팀이 비용을 어떻게 할당하는지 이해하고, 중앙집중식으로 통제하고, 일관된 비용 할당 전략을 세우는 것이 중요합니다.

낭비된 사용량wasted usage

조직에서 적극적으로 사용하지 않는 리소스 사용량입니다. 리소스가 프로비저닝provisioning된 경우라면 리소스를 사용하지 않더라도 클라우드 서비스 제공 업체는 계속 비용을 청구합니다.

라이트사이징

너무 많은 메모리와 컴퓨팅 성능을 제공하는 등 클라우드 리소스가 필요한 것보다 크게 프로비저닝되면 과도하게 할당한 것으로 간주합니다. 라이트사이징은 프로비저닝된 리소스의 크기를 필요에 맞는 크기로 변경하는 작업입니다.

온디맨드 요금on-demand rate

클라우드 리소스에 대해 지불된 정상 또는 기본 요율입니다. 클라우드 리소스의 공시된 가격입니다.

요금 인하

사용된 리소스에 대해 더 낮은 요금을 적용하기 위해 조직과 클라우드 서비스 공급자 간에 예약 인스턴스reserved instance(RI), 약정 사용 할인committed use discount(CUD), 상업적 협의commercial agreements(CA)를 사용할 수 있습니다.

비용 회피

리소스를 모두 제거하거나 적절하게 조정하여 리소스 사용량을 줄이면 청구될 리소스에 대한 비용을 지불하지 않아도 됩니다. 클라우드 지출을 줄이는 방법은 11장에서 다룰 것입니다. 비용 청구 데이터로는 실제로 비용 회피가 일어났는지 알 수는 없습니다. 비용 회피cost avoidance 데이터는 청구 주기에서 이번 달의 비용 절감량으로 종종 측정됩니다.

비용 절감cost saving

리소스에 대한 비용을 줄이면 비용이 절감됩니다. 사용량을 줄여서 비용을 회피하는 것과 달리 비용 절감 효과는 청구 데이터에 표시됩니다. 사용량은 그대로이지만 더 적게 비용을 지불합니다. 일반적으로 청구서에 적용된 크레딧을 모니터링하거나 리소스에 대해 지불한 요율과 일반 공시 가격을 비교하여 청구된 비용이 어떻게 절약되었는지 분석할 수 있습니다.

비용 절감 실현saving realize

비용 청구 데이터에 절감이 적용되면 클라우드 청구서에서 생성한 절감액을 분석할 수 있습니다. 비용 절감을 달성하고 유지하려는 노력에 대한 효과를 분석함으로써 핀옵스의 전반적인 효과를 파악할 수 있습니다.

비용 절감 잠재력saving potential

클라우드 청구서를 미리 예측해보면 기존 약정과 상업적 협의를 활용하여 절감액을 예상할 수 있습니다. 그러나 이러한 절감 효과가 실제 계정에 적용될 때까지는 잠재적인 비용 절감에 불과합니다.

예약 인스턴스와 약정 사용 할인

예약 인스턴스나 약정 사용 할인을 활용하여 일정량의 리소스 사용량을 클라우드 서비스 제공 업체에 미리 약속하면 해당 리소스에 대해 일반적으로 지불할 요금이 줄어듭니다.

미사용 예약reservation unused

시간마다 실제 사용하지 않은 약속된 리소스는 미사용 예약이 됩니다. 다른 말로는 **예약 공석**reservation vacancy이라고도 합니다.

예약 낭비reservation waste

이용률이 미사용 예약 비용보다 높다면 이용률이 낮은 예약은 문제가 안 됩니다. 예약 비용이 절약되는 비용보다 더 많이 들면(예약 비용보다 더 절약되는 금액으로 활용되지 않는 경우) 예약 낭비라고 합니다.

적용된 사용량covered usage

예약에 의해 리소스 요금이 할인되면 이를 적용되었다고 합니다. 사용량이 예약 리소스에 포함되어 있으며 결과적으로 더 낮은 요금이 적용됩니다.

적용 가능한 사용량coverable usage

클라우드에서의 모든 사용량이 예약으로 처리되는 것은 아닙니다. 업무시간 동안 갑작스럽게 리소스 사용량이 급증하고 업무시간 이후에 줄어들면 예약한 약속은 결과적으로 예약 낭비가 되고 비용을 절감해주지 못합니다. 예약 범위 내에서 사용량이 충분할 때 비용이 줄어들게 되고 이런 경우를 할인 적용 가능한 항목으로 볼 수 있습니다.

혼합되지 않은 요금unblended rate

일부 리소스는 더 많이 사용할수록 요금이 감소합니다(3부에서 대량 할인과 지속적인 사용 할인에 대해 다루겠습니다). 즉 더 많이 리소스를 사용하거나 한 달 동안 더 오래 사용할 때 다른 요금이 청구되는 것을 의미합니다. 청구서를 검토하면 동일한 유형의 리소스나 동일한 리소스에서도 일부 리소스 비용이 다른 리소스 비용보다 더 큰 것을 알 수 있습니다. 이런 식으로 요금이 청구되면 혼합되지 않은 요금이라고 불립니다.

혼합 요금blended rate

일부 클라우드 서비스 제공 업체는 청구 데이터에 혼합 요금을 제공합니다. 혼합 요금은 각 리소스에 요금을 고르게 분배하여 동일한 유형의 리소스에 대해 지불하는 요금을 표준화합니다. 일부 클라우드 서비스 제공 업체는 세부 청구 비용 데이터에서 혼합 요금을 제공하지만 종종 비용이 혼합되는 방식이 균등하지 않거나 일부 리소스 비용이 혼합되지 않아 리소스의 실제 비용이 혼동될 수도 있습니다.

할부 상환 비용amortized cost

일부 클라우드 리소스와 예약에는 선불 요금이 부과됩니다. 리소스의 할부 상환 비용은 이 초기 지불액을 고려하고, 분할하고, 청구 시간별로 할당한 비용을 토대로 계산합니다.

완전히 다 포함한 비용fully loaded cost

완전히 다 포함한 비용은 할부 상환되어야 하는 비용입니다. 이 비용은 회사가 클라우드 리소스에 대해 지불하고 있는 실제 할인 요금을 반영하고, 공유 비용을 공평하게 반영하고, 기업의 조직 구조에 맞춰 할당되는 비용입니다. 본질적으로 클라우드의 실제 비용과 그 원인을 보여줍니다.

4.2.1 클라우드 전문가를 위한 재무 약관 정의

수익비용대응의 원칙[2]

비용은 클라우드 제공 업체가 청구한 기간이나 결제가 이루어진 기간이 아닌 그 비용을 받은 시점에 기록해야 합니다. 수익비용대응의 원칙은 회계 처리의 발생 기준에 적용되며 회계 처리의 현금 기준과 주요 차이점입니다. IaaS 청구에서는 공급자의 송장을 사용하는 대신 청구 데이터(예를 들어 AWS의 비용 및 사용 보고서, GCP의 클라우드 청구 보고서, 애저Azure의 청구 파일)를 사용하여 지출하는 비용을 의미합니다.

---

2 옮긴이_ 비용은 그 비용으로 인한 수익이 기록되는 기간과 동일한 기간에 기록해야 한다는 것입니다. 가령 장사를 하기 위해 구입한 상품은 구입 시점에서 비용이 되는 것이 아니라 판매되어 수익을 창출하는 시점에서 비로소 비용이 된다는 것입니다. 상품을 구입하고 아직 판매하지 않은 상태라면 상품은 자산으로 존재하는 것이며 비용은 아직 발생하지 않은 것입니다.

설비투자비용과 운영비용

무언가를 자본화할 때 특정 기간 내에 비용이 발생하든 하지 않든 회사의 자산이 됩니다. 여러분이 적용할 수 있는 테스트는 다음과 같습니다. 조직에서 무언가를 획득하기 위해 수표를 끊으면 해당 획득이 향후 기간에 도움이 되나요? 만약 된다면 자본화할 수 있습니다. 현재 기간에만 혜택을 받으면 향후 혜택이 없이 이 기간에 지출된 비용이 운영비용이 됩니다. 자본전입으로[3] 총지출액은 유사한 기간의 지출과 달라지며 변화량은 자본화된 비용이 됩니다.

자본비용과 가중평균자본비용

자본비용cost of capital은 기업이 투자를 위해 자금을 투입하는 데 드는 비용을 말합니다. 클라우드에서는 예약 인스턴스와 같은 약속을 고려할 때 자본비용이 중요한 고려 사항입니다. 예를 들어 회사가 8%로 돈을 빌리면 그 회사의 자본비용은 8%입니다. 이때 8%는 투자 수익률에서 회사가 초과 달성해야 하는 기준이 됩니다. 이렇게 8%의 예시는 매우 단순합니다. 실제로 대부분회사는 자본에 접근할 수 있는 다양한 자원을 가지고 있습니다. 다양한 유형의 부채와 주식 발행에 의한 자기자본조달은 매우 다른 이자율을 가져올 수 있습니다. 이러한 상황에서 자본비용 계산을 할 때 회사는 **가중평균자본비용**weighted average cost of capital (WACC)[4]이라는 비율의 혼합을 사용해야 합니다. 재무팀 대부분은 가중평균자본비용이 무엇인지 이해하고 예약 인스턴스 구매 시 이를 고려해야 합니다.

매출원가[5]

매출원가cost of goods sold (COGS)는 특정 기간에 수익을 창출하는 데 소요되는 비용을 측정합니다. 전력 회사가 석탄을 창고에서 발전소로 보내고 있다면 발전소에서 연소된 석탄의 비용이 기록됩니다. 이 비용은 향후 이익이 없으므로 해당 기간의 수익을 직접 분석할 수 있는 비용이 되어서 매출원가 비용이 됩니다. 매출원가인지 확인하는 방법은 같은 기간에 직접 비용을 지출하고 수익과 직접 관련이 있는지 확인하는 것입니다.

소프트웨어 회사의 경우 매출원가는 소프트웨어 운영비, 영업 사원 커미션, 지원 인력 비용과

---

3 옮긴이_ 자본 준비금이나 자본 잉여금의 일부 또는 전부를 자본에 전입하는 일을 말합니다.

4 옮긴이_ 기업의 자본비용(부채, 우선주, 보통주, 유보이익 등)을 시장가치 기준에 따라 각각이 총자본 중에서 차지하는 가중치(자본구성비율)로 가중평균한 것입니다. 일반적으로 기업의 자본비용은 가중평균자본비용을 의미합니다.

5 옮긴이_ 매출을 실현하기 위한 생산이나 구매 과정에서 발생한 상품과 서비스의 소비액과 기타 경비를 말합니다.
　　– 매출원가(판매업) = 기초상품재고액 + 당기상품매입액 – 기말상품재고액
　　– 매출원가(제조업) = 기초제품재고액 + 당기제품제조원가 – 기말제품재고액

같은 월간 클라우드 요금입니다. 특히 클라우드가 가장 가변적이며 최적화 가능성이 높습니다. 일반적으로는 영업 커미션을 대폭 줄이거나 지원 인력을 해고할 수 없습니다. 따라서 수익을 줄이지 않고 클라우드 지출을 최적화하는 데 초점을 맞출 수 있습니다.

매출원가가 자본화된 자산이 될 수 있는 경우

비용이 어떻게 사용되는지에 관한 잠재적인 곡선이 있습니다. 전력 회사가 석탄의 일부를 가져와서 다이아몬드를 만드는 데 사용한다고 가정하겠습니다. 석탄을 태워서 바로 팔 수 있는 전력을 생산했다면 회사는 석탄 비용을 매출원가로 설명합니다. 하지만 석탄에서 다이아몬드를 만들어내고 해당 다이아몬드가 그 기간에 팔리지 않는 대신에 미래의 재고로 저장된다면 석탄 비용이 자산으로 자본화됩니다. 그러나 다이아몬드가 팔리는 순간 석탄의 가격은 판매하는 동안 매출원가로 다시 전환됩니다.

클라우드에서는 어떻게 매출원가와 자본금이 합쳐질까

우리는 최근 새로운 쇼핑 플랫폼 제품을 개발하고 흥미로운 방식으로 이러한 원칙을 적용하고 있는 영국의 소매업체를 보았습니다.

이 회사는 제품을 생산하는 동안 사용한 EC2[6] 시간을 해당 기간에 지출되지 않은 자본화된 자산으로 회계 처리했습니다. 이것은 개발 중인 제품이 수익을 창출하지 못했기 때문에 가능했습니다. 이 소매업체는 EC2 시간을 사용하여 전력 회사가 전력을 위해 연소하지 않고 석탄에서 다이아몬드를 만드는 것과 같이 미래 기간에 수익을 창출할 자산을 만들었습니다.

해당 쇼핑 제품이 출시되면서 자본화된 EC2 비용은 제품이 수익을 창출하기 시작한 관련 기간으로 상환되기 시작했습니다. 참고로 쇼핑 플랫폼 제품은 실제 물리적 자산이 아니므로 상환은 되지만 감가상각해서 사용할 수는 없습니다.

클라우드에서는 예약 인스턴스를 1년 또는 3년 동안 사용하는 기간으로 잡는 것이 일반적입니다.

---

6 옮긴이_ 아마존 일래스틱 컴퓨트 클라우드(Amazon Elastic Compute Cloud)의 약자로 아마존 웹서비스의 대표적인 클라우드 서비스입니다.

4.3 이해에 도움이 되는 추상적 개념

인간은 아주 크거나 아주 작은 숫자들로 어려움을 겪곤 합니다. 예를 들어 시간당 1달러의 비용이 든다면 10달러는 몇 시간인지 계산하는 것은 비교적 간단합니다. 그러나 리소스 비용이 시간당 0.0034달러인 경우 10달러에 몇 시간을 사용할 수 있을지 계산하려면 계산기가 필요합니다. 또한 숫자 서식도 중요합니다. 서식을 지정하지 않으면 100000000은 읽기가 어렵습니다. 대부분은 쉼표를 추가해야 의미하는 양을 빠르게 알 수 있습니다.

또 다른 문제는 숫자가 커지면 규모의 감각을 잃어버리곤 한다는 것입니다. 이는 수백만 달러, 수천만 달러 또는 그 이상과 같이 큰 금액을 사용하는 팀에서 문제가 될 수 있습니다.

핀옵스 재단 회의에서 회원 한 명이 추상 개념을 사용하는 것이 어떻게 핀옵스를 도울 수 있는지를 보여주었습니다. 그는 10억과 20억의 차이가 큰 것처럼 들리지는 않지만 실제로는 엄청난 변화라는 점을 지적하면서 자신의 주장을 강화했습니다.

대규모 클라우드를 사용하는 많은 조직이 엔지니어에게 지출에 대한 의미 있는 통계를 제공하는 데 어려움을 겪고 있다는 것을 발견했습니다. 한 조직이 클라우드에서 연간 1억 달러를 지출한다고 가정해봅시다. 이 규모에서 모든 사람은 관련된 숫자의 규모를 이해하려고 애를 씁니다. 그리고 규모에 문제가 있으면 다음과 같은 질문에 답하기가 어려워집니다.

- 월 30,000달러 최적화는 많나요, 적나요?

- 절약 효과를 달성하기 위해 얼마나 많은 노력을 기울여야 할까요?

성공적인 핀옵스 도입에 필수적으로 책임 문화를 유지하는 것은 숫자가 커질수록 점점 더 어려워집니다.

상황과 이해를 돕기 위해 일반적인 어휘와 다르게 사용하는 것이 때때로 도움이 됩니다. 때로는 지출하거나 절약한 특정 금액이 핵심 요소가 아닌 경우도 있습니다. 다른 측정 단위를 사용하여 지출과 비용 절감으로 의해 비즈니스에 대한 영향을 분명히 설명할 수 있다면 이 메시지가 훨씬 더 명확하게 나타납니다.

핀옵스 재단의 회원은 비용 절감액을 맥주와 연관시켰습니다. 만약 팀이 특정한 조치를 취하면 수만 개의 맥주를 절약할 수 있다는 것을 발견했습니다. 엔지니어가 맥주를 측정 단위로 사용하는 것이 원래 달러 가치보다 더 명확하게 이해되었다는 사실은 놀랄 일이 아닐겁니다.

한편 비용만 보고하는 문화에서 벗어나는 것도 중요합니다. 왜냐하면 클라우드 지출과 관련된 팀은 서로 다른 목표를 가지고 있기 때문입니다. 각 팀에게 맞는 적절한 사례를 찾는다면 이는 클라우드 비용을 더 의미 있는 차원에서 활용할 수 있는 한 가지 방법입니다.

사업팀 팀장은 회사 총수익 대비 클라우드 비용을 백분율로 따지면 전체 클라우드 비용의 효율성을 완전하게 알 수 있게 됩니다. 이후 조직에서는 지출 비율에 대해 한계점을 세우고 이를 기반으로 여러 가지 방법을 사용하여 수익 증가에 비해 클라우드 지출의 증가를 줄이도록 프로젝트를 최적화할 수 있습니다. 최적화 방법은 3부에서 다루겠습니다.

그러나 이러한 전반적인 비즈니스 전략은 각 팀의 목표와 동기에 직접적으로 관련이 없습니다. 예를 들어 엔지니어링팀은 사용자를 위한 기능 관점에서 노력을 기울입니다. 따라서 엔지니어링팀은 팀의 성장과 사용자에게 더 많은 기능을 제공하는 것이 동기부여가 됩니다. 핀옵스 재단의 한 회원은 엔지니어를 참여시킬 수 있는 의미 있는 방법을 찾았습니다. 엔지니어링팀의 월간 비용 측면에 클라우드 지출을 보고하는 방법입니다. 보고하는 과정에서 비용 절감 조치를 평가할 때 최적화 조치가 특정 인원의 충원을 발생시킬 수 있고 비용 절감 조치로 팀원의 급여를 얼마나 빨리 받을 수 있는지 알 수 있습니다.

팀의 목표를 알면 각 팀과 효과적으로 협업할 수 있는 방법을 찾을 수 있습니다. 서비스 관리자에게는 일간 사용자daily active user(DAU)당 비용과 같은 대체 단위로 보고하는 것이 좋습니다. 클라우드 비용을 서비스의 일간 사용자당 비용으로 나눔으로써 해당 서비스가 지출한 비용당 비즈니스 가치를 보여줄 수 있습니다.

핀옵스 업무가 계속 발전하고 단위 메트릭을 활용하기 시작하면 실제 비용을 사업적 기능에 연결할 수 있습니다. 운송 회사의 경우 단위 메트릭이 묶여서 제공되거나 클라우드에서 지출되는 매출 비율과 같은 간단한 메트릭부터 시작할 수 있습니다. 클라우드 비용을 비즈니스를 제공하는 것과 동일하게 생각할 수 있으며 절감 효과로 얼마나 더 많은 배송을 할 수 있을지 비용 최적화 관점에서 보고할 수 있게 됩니다. 이렇게 모든 상황 파악을 하면 관련 팀이 서로 공감할 수 있습니다.

4.4 비즈니스 용어와 클라우드 용어의 비교

클라우드 리소스를 운영하는 직원이나 비용 절감 프로그램을 운영하는 핀옵스팀은 다른 부서들을 대상으로 작성하는 보고서에 클라우드 관련 용어를 추상화하는 것이 좋습니다. 클라우드 관련 용어를 더 일반적인 비즈니스 용어로 바꿔도 여전히 정확한 보고서로 정리할 수 있습니다.

예를 들어 클라우드에서 서버 인스턴스를 예약한 상황을 살펴보겠습니다. 일반적으로 클라우드 서비스 제공 업체와 약속을 하고 이렇게 예약한 리소스를 효과적으로 사용하면 비용을 절약할 수 있게 됩니다(13장에서 더 자세히 다루겠습니다). 그렇지 않으면 손해를 보게 됩니다. AWS는 이런 서비스를 예약된 인스턴스라고 부르며 각각 다른 크기의 서버는 다른 금액을 절약하게 됩니다.

핀옵스팀이 직접 보고서를 작성하면 개별 예약에 대한 세부 정보가 필요합니다. 그러나 재무와 비즈니스의 큰 관점에서 보고를 시작하면 중요 메시지가 바뀌게 됩니다. 여기서 중요한 것은 돈을 절약했는지 낭비했는지 전체적인 성공 여부입니다. 예약 인스턴스 사용률과 같이 클라우드 관련 용어가 포함된 보고가 아니라 비용 절감과 같은 더 일반적인 비즈니스 용어로 바꾸면 더 명확해집니다.

특히 기술 용어를 일반적인 비즈니스 보고와 모니터링 용어로 바꾸게 되면 클라우드 전문 지식을 알고 있어야 하는 사람들이 줄어들게 되고 지식 장벽도 낮출 수 있습니다. 그리고 실제 비즈니스 결과 기반으로 보고서에 집중하게 되면 더 많은 이해, 믿음, 신용을 얻을 수 있습니다.

4.5 데브옵스팀과 재무팀 간에 바벨피쉬 만들기

핀옵스팀은 운영팀, 재무팀과 함께 회의를 가졌습니다. 운영팀은 클라우드 리소스에 태그를 지정하는 데 사용하는 특정 값에 대해 이야기하는 한편 재무팀은 비용 할당의 필요성에 대해 더 폭넓게 이야기했습니다. 두 팀 모두 동일한 내용을 설명했지만 비용 할당에 어떤 태그의 값을 사용하는지와 같은 검토 항목에서 미묘한 차이가 있었고 서로를 이해하지 못했습니다.

그들은 혼란을 수습하기 위해 통역가와 바벨피쉬Babel Fish[7]가 필요했을 것입니다.

그러나 재무팀과 운영팀 모두 조직 내에서 비용 할당과 같은 핀옵스 업무 방식에 대해 명확히 알고 있다면 대화는 바벨피쉬 없이 공통적인 수준에서 시작됩니다.

재무팀과 엔지니어링팀은 매우 똑똑합니다. 하지만 이들에게는 각기 다른 업무 방식과 용어가 있다는 것을 기억해야 합니다. 핀옵스팀은 비용 관점으로 바라보는 사람들을 위해 클라우드 관련 용어를 추상화하고 재무팀이 클라우드 용어를 이해하도록 지원해야 하며 엔지니어링팀의 재무 요구 사항을 단순화해야 합니다.

핀옵스 실무자는 재무팀과 엔지니어링팀 모두가 자신의 전문 분야 이외의 것을 학습하고 작업하는 데 많은 시간을 들이지 않도록 보고와 프로세스를 구축해야 합니다. 일관된 용어로 보고서를 작성하면 팀은 공통된 용어를 배운 다음 해당 공통 보고서를 사용하여 클라우드 이점과 비용에 대해 서로 이야기할 수 있습니다.

팀의 효율적인 소통을 위해 핀옵스가 필요합니다. 이상적으로 핀옵스팀은 회의 석상에 전혀 필요하지 않습니다. 모든 사람이 용어를 같이 사용하면 핀옵스팀의 존재는 덜 필요해질 것입니다. 하지만 핀옵스팀이 항상 이러한 보고서 작성을 지원하기 때문에 보고서의 신뢰도, 이해도, 명확성이 계속 증가할 것입니다.

4.6 재무팀과 운영팀 모두에게 필요한 학습

앞서 설명했듯이 핀옵스팀은 클라우드 지출과 절감액을 설명하기 위해 조직에서 사용할 용어를 정의해야 합니다. 서로 다른 클라우드 서비스 제공 업체가 사용하는 업계 표준 용어와 변형 용어 모두를 공통 용어로 선택하거나 수정해야 합니다.

재무팀과 운영팀의 어느 곳도 다른 팀의 공통 용어를 배우려고 하지 않을 것입니다. 재무팀에서는 클라우드 리소스를 설명하는 필수 용어를 배우고 운영 부서에서는 비용을 설명하는 용어를 학습해야 합니다. 이 과정은 이상적으로 모두에게 공평해야 합니다. 다른 팀에서 사용하는

---

7 옮긴이_ 『은하수를 여행하는 히치하이커를 위한 안내서』에 등장하는 작은 물고기로 사람의 뇌 속에서 헤엄치며 삽니다. 이 물고기는 말하는 사람의 뇌파를 식량으로 삼고, 배설물을 청자의 뇌 속에 배설합니다. 즉 바벨피쉬를 뇌 속에 넣고 다니는 사람은 어떤 종족의 언어든 해독할 능력을 획득하게 됩니다.

용어를 더 많이 배우면 대화가 더 빨리 성공적인 결과로 이어지게 될 것입니다.

4.7 벤치마킹과 게임화

각 팀의 지출비용과 최적화를 측정하기 위해 동일한 용어를 기반으로 한 공통 보고서를 활용하면 팀을 비교할 수 있고 우호적인 경쟁 관계로 만들 수 있습니다. 16장에서 그룹을 비교하는 데 사용하는 메트릭에 대해 자세히 알아볼 것이고 지금은 팀을 비교할 수 있는 방법으로 **게임화**gamification를 생각하겠습니다.

예를 들어 각 팀의 클라우드 비용 지출을 성공적으로 관리할 경우 배지를 받을 수 있다고 가정하겠습니다. 가장 많은 최적화를 수행하고 전체 클라우드 비용 지출과 최적화에 대해 긍정적인 영향을 끼친 팀에게 배지를 주는 것은 팀을 참여시키고 격려하는 좋은 방법입니다.

최적화 조치가 부족하거나, 팀의 클라우드 지출을 무시했거나, 예상치 못한 지출 이상이 생겼을 때 대응이 느린 최악의 팀에 대해 보고하는 것이 효과적이고 재미있을 수 있습니다. 경험에 따르면 팀들은 최악의 팀으로 선정되는 것을 좋아하지 않으며 명단에서 팀의 순위를 바꾸기 위해 추가적인 노력을 기울일 것입니다. 뒤에서 핀옵스 목표 달성에 도움이 되는 할 일들을 살펴보면서 '부끄럽고 나쁜 팀 명단'에 대해 더 자세히 알아보겠습니다.

4.8 마치며

궁극적으로 공통 용어를 사용하여 클라우드 비용과 최적화 가능성에 대한 공통적인 이해를 높이도록 합니다.

요약하자면 다음과 같습니다.

- 각 팀은 각자의 용어를 사용합니다.
- 직원들이 일반적인 용어를 배우고 보고서에 사용되는 용어와 일관성을 유지하도록 지원하면 혼란을 없앨 수 있습니다.

- 핀옵스팀은 회의에서 항상 통역자가 될 필요는 없지만 각 팀이 스스로 더 많이 소통하고 학습할 수 있도록 지원해야 합니다.

- 비용만 보고하는 것이 아니라 추상화된 측정 메트릭으로 관점을 바라보면 팀에게 더 의미 있는 보고서를 작성할 수 있습니다.

- 비즈니스 가치에 따라 비용과 절감 효과를 분산시키면 클라우드 비용이 얼마나 효율적인지 측정할 수 있습니다.

클라우드 지출을 최적화하려면 먼저 클라우드 비용을 이해해야 합니다. 5장에서는 클라우드 청구서를 살펴보겠습니다.

CHAPTER 5

클라우드 청구서 분석

5장에서는 퍼블릭 클라우드 서비스의 요금 청구 방법과 청구 데이터에 요금이 표시되는 방식을 살펴보겠습니다. 클라우드 비용을 이해하는 것은 핀옵스 수명 주기 후반에 클라우드 비용을 할당하고 최적화하는 데 중요합니다. 또한 조직의 클라우드 지출 구조를 이해하면 누가 어떤 최적화 작업을 수행할지 어떻게 핀옵스 작업 업무를 이관할지 결정하는 데 도움이 됩니다.

요금 청구 항목을 일일이 살펴보는 대신 회사들이 클라우드 리소스에 대해 어떻게 청구받는지 살펴보겠습니다. 이것을 잘 이해하면 핀옵스 실무자는 모든 팀이 클라우드 청구서를 이해하는 데 도움이 될 적절한 보고서를 만들 수 있습니다.

5.1 복잡한 클라우드 청구서

클라우드 청구서는 복잡합니다. AWS에만 20만 개가 넘는 개별 상품 재고 단위^{stock keeping unit} (SKU)가 있으며 일부는 초 단위로 청구됩니다. 이 데이터는 매일 여러 업데이트를 통해 제공되며 인스턴스 시간, 기가바이트의 스토리지, 데이터 전송과 같은 복잡한 비용들이 상호 연결되어 나오게 됩니다. 우리는 매월 수십억 건의 개별 비용을 지불하는 대규모 클라우드 사용자들을 살펴보았습니다.

시장에는 복잡성을 파악하는 데 도움이 되는 플랫폼들이 출시되어 있지만 데이터에 대한 깊은 이해를 가진 핀옵스 담당자가 적어도 팀에 한 명은 있어야 합니다. 핀옵스 담당자를 통해 다른 사람들이 청구 개념을 이해하고 개별 항목들을 파악할 수 있을 뿐만 아니라 핀옵스 플랫폼에서 제공되는 데이터와 권장 사항을 더 쉽게 해석할 수 있습니다.

재무팀이 보고 있는 송장[1] 데이터는 핀옵스팀이 분석할 수 있는 자세한 청구 정보와(예를 들어 AWS 비용과 사용 보고서) 항상 일치하지는 않습니다. 잘 설계된 핀옵스 플랫폼은 매달 재무팀과 핀옵스팀이 원활한 일 처리를 할 수 있게 도움을 주지만 송장 내용 중 할부나 혼합 요금 또는 약정 할인을 적용하여 세밀히 살펴보면 서비스와 계정/구독 측면의 세부 청구 데이터와 여전히 다를 수 있습니다. 따라서 핀옵스팀에서 송장을 사용할 때는 클라우드 지출 분석용이 아니라 지불해야 할 계산서의 의미를 알아보는 정도로만 생각하는 것이 좋습니다.

어떤 서비스든 비용을 유발하는 사유를 파악하려면 송장에 기재되어 있는 월별 세부 정보와 클라우드 서비스 수준으로는 알 수 없고 그 속의 의미를 파악해야 합니다. AWS, GCP, 애저는 모두 상위 관점에서 지출을 분석할 수 있도록 개별 항목별 비용 분석 도구를 제공하며 이를 통해 큰 관점에서 봤을 때 중요한 첫발을 내디딜 수 있습니다. 하지만 조직이 멀티 클라우드로 전환하거나, 맞춤형 협상율을 적용하거나, 팀의 책임을 높이기 위해 지출 데이터를 각 팀 쪽으로 이관하거나, 컨테이너 비용 할당 방식으로 처리하게 되면 이런 비용 분석 도구 사용 시 종종 난관에 부딪히게 됩니다.

5.2 청구 비용 데이터의 기본적인 형식

먼저 3대 클라우드 제공 업체에서 제공되는 일반적인 청구 데이터의 기본 형태부터 알아보겠습니다. 파일의 각 행에서는 사용된 특정 리소스 유형의 사용량이 나열됩니다. 클라우드 청구 비용에는 특정 기간의 사용량만이 포함되는 경향이 있습니다. 사용량 행에 추가로 포함되는 내용은 다음과 같습니다.

- 기간

- 사용된 리소스의 양

- 해당 기간에 청구된 요금의 세부 정보

---

1 옮긴이_ 송장(인보이스)는 매매계약 조건을 정당하게 이행하였음을 밝히는 서류로 상품에 대한 거래 시 주요 내용을 표기한 문서입니다.

- 전 세계 지역별로 어디에 위치하는지

- 리소스 ID

- 비용을 할당하는 데 사용할 수 있는 계정, 프로젝트와 같은 메타 데이터 속성

나중에 9장에서는 태그를 붙이고 이를 활용하여 책임감을 높이는 방법에 대해 살펴보겠습니다. 지금은 각 주요 클라우드 제공 업체의 청구 데이터 예제를 살펴보고 핀옵스 프로그램의 원동력이 되는 기본 요소를 이해해봅시다.

[그림 5-1]은 매일 받게되는 수억 줄의 청구 데이터 중 한 줄을 보여줍니다. 표면적으로는 일관성이 없어 보이지만 다음과 같이 여러 중요한 속성을 확인할 수 있습니다.

- 리소스가 사용된 시기

- 청구서에 적용되는 요율과 요금

- 청구된 리소스

- 예약이 적용되었는지 여부

- 비용 할당에 도움이 되는 메타 데이터나 태그가 포함된 정보

- 청구 비용의 서비스와 지역

```
2019-07-22T00:00:00Z/2019-07-22T01:00:00Z,,,AWS,Anniversary,01234567890,2019-07-01T00:00:00Z,2019-
08-01T00:00:00Z,09876543210,DiscountedUsage,2019-07-22T00:00:00Z,2019-07-
22T01:00:00Z,AmazonEC2,BoxUsage:m3.medium,RunInstances,us-east-1b,i-
0dd86597c590879b9,1.0000000000,USD,0.0000000000,0.0000000000,0.0402772184,0.0402772184,"Linux/UNI
X (Amazon VPC), m3.medium reserved instance applied",,Amazon Elastic Compute Cloud,,,,,,2.5
GHz,,,No,,,,,,,,,3,,,,,,,,,,,,,,,General purpose,m3.medium,,,No License required,US East (N. Virginia),AWS
Region,,,,,,3.75 GiB,,,,,,Moderate,Linux,RunInstances,,,,Intel Xeon E5-2670 v2 (Ivy Bridge/Sandy Bridge),,,64-
bit,Intel AVX; Intel Turbo,Compute Instance,,,,,,,,,,AmazonEC2,ASDZTDFMC5425T7P,,,,,1 x 4
SSD,,,,,Shared,,,,,,BoxUsage:m3.medium,1,,,,,3yr,convertible,No
Upfront,0.0670000000,0.0670000000,Reserved,Hrs,,,arn:aws:ec2:us-east-1:01234567890:reserved-
instances/36768f14-be7f-455f-9657-6d1c4e06401a,,,Infrastructure Svcs-
Software,,mfuller,serviceA,,Infrastructure Svcs,Infrastructure Svcs,,,2.0,2.00000000000,,,,,,,,,,,,,,,2,,,us-east-
1,Amazon Elastic Compute
Cloud,,,m3,,,,serviceA,,0.0670000000,0.0670000000,0.0670000000,0.0670000000,,,,0.00000000,,0.04300000,,0.
04300000,,,,,,Public,"38.953116,-77.456539",,,,,s3://billing-
reports/cost_reports/hourly_with_resources/20190701-20190801/2755e466-dc41-4a04-9d9e-
f1771805729b/hourly_with_resources-059.csv.gz,,"Amazon Web Services, Inc.",Used,,,,,,,,,,,,,,,,,awseb-e-
myky2mqvfv-stack-AWSEBAutoScalingGroup-WAUJKY5MFRGL,,14292253,1947602408,infrastructure
svcs,,,,,,,,,,,,,,,,,,,,,,,,,,,2019-07
```

그림 5-1 AWS CUR 청구 데이터의 한 줄 예제

이 모든 세분화 데이터가 쌓이게 되면서 핀옵스팀은 놀라운 처리 성능을 얻습니다. 그러나 이 세분화는 복잡성을 유발하며 결국 청구 데이터가 너무 커져 스프레드시트로 관리할 수 없게 됩니다. 도움을 받으려면 컴퓨터 중심으로 처리해야 합니다.

이러한 복잡성을 이해하면 '작은' 무언가가 변경될 때 자동으로 이상 징후를 감지하는 것과 같은 실제적인 작업을 할 수 있습니다. 우리는 '작은' 비용에 집중하겠습니다. 낙숫물이 댓돌을 뚫듯이 '작은' 비용을 외면하면 클라우드 효율성이 떨어지기 때문입니다. 만약 회사에서 클라우드에 월 100만 달러를 지출하고 있는데 한 팀이 50개의 인스턴스로 구성된 사용되지 않는 클러스터에 하루에 5,000달러의 비용을 소모하고 있다고 가정하겠습니다. 두 수치의 큰 차이를 고려해보면 서비스 수준 리뷰나 월별 결산을 검토할 때 변경 사항을 알아차리지 못 할 수도 있습니다. '작은' 금액은 월별 지출의 15%인 15만 달러 이상으로 빠르게 증가합니다. 작은 비용의 변화가 큰 비용으로 커지기 전에 데이터에 대한 머신러닝을 시작해야 합니다. 다행히도 클라우드 공급 업체는 세분화된 데이터로 놀라운 처리 성능을 제공하므로 작은 지출이 쌓여 과잉 지출로 댓돌이 뚫리기 전에 문제를 해결할 수 있습니다.

5.3 시간, 왜 나를 벌합니까

90년대 밴드 후티와 더 블로피시Hootie and the Blowfish는 '시간, 왜 나를 벌합니까'이라는 노래를 발표했습니다. 그들은 '내일에 대해서 알려줄 수 있나요, 그리고 모든 고통과 슬픔도. 마음대로 돌아다닐 수 있나요? 내일은 그저 또 다른 날이고 저는 시간을 믿지 않아요'라고 노래했습니다.

후티는 핀옵스에 참여하지 않을 것입니다. 왜냐하면 클라우드 비용은 모두 시간에 대한 것이기 때문입니다. 모든 요금에는 시간이 포함됩니다. 심지어 정액 요금의 상품 조차도 1달 또는 1년에 걸쳐 청구됩니다. 더 일반적으로는 초당 컴퓨팅 시간, GB 단위의 월별 스토리지, 쿼리를 처리하는 데 걸린 시간에 대해 요금이 청구됩니다.

물론 이 규칙에는 몇 가지 예외가 있습니다. 서버리스[2]와 데이터 전송은 시간 기반이 아니라

---

2 옮긴이_ 서버리스는 클라우드 서비스 모델 중 하나로 서버를 별도 준비하지 않아도 코드 기반으로 원하는 결괏값을 얻을 수 있는 방식입니다.

볼륨 기반입니다. 다만 두 가지 모두 여전히 동일한 **볼륨 × 요율** 모델에 속합니다. 예를 들어 720GB의 데이터 전송은 GB당 0.02달러의 요금으로 청구될 수 있습니다. 또는 235,000개의 기능 요청은 요청당 0.001달러로 청구됩니다. 그러나 이러한 예제는 여전히 사용량을 기반으로 합니다. 실제 사용을 했나요? 사용했다면 요금이 청구됩니다. 사용하지 않은 경우 요금이 청구되지 않습니다. 이는 클라우드의 가변 지출 모델과 온프레미스의 고정 지출 모델을 볼 수 있는 또 다른 예입니다.

클라우드 공급자가 인스턴스, VM, 컴퓨팅에 요금을 청구하는 방법을 보겠습니다. 비용은 리소스가 얼마나 오래 실행되었는지에 따라 결정됩니다. 대부분의 공급자가 초 단위로 계산 비용을 청구하지만 시간 단위로 이 예시를 단순화해 봅시다. 30일에는 720시간, 31일에는 744시간이 됩니다(28일 또는 29일만 있는 2월에 대해서는 잠시 후 이야기하겠습니다).

따라서 1월 내내 실행되어 시간 단위로 청구된 컴퓨팅 비용을 살펴보면 해당 리소스에 대해 744시간의 사용량이 계산되어 표시됩니다. 물론 744시간에 맞게 청구된 요금도 포함되어 있습니다. 744시간을 모두 동일한 요율로 청구할 수도 있지만 예를 들어 200시간은 예약 인스턴스가 적용된 반면 다른 544시간은 그렇지 않을 수 있습니다. 따라서 두 줄의 데이터가 있을 것입니다. 하나는 온디맨드의 544시간일 것이고 다른 하나는 예약 인스턴스의 200시간일 것입니다.

5.3.1 티끌 모아 태산

모든 요금들을 합산하면 서비스당 또는 월별 총 요금으로 집계할 수 있습니다. 그러나 각각의 작은 요금을 더 자세히 살펴보면 고유한 특성을 가지고 있는데 이를 통해 사용량에 대해 풍부하고 유용한 데이터를 제공할 수 있습니다. 잊지 마세요. 해당 기간에 실제 시간에 대한 요금이 청구됩니다. 사용 여부가 아니라 켜져 있는지에 대한 여부입니다.

종종 기업들에게 이런 식으로 설명하곤 합니다. "애착을 갖지 마세요. 물건을 구매하는 것이 아니라 물건을 사용할 수 있는 기간 이용권을 구매하는 것입니다" 어려운 말이지만 조금씩 이해가 될 겁니다. 1990년대에 하와이의 켁 천문대Keck Observatory에서는 각각의 서버 이름을 하푸나Hapuna, 키홀로Kiholo, 카우나오아Kaunaoa, 마우우마에Mauumae 등 지역 해변 이름을 따라 지었습니다. 그러나 이제 컴퓨팅 리소스는 개별적으로 이야기할 수 없습니다.

나중에 자세히 설명하겠지만 예약 인스턴스조차도 자신이 어떤 서버에 위치하고 있는지 신경 쓰지 않습니다. 특정 속성과 일치하는 서버에 간단히 연결될 뿐입니다. 클라우드 결제에 동일한 사고방식을 적용하면 사물이 아닌 시간을 구매하고 있음을 알 수 있습니다. 한편 일부 사람들에게는 이러한 개념이 쉽고 명확히 이해되겠지만 재무팀에게는 이러한 내용이 클라우드 비용과 관련된 회계 장부를 이해하기 시작할 때 중요한 요소입니다.

5.3.2 클라우드 요금 데이터의 짧은 이야기

클라우드 지출 데이터에 대해서 우리는 완전히 괴짜입니다. AWS 리인벤트[re:Invent][3] 행사나 구글 넥스트 행사에서 우리를 마주친 사람이라면 계속 반복했던 다양한 경험들을 아쉽게 생각하며 회상할 것입니다. 그리고 지난 10년간의 AWS 요금 파일에서 보여주는 반복적인 모습과 이러한 반복의 상황이 없어질지에 대해 이야기해볼 것입니다. 이상한 나라의 앨리스에서 토끼굴로 떨어질 수 있는 것과 같은 위험을 감수하더라도 이러한 반복은 핀옵스를 시작하는 회사의 일반적인 경영환경에 완벽하게 부합한다는 것을 말하고 싶습니다. 반복의 각 단계마다 그 시대의 최고 수준의 클라우드 사용자 숙련도가 반영되었습니다. 만약 그 기간에 회사들이 반복과 함께 하지 않았다면 회사들은 여전히 비슷한 상태에 있을 가능성이 높습니다. 따라서 점진적인 채택과 기고, 걷고, 뛰는 전략[4]의 관점으로 지난 10년 이상의 AWS 청구 파일 업데이트에 대해 자세히 살펴보는 것이 유용합니다.

2008년 송장

모든 것들은 송장에서부터 시작합니다. 송장에서는 태그와 같은 회사 메타 데이터가 없고 변화나 비용에 대해 이해하기 어렵게 뭉뚱그려진 한 달 단위나 서비스 수준에서 청구되는 항목을 확인할 수 있습니다. 재무팀은 이런 송장을 보고 "이 송장이 맞나요?"라고 묻곤 했습니다. 이런 재무팀의 질문에 답하려면 청구 데이터가 다음에 어떻게 반복되는지 살펴봐야 합니다.

....

3 옮긴이_ 약 일주일간 라스베이거스의 여러 호텔의 전시장과 공간을 빌려 동시다발로 AWS의 여러 주제를 다루는 행사입니다. 행사 참석을 위한 등록비만 200만 원이 넘고 매년 전 세계 수만 명이 참석합니다. 우리나라에서도 코로나 발생 전 2019년 12월 행사에 천여 명이 참석했을 만큼 관심이 뜨겁습니다.

4 옮긴이_ 'crawl, walk, run' 전략은 마틴 루터 킹의 명언 '날지 못한다면 뛰고, 뛰지 못한다면 걷고, 걷지 못한다면 기세요, 무엇을 하던 가장 중요한 것은 앞으로 나아가야 한다는 것입니다'에서 영감을 받은 의사결정 방식입니다. 회사의 규모와 관계없이 가능한 것부터 점진적으로 노력하자는 방식입니다.

2012년 비용 할당 보고서

2012년 AWS 사용자는 "이번 달에 10만불을 지출하는 것으로 알고 있는데 내 제품이나 팀 중 어디서 비용을 사용했나요?"와 같은 질문에 대답하기 시작했습니다.

비용 할당 보고서cost allocation report(CAR)에서는 각각의 연결된 계정과 태그의 값에 대한 개별 데이터 행 개념을 도입했습니다. 그 당시에는 큰 일이었습니다. 마침내 지출을 할당할 수 있었습니다. 그러나 월 단위로 지출 내역을 보고했기 때문에 언제 지출이 시작되었는지, 언제 지출이 급증했는지 알 수 없었기 때문에 실망스럽기도 했습니다. 또한 비용 할당 보고서에는 태그가 지정되지 않은 지출에 대한 월간 집계 라인이 있었지만 어떤 리소스가 이를 구성했는지 확인할 수 없었습니다.

2013년 상세 청구 보고서

상세 청구 보고서detailed billing report(DBR)에서는 서비스 번호별로 사용할 수 있는 시계열time series을 도입했습니다. 특정 달의 서비스 비용이 얼마인지만 확인할 수 있는 것이 아니라 그 달에 서비스 비용이 언제 발생한지를 확인할 수 있었습니다. 이를 통해 지출에 영향을 미치는 팀의 탄력성과 월간 변경 사항을 이해할 수 있게 되었습니다. 그러나 상세 청구 보고서에서는 비용 관리의 체계를 바꿀 수 있는 핵심 데이터가 부족했습니다.

2014년 리소스, 태그가 적힌 상세 청구 보고서

리소스와 태그가 적힌 상세 청구 보고서detailed billing report with resources and tags(DBR-RT)는 상황을 완전히 바꾸었습니다. 각 기간에 사용된 모든 리소스에 대해 하나의 행을 부여했고 각 태그 키에 대한 열을 도입했습니다. 데이터가 놀라울 정도로 증가했습니다. 대규모로 사용하는 고객의 경우에도 상세 청구 보고서가 메가 바이트를 초과하는 경우는 거의 없었는데 리소스와 태그가 적힌 상세 청구 보고서에서는 수백 기가바이트의 CSV(쉼표로 값들을 구분) 데이터가 나올 수 있었습니다. 일부 대규모 사용 고객에서는 파일 한 개에 수십억 개의 쉼표가 있을 수도 있습니다. 이 파일을 통해 지출을 유도한 특정 태그가 있는 시간대의 특정 리소스 ID를 확인할 수 있고 해당 시간에 예약 인스턴스로 적용되었는지 여부를 확인할 수 있습니다. 이제는 정밀하게 변경 사항을 정확히 찾아낼 수 있게 되었습니다. 그 결과 초기 핀옵스 실무자들이 최적화를 위해 훨씬 더 나은 권장 사항을 제공할 수 있게 되었습니다.

2017년 비용과 사용량 보고서

개발 중에 코드 이름이 '종이접기'인 비용 및 사용량 보고서cost and usage report(CUR) 파일에서 청구 구조를 완전히 다시 생각해보았습니다. 처음으로 AWS는 쉼표로 구분된 값에서 벗어나 프로그래밍 방식의 수집에 더 적합한 JSON 형식으로 전환했습니다. 이러한 진화의 일환으로 요금과 같은 특정 데이터도 별도의 JSON 파일로 분리되었습니다. 그동안 많은 사람은 간단히 상세 청구 보고서 형식으로 작성해왔는데 JSON으로 분리되니 청구 데이터를 활용하는 것이 까다로워졌습니다. 그럼에도 비용과 사용량 보고서는 작지만 강력한 이점이 있습니다. 예약 인스턴스가 적용되었는지 여부뿐만 아니라 해당 시간에 어떤 예약 인스턴스(또는 그 일부)가 적용되었는지도 알 수 있는 이점이 있습니다. 비용과 사용량 보고서를 사용하기 시작한 후에는 예약 인스턴스의 활용률과 추가 구매와 수정 결정을 어떻게 통보했는지에 대해 더 명확하게 이해할 수 있게 되었습니다.

이 짧은 히스토리를 보면 기고, 걷고, 뛰는 전략에 어떻게 맞추어가는지 쉽게 알 수 있습니다. 다음과 같이 히스토리를 요약하겠습니다.

1. **송장**: 먼저 클라우드 제공 업체에 지불하기 전에 서비스별로 지출한 총액을 확인합니다.

2. **비용 할당 보고서**: 그 후 어떤 팀이나 제품이 해당 클라우드 서비스를 활용하고 있는지 확인하여 쇼백이나 차지백을 수행할 수 있습니다.

3. **상세 청구 보고서**: 그러면 자원이 언제 사용된 것인지 궁금해지기 시작합니다.

4. **리소스와 태그가 적힌 상세 청구 보고서**: 상세 청구 보고서로 만족스럽지 않다면 특정 리소스 동작과 응용 프로그램의 비율을 정확하게 파악하고, 할당 간격이 있는 구간을 각각 구별해야겠다고 알게 됩니다.

5. **비용 및 사용량 보고서**: 마지막으로(핀옵스가 항상 진화하고 있기 때문에 현재로는) 핀옵스 작업을 더 프로그램화 하고 투자수익률과 같은 가치나 예약 인스턴스 같은 약속의 가치에 대한 물음에도 답할 수 있게 됩니다.

이러한 진화는 앱티오Apptio 회사의 클라우더빌리티Cloudability라는 플랫폼의 계획에도 연계되어 있습니다. IAMidentity and access management이 없던 시절부터 루트 자격 증명을 위해 2011년부터 시작한 이 플랫폼은 처음에는 AWS에 로그인할 수 있는 기능, 스크랩된 송장을 화면으로 보여주는 기능, 총지출 항목을 파싱하는 기능, 숫자가 있는 간단한 일일 메일을 보내는 기능이 있는 스크립트 집합에 불과했습니다. 이 중에서 일일 메일 전송 기능은 오늘날까지도 여전히 플랫폼의 핵심 요소이며 팀을 위한 피드백 루프로 사용되고 있습니다. 한편 청구 데이터가 더 복잡해지면서 모든 핀옵스 플랫폼은 그에 맞게 적응하고 발전해왔습니다.

지금까지 여러 청구 데이터 중 AWS를 기반으로한 이야기를 전해드렸습니다. 단지 그 당시에 AWS가 가장 발달했기 때문입니다. 다른 공급 업체들도 비슷한 과정으로 발달했거나 발달하고 있기 때문에 AWS로만 살펴봤다는 점에 대해서는 걱정하지 않으셔도 됩니다.

5.4 시간별 데이터의 중요성

시간별(또는 초 단위 수준으로) 데이터와 리소스 수준 세분화를 고려해야 하는 이유가 궁금할 수 있습니다. 만약 누군가 태그를 매일 또는 매주 세분화하는 정도로 충분하지 않냐고 물어본다면 충분하지 않다고 말하겠습니다. 특히 핀옵스가 기는 단계를 지난 후에는 더 그렇습니다.

예약 인스턴스 계획과 같은 고급 핀옵스 기능을 수행하려면 매시간 데이터가 필요합니다. 예약 인스턴스는 리소스를 예약하지 않았을 때의 손익 분기점과 비교하여 일정한 기간에 특정 유형의 리소스를 몇 개나 실행하고 있는지에 따라 구매가 결정됩니다. 한 달에 걸친 리소스를 계산하면 그리 중요한 정보가 나오지 않습니다. 필요한 리소스 수를 확인하려면 매시간(또는 매초)에 몇 개의 리소스가 실행 중인지 어느 정도 사용하고 있는지 확인해야 합니다.

이에 대해서는 자세히 설명하지 않겠습니다(아직 핀옵스 단계 중 기는 단계에 있습니다). 다만 AWS, GCP, 애저가 제공하는 세분화된 가시성은 단 몇 초나 몇 분 동안만 존재할 수 있는데 이 가시성은 청구될 수 있는 다양한 리소스의 세계에서 매우 중요합니다.

5.5 한 달은 단순히 한 달이 아니다

한 회사가 올해 초 새로운 비용 최적화 방식을 채택했다고 가정하겠습니다. '좀비 인스턴스 종료, 몇 가지 권리를 부여, 몇 개의 예약 인스턴스를 구입'이라는 비용 절감 작업들로 1월 1일을 시작했다고 가정하겠습니다. 다음 달에는 클라우드 요금이 10%나 떨어졌습니다. 성공적입니다!

그런데 2월의 날짜 수를 1월의 날짜 수로 나누면 90%가 됩니다. 이건 명백하지만 2월과 다른 달 간의 날짜 차이가 비용 절감에 효과적이었다고 잘못 확신하고 있는 팀이 얼마나 있는지 일일이 파악할 수도 없는 노릇입니다. 결국 3월 31일에는 한 달 전에 비해 비용이 10%가 증가하여 패닉에 빠지게 됩니다.

클라우드 비용 청구는 결국 시간이 전부라는 것을 반복해서 말씀드리고 싶습니다. 클라우드 요금은 데이터 센터의 재무팀이 그동안 사용하던 것처럼 월 단위로 청구되는 것이 아닙니다. 훨씬 더 세분화 되어 있습니다. 제대로 비교하려면 10일이든 10시간이든 같은 기간으로 살펴봐야 합니다.

1년 지출액을 12로 균등하게 나누는 폭포수 모델이 있습니다. 폭포수 모델의 상환 스케줄 관점에서 벗어나는 것은 큰 변화와 도약입니다. 그리고 오래된 습관은 바꾸기가 어렵습니다. 실제로 재무 부서에서는 10%가 차이 나는 이유를 1년 지출액을 12로 나누었기 때문이었기 때문이라고 합니다. 또한 1년 치 지출액을 초 단위나 시간 단위로 나눈 다음 실제 사용했던 시간으로 곱했어야 했다고 비판합니다. 이 예시는 핀옵스가 어떤 새로운 사고방식이 필요한지 보여주는 또 다른 사례입니다.

5.6 1달러는 단순히 1달러가 아니다

동일한 기간으로 비용을 비교할 때 비용 데이터 특정 행의 특정 리소스 유형에 대한 요금은 다른 리소스 기간의 동일한 리소스 유형과 다를 수 있습니다. 일정 기간에 리소스에 대해 일관된 요금을 설정할 수 있는 온프레미스와 달리 클라우드 요금은 클라우드 공급자가 예약이나 대량 할인을 적용했는지에 따라 크게 달라질 수 있습니다.

또한 예약 인스턴스나 약정 사용 할인에서 미리 입금한 선불금을 상각하면 방정식(비용 계산식)이 많이 바뀔 수 있으며 이를 사용자가 보고 있는 요율에 포함할 것인지 결정해야 합니다. 표시된 금액이 나중에 청구하는 금액을 더 잘 나타내기 때문에 포함하는 것이 좋습니다. 물론 이것은 할당 과정에서 해당 단계에 도달했다고 가정합니다.

상각된 선불금을 포함하지 않기로 하면 팀원들은 실제보다 적은 비용을 지출하고 있다고 생각할 수 있습니다(특히 AWS와 애저에서 제공하는 선불 예약 인스턴스의 경우). 이렇게 해당 금액이 포함되지 않은 경우 사용된 부분에 대한 청구 데이터의 행은 0달러입니다. 수치상 비용절감에 대해 팀원들에게 만족감을 주긴 하겠지만 효율성에 대해 잘못된 인식을 줄 수도 있습니다.

인프라 구조를 바꾸지 않아도 요금과 지출액이 변경될 수 있다는 점을 기억하기 바랍니다.

5.7 지출을 위한 간단한 공식

클라우드의 요금 청구 공식은 정말 간단합니다.

지출 = 사용량 × 요율

사용량은 사용한 리소스 시간(또는 AWS나 GCP에서 사용한 시간)일 수 있습니다. 요율은 사용된 해당 리소스나 스토리지 클래스에 대해 지불 되는 시간당(또는 초당) 금액입니다. 개념적으로는 매우 간단합니다. 두 항목 중 하나를 늘리면 클라우드 요금이 올라갑니다. 둘 다 늘리면 훨씬 더 올라갈 수 있습니다.

이 간단한 공식은 조직에서 최적화 작업을 수행하는 방법과 사람을 결정하는 데 있어 중요한 부분이 될 것입니다. 먼저 방법을 살펴보고 그 후 사람에 대해 다루겠습니다.

5.7.1 청구서에 영향을 주는 두 가지 수단

앞의 공식에서는 클라우드 지출에 영향을 주는 기본적인 두 가지 수단이 제시되었습니다.

첫 번째는 사용하는 것을 줄이는 것입니다. 이를 **비용 회피**라고 하며 유휴 리소스를 종료하거나, 크기가 초과된 리소스를 라이트사이징하거나, 사용량이 적은 시간에 실행되는 리소스 수를 줄이거나, 밤과 주말에 모든 리소스를 완전히 종료하는 방식으로 비용 회피를 할 수 있습니다.

두 번째는 사용한 것에 대해 적은 비용을 지불하는 것입니다. 이를 **요금 인하**라고 하며 예약 인스턴스(AWS, 애저)나 약정 사용 할인(GCP)과 같은 클라우드 청구 방식을 활용하여 이를 수행합니다. 한편 사용량에 따른 할인(예를 들어 GCP의 지속적인 사용 할인)이나 일부 클라우드 공급 업체에서 대규모 고객에게 제공하는 맞춤형 요금 프로그램을 기반으로 하는 할인도 있습니다. 마지막으로 일부 회사에서는 스팟 인스턴스spot instance[5]나 선점형 인스턴스[6]를 사용하는데 이 인스턴스는 리소스의 갑작스런 자원 손실을 수용할 수 있을 때 유용할 수 있습니다. 어떤 방법을 선택하든 모두 사용 비용을 줄일 수 있게 해줍니다.

5.7.2 누가 어떤 비용을 피해야 하고, 어떤 요금을 줄여야 할까

최적화 작업과 관련하여 각 프로세스별로 누가 책임지는지에 대한 논란이 있었습니다. 8년 동안 최적화를 제대로 수행하지 못한 수백 개의 회사와 뛰는 단계까지 도달한 몇몇 회사와 이야기를 나눈 결과 이에 대해 확고한 결론을 얻었습니다.

> 가장 성공적인 기업은 적게 사용하면서 분산하고(비용 회피) 적은 비용으로 중앙집중화합니다(요금 감소).

클라우드 지출의 대부분을 차지하는 분산형에 대한 결정권자는 애플리케이션 소유자 자신입니다. 이들은 인스턴스를 중단하거나, 크기를 조정하거나, 수요에 따라 형상을 바꾸는 것에 대한 결정을 내리는 데 가장 적합한 사람들입니다. 워크로드 요구 사항에 친숙하기 때문에 라이트사이징 보고서를 보면 유휴 상태인 인스턴스를 유지해야 하는지 종료할 수 있는지 결정할 수 있습니다. 인프라 의사결정 능력은 효과적으로 중앙집중화될 수 없습니다. 엔지니어와 애플리케이션 소유자에게 비즈니스에 대한 올바른 결정을 내릴 수 있는 권한을 부여하기 바랍니다.

한편 애플리케이션 소유자는 일반적으로 예약 인스턴스나 약정 사용 할인을 구매했던 사실을 잘 기억하지 못합니다. 더 나쁜 소식은 이러한 애플리케이션 소유자들이 때때로 예약 인스턴스나 약정 사용 할인을 구입하는 방법을 잘못 알고 있다는 것입니다. 반면 중앙집중식 핀옵스팀은 전체 클라우드 자산을 보고 절약할 기회를 찾아낼 수 있습니다. 더 좋은 점은, 핀옵스팀에는 현금 흐름 분석의 미묘한 차이를 이해할 수 있는 구매 또는 재무 관련 지식도 있다는 점입니다.

----

5 옮긴이_ AWS의 스팟 인스턴스는 경매 방식으로 운영되어 높은 가격을 제시한 사용자에게 먼저 서버가 할당됩니다. 만약 입찰이 된후 높은 가격을 제시한 다른 사용자가 나타나면 2분 전에 종료 통지를 받은 후 강제 종료됩니다.

6 옮긴이_ GCP의 선점형 인스턴스는 가격이 고정되어 있으며 최대 24시간만 지속될 수 있고, 스팟 인스턴스와 마찬가지로 가용성을 보장하지 않습니다. 구글은 강제 종료하기 30초 전에 알려줍니다.

사용하기로 예약한 수가 늘어나거나 미사용된 여유분이 줄어들거나 대량 할인이나 협상된 가격을 활용한 결과값으로 중앙 핀옵스팀을 평가해보기 바랍니다.

중앙집중식 감소

예약 인스턴스와 약정 사용 할인과 같은 요금 인하 옵션들은 이해하기가 복잡할 수 있습니다. 클라우드 서비스 제공 업체는 지속적으로 이러한 서비스들을 발전시키고 있습니다(이 책이 출판될 때 또다른 서비스가 생겨도 놀라운 일이 아닙니다). 각 분산된 팀이 이러한 할인 프로그램의 원리를 확인하고 최적화와 운영하는 최선의 방법을 배우는 데 시간을 보내는 것은 효과적이지 않습니다.

팀에서 줄어들 것이라 예상하는 모든 클라우드 리소스들은 한 팀의 노력으로 줄일 수 없습니다. 규모가 큰 기업은 수백에서 수천 개의 클라우드 리소스가 필요한 여러 제품과 프로젝트를 실행하고 모든 예약을 하나의 중앙집중식 모니터링 수단으로 통합하여 공유 범위를 늘립니다.

한 개의 예약 인스턴스나 약정 사용 할인이라도 여러 리소스에 적용될 수 있습니다. AWS의 경우 여러 계정을 통해 개별 팀이 자체 요금 절감 프로그램을 관리하게 되면 전체가 아닌 특정 영역만 다루게 되면서 낭비를 초래할 수 있습니다. 필요한 사항을 전체적으로 파악하고 중앙팀이 관리할 때 가장 높은 수준의 절감 효과를 얻을 수 있습니다. 14장에서 예약 인스턴스 전략에 대해 다루겠지만 예약 인스턴스 약속을 할 때 리소스 유형보다 더 고려해야 할 사항들이 있습니다. 어떤 회사가 예약 인스턴스를 구입하고 사용할 때 들어가는 비용에 대한 이야기를 할 때 이런 비용들은 재무팀과 관련이 있는 사항들입니다.

예를 들어 한 팀은 낮에는 리소스 사용량이 높고 다른 팀은 밤에 리소스 사용량이 높을 수 있습니다. 각 팀의 사용량은 시간대별로 다르니 각 팀의 입장에서는 예약 인스턴스를 신경 쓸 일은 없을 것입니다. 그러나 전체적으로 보면 24시간 내내 일관된 리소스 수요가 있을 겁니다. 중앙팀은 예약 약속을 통해 두 팀이 모두 리소스 비용을 절약할 수 있는 기회임을 파악할 수 있습니다.

걷고 뛰는 단계에서 예약 적용 범위를 늘리고 낭비를 줄이려면 지속적인 관리가 필요합니다. 초기 구매는 복잡하기도 합니다(한 번의 잘못된 예약으로 수백만 달러가 낭비되는 경우도 있습니다). 핀옵스팀은 낭비 가능성을 줄이면서 모두를 위해 예약 적용 범위를 최적화해야 합니다.

한 가지 주의 사항은 어떤 이유로(예를 들어 매우 독특한 리소스 요구 사항) 중앙집중화가 적합하지 않은 팀이 있을 수 있습니다. 그런 경우 14장의 시나리오에서 무엇을 해야 할지 다루겠습니다.

5.7.3 사용량을 분산시켜야 하는 이유

이제 요금 절감이 전략적으로 중앙집중화하게 되었고 비용 회피(사용량 감소)는 조직의 모든 팀에서 하는 접근 방식이 되었습니다. 일반적인 환경에서 기업이 운영하는 서비스를 지원하는 다양한 팀과 엔지니어가 매일 수행하는 수백에서 수천 건의 작업은 모두 클라우드 비용이 됩니다. 이들은 혁신의 중심에 있습니다.

빠르게 혁신하기 위해 중앙에서 사용량 최적화 권장 가이드를 만들기 바랍니다. 모니터링 도구에서 사용량을 수집한 후 핀옵스 플랫폼에 의존해서 실행 중인 것으로 보이는 워크로드에 더 적합한 리소스 권장 사항을 만드시길 바랍니다. 그다음 권장 사항을 정기적으로 팀에게 전달하기 위해 임계값 경고 기반(걷는 수준의 회사용)을 적용하거나 지라^{JIRA}(뛰는 수준의 회사용)를 통한 개발자 스프린트에[7] 적용하기 바랍니다. 이러한 권장 사항에 대한 주요 기준은 11장에서 자세히 다루겠습니다.

위 모델을 사용하면 리소스 사용 방식, 리소스의 의존성, 실행 중인 서비스에 영향을 끼치는 비즈니스 원인에 대해 잘 알고 있는 리소스 소유자가 구현 전에 모든 권장 사항을 검토할 수 있습니다.

핀옵스 실무자는 엔지니어링팀에게 인사이트를 주고 데이터 접근 권한을 부여해서 빠른 시간 내에 최고의 기술 결정을 내릴 수 있도록 엔지니어링팀을 지원합니다. 또한 이미 엔지니어링팀이 파악하고 있는 다른 지표와 함께 비용 측정 기준의 잠재적인 절감 효과와 비용 지출에 대한 영향을 모두 소개시켜 주게 됩니다.

---

7 옮긴이_ 스프린트(Sprint)는 반복적인 개발 주기를 의미합니다. *https://ko.wikipedia.org/wiki/스크럼_(애자일_개발_프로세스)*

5.8 마치며

클라우드 청구는 복잡하지만 지출에 영향을 주는 요소를 분석하고 팀이 최적화 결정을 내리는 일들에 필요합니다. 핀옵스 플랫폼을 사용하여 보고와 인사이트를 자동화하는 경우에도 클라우드 제공 업체의 데이터 형식을 알아야 적절한 결론을 도출할 수 있습니다. 또한 일관된 비용 메트릭 형식으로 구조를 표준화해야 합니다. 이는 클라우드 제공 업체와의 맞춤형 할인과 청구된 지원 비용 내의 불변 및 상환 비율이 될 것입니다. 이런 표준화가 없으면 팀원들이 숫자를 다르게 바라보기 때문에 많은 혼란을 겪게 됩니다.

요약하자면 다음과 같습니다.

- 청구 데이터는 거의 대부분 시간을 기반으로 합니다.

- 청구 데이터에 대한 자세한 분석은 해당 청구 데이터를 깊이 이해해야만 가능합니다. 핀옵스 전문가가 되기 위해 데이터를 파악해보기 바랍니다.

- 클라우드 청구서에 보였던 작은 변경 사항들이 시간이 지나면서 빠르게 누적될 수 있으므로 자동화된 이상 징후 감지와 분산 보고서를 활용해서 변경 사항을 확인하고 어떤 추세로 진행되는지 파악하기 바랍니다.

- 청구서의 간단한 공식은 **지출 = 사용량 × 요율**입니다. 즉 청구서를 최적화할 수 있는 두 가지 방법은 사용량을 줄이고 요율을 줄이는 것입니다.

- 사용을 분산시켜서 사용량을 감소시키는 동시에 비용은 중앙집중화하여 실제 사용량보다 더 적게 합니다.

- 중앙팀은 전체 클라우드 자산을 살펴볼 수 있고 대규모 계약 포트폴리오를 관리할 수 있어서 예약 인스턴스와 약정 사용 할인에 대한 계약도 잘 관리할 수 있는 준비가 되어 있습니다.

- 분산된 팀은 인프라 변경 결정을 내릴 수 있는 가장 적합한 팀입니다. 따라서 중앙팀의 사용 최적화 권장 사항을 잘 활용할 수 있습니다.

이제 이 책의 1부을 마칩니다. 그동안 핀옵스를 소개하고 왜 필요한지, 어떤 문화적 변화가 필요한지, 클라우드 청구서가 제공하는 인사이트를 소개하며 기반을 다졌습니다. 다음 2부는 조직에서 핀옵스의 시작부터 만들어 가는 모습을 살펴보겠습니다.

정보 제공 단계

2부는 재미있는 것들을 다루겠습니다. 조직에서 핀옵스를 시작하는 방법입니다. 여기서는 핀옵스 수명 주기 중 정보 제공 단계를 다룰 예정입니다. 보고의 중요성, 클라우드 비용 탐색, 최적화된 성능 모니터링, 클라우드 재무관리가 성공했는지 확인하는 방법을 보겠습니다.

Part II

정보 제공 단계

CHAPTER 6

핀옵스 수명 주기

1장에서는 핀옵스의 핵심 원칙에 대해 이야기했습니다. 원칙은 행동을 이끄는 데 도움이 되지만 실제로 실행하기 위해서는 프레임워크가 필요합니다. 사용할 핀옵스 수명 주기 프레임워크는 원칙 → 단계 → 기능 순서입니다.

6.1 핀옵스의 6가지 원칙

이전에 핀옵스의 원칙에 대해 살펴봤지만 이제는 정확한 결과를 도출할 수 있도록 설계된 각각의 구체적인 기능을 통해 실제 환경에 미치는 영향을 살펴보겠습니다. 그리고 핀옵스의 작동 방식을 설명하겠습니다. 원칙은 다음과 같습니다.

- 팀은 상호 협력해야 합니다.

- 클라우드의 비즈니스 가치에 따라 의사결정이 이루어져야 합니다.

- 누구나 클라우드 사용의 소유권을 갖습니다.

- 핀옵스 보고서는 접근 가능하고 시기 적절해야 합니다.

- 중앙집중식 팀에서 핀옵스를 주도합니다.

- 클라우드의 가변 비용 모델을 활용합니다.

이것들을 하나씩 더 자세히 살펴보겠습니다.

6.1.1 팀은 상호 협력해야 한다

무엇보다도 핀옵스는 그동안 밀접하게 협력하지 않았던 팀 간 경계를 무너뜨리는 측면에서 문화적 변화에 관한 것이기도 합니다. 핀옵스가 올바르게 이루어지면 재무팀은 IT의 속도에 맞추면서 개별 세분화된 용어와 보고를 사용해야 하고 엔지니어링팀은 비용을 새로운 효율성 지표로 간주해야 합니다. 동시에 핀옵스팀은 효율성을 위해 합의된 지표를 지속적으로 개선하기 위해 노력해야 합니다. 또한 클라우드 사용에 대한 통제 방안과 매개변수를 정의하여 일부를 제어하면서도 혁신과 속도가 여전히 빠르도록 해야 합니다.

6.1.2 클라우드의 비즈니스 가치에 따라 의사결정이 이루어져야 한다

먼저 비용이 아닌 클라우드 지출의 비즈니스 가치에 대해 생각하겠습니다. 특히 지출이 원재료 수준에 도달하면 클라우드를 코스트 센터로 생각하기 쉽습니다. 실제로 클라우드는 가치를 창출하고 더 많이 사용할수록 더 많은 비용이 발생합니다. 핀옵스의 역할은 지출로 창출되는 가치를 극대화하는 것입니다. 월별 비용에 중점을 두지 않고 비즈니스 메트릭당 비용에 중점을 두며 항상 비즈니스 가치를 고려하여 결정을 내려야 합니다.

6.1.3 누구나 클라우드 사용의 소유권을 갖는다

클라우드 비용은 클라우드 사용을 기반으로 하며 직접적인 상관관계가 있습니다. 클라우드를 사용하는 경우 비용이 발생하므로 클라우드 지출에 대한 책임이 있습니다. 클라우드 지출 책임을 개별 팀과 해당 엔지니어까지 전달해서 이 사실을 받아들일 수 있도록 합니다.

6.1.4 핀옵스 보고서는 접근이 가능하고 시기가 적절해야 한다

초당 과금하는 컴퓨팅 리소스와 자동화된 배포 환경에서는 월별이나 분기별 보고만으로는 충분하지 않습니다. 클라우드 리소스를 배포하는 사람들에게 지출 변경과 이상 경고 같은 데이터를 신속하게 가져다 주는 것을 실시간 의사결정이라고 볼 수 있습니다. 실시간 의사결정을 통해 리소스를 배포하는 사람들은 빠른 피드백으로 지속적으로 지출 패턴을 개선하고, 현명한 결정을 내리고, 효율성을 향상시킬 수 있습니다.

깨끗한 데이터에 끊임없이 집중하여 결정을 내리기 바랍니다. 핀옵스 결정은 완전히 확보하고 적절하게 할당된 비용을 기반으로 합니다. 이 비용은 클라우드에서 운영하는 데 드는 실제 비용입니다. 기업이 클라우드 리소스를 위해 지불하는 실제 할인율을 반영하고, 공유 비용을 공평하게 분담하고, 비즈니스 조직 구조에 반영하기 위해 실제 운영비용은 제대로 상각되어야 합니다. 지출 데이터에 대한 이러한 조정이 없다면 팀은 잘못된 데이터를 기반으로 의사결정을 내리게 됩니다.

6.1.5 중앙집중식 팀에서 핀옵스를 주도한다

문화를 바꾼다는 것은 깃발을 든 기수의 이미지와 가장 잘 어울립니다. 중앙 핀옵스 업무는 교육, 표준화, 지원을 통해 모범 사례를 조직으로 유도합니다. 중앙집중화를 통해 요금 최적화 작업의 결과를 극대화할 수 있고 이를 통해 각 현장 팀원은 사용 최적화 결과를 극대화할 수 있습니다. 다시 말씀드립니다. 가장 성공적인 회사는 적은 사용량이 되도록 분산하고 적은 비용을 내기 위해 중앙집중화합니다.

핀옵스 실무자는 성과 벤치마킹을 사용하여 조직이 얼마나 성과를 잘 냈는지에 대한 이야기를 풀어냅니다. 클라우드 성과 벤치마킹은 회사의 성과에 대한 객관적인 증거를 보여줍니다. 벤치마킹을 통해 팀은 정확한 금액을 지출하고 있는지, 지출을 줄일 수 있는지, 다르게 지출하거나 더 나은 방식으로 지출할 수 있는지 여부를 알 수 있습니다. 회사는 내부 벤치마크를 사용하여 최적화와 같은 주요 영역에서 팀들간 서로 어떻게 비교할지 결정하고 업계 표준에 따른 외부 벤치마크도 사용하여 회사 전체를 다른 회사와 비교해야 합니다.

6.1.6 클라우드의 가변 비용 모델을 활용한다

분산된 클라우드의 환경에서는 용량을 계획할 때 기존에 하던 미래 지향적인 관점인 '수요를 감당하기 위해 필요한 것은 무엇일까'가 아니라 '이미 사용 중인 예산 내에서 유지하도록 어떻게 보장할 수 있을까?'로 관점이 바뀝니다. 향후 수요에 따라 용량을 구매하는 대신 실제 사용량 데이터를 기반으로 라이트사이징, 대량 구매 할인, 예약 인스턴스, 약정 사용 할인을 통해 구입하게 됩니다. 수요보다 더 많은 용량을 구매할 수 있으므로 현재 사용 중인 서비스와 리소스를 최대한 활용하는 것이 중요합니다.

6.2 핀옵스 수명 주기

지금까지 핵심 원칙을 정의했습니다. 이제부터는 정보 제공, 최적화, 운영이라는 세 가지 단계에 걸쳐 어떻게 핀옵스를 만드는지 살펴보겠습니다(그림 6-1 참조). 이 단계는 선형적이지 않으므로 지속적인 순환 계획도 세워야 합니다.

1. **정보 제공 단계**에서는 팀에게 지출비용과 사유를 보여줌으로써 가시적으로 책임을 공유하고 할당하는 모습을 보여줍니다. 이 단계를 통해 각자의 작업과 행동이 청구서에 미치는 영향을 볼 수 있습니다.

2. **최적화 단계**를 통해 팀은 라이트사이징, 스토리지 접근 빈도, 예약 인스턴스 적용 범위 개선과 같은 효율성 최적화 방안을 찾아내고 효과를 측정할 수 있습니다. 목표는 각 팀이 주로 바라보는 영역에 맞게끔 구분된 각 최적화 방안에 따라 세우게 됩니다.

3. **운영 단계**에서는 IT, 재무, 비즈니스 목표를 달성할 수 있는 프로세스를 정의합니다. 이러한 프로세스를 자동화하여 믿을 수 있고 반복 가능한 방식으로 수행할 수 있습니다.

맞습니다. 수명 주기는 본질적으로 반복입니다. 가장 성공적인 회사는 기고, 걷고, 뛰는 방식으로 접근하며 매 단계를 거치면서 조금씩 나아집니다. 각 단계를 거치면서 해야 할 일들을 검토하겠습니다.

핀옵스에 대한 새로운 요구사항

정보 제공 단계		최적화 단계		운영 단계	
비용 발생 원인 이해, 지출액을 할당, 효율적인 벤치마킹		전략적 목표 설정과 가능한 최적화 조치		목표 달성할 수 있는 방안으로 프로세스 정립	
지출 데이터를 비즈니스에 맵핑	추세와 편차 분석	사용량과 지출액의 이상 징후 확인	비즈니스 전략 달성을 위한 목표 설정	책임과 프로세스 정립	요율 최적화에 대한 권한을 중앙집중화
쇼백과 차지백을 생성	내부와 외부 벤치마킹	사용량을 최적화 하는 방안을 찾고 조치	서비스와 워크로드 배치 비교	이해관계자에게 실시간 지출 데이터 제공	지속적인 개선과 자동화
예산과 예측 비용의 확정	쇼백과 차지백의 통합	요율 최적화 관점에서 목표 설정과 조치	최적화 수준을 이해하고 교육	팀이 프로세스를 수행할 수 있도록 권한 부여	거버넌스와 통제 방안 정의
팀별 지출액과 공유 비용 할당	맞춤형 요율과 상각비 계산				

그림 6-1 핀옵스 단계와 단계별 기능

6.3 정보 제공 단계

정보 제공 단계는 비용과 지출의 원인을 이해하는 첫 시작점입니다. 각 팀에게 실시간으로 비용을 파악할 수 있게 보여주어서 더 나은 행동을 유도할 수 있게 만드는 단계입니다. 정보 제공 단계에서는 IT 지출에 대한 가시성을 확보하고 세분화된 비용 할당을 면밀히 검토하여 연대 책임을 만들 수 있습니다. 각 팀은 다양한 벤치마크와 분석을 통해 비용을 절감하는 방법을 배웁니다. 처음으로 개인들은 각자의 업무가 청구서에 미치는 영향을 볼 수 있게 됩니다.

이 단계에서 수행할 일부 업무들을 다음과 같이 소개하겠습니다.

지출 데이터를 비즈니스에 맵핑

정확한 차지백을 만들려면 지출 데이터를 코스트 센터, 애플리케이션, 사업부별로 조직 구조에 적절하게 연결해야 합니다. 엔지니어링팀에서 설정한 태그와 계정은 종종 재무팀이 요구하는 관점에 맞지 않거나 임원층에서 요구하는 적절한 것들이 담겨있지 않습니다.

쇼백과 차지백을 생성

조직에서는 핀옵스 모델을 채택하여 지출 책임을 조직 전체로 확대하면서 각 팀은 차지백과 쇼백 모델이 지출비를 줄이고 예산을 확보하는 데 점점 더 중요해지고 있다는 사실을 깨닫게 됩니다.

예산과 예측 비용의 확정

핀옵스팀은 사용 가능한 데이터를 활용하여 여러 프로젝트에 대한 클라우드 사용량을 예측하고 예산을 제안할 수 있어야 합니다. 이러한 예산과 예측은 컨테이너를 포함하여 클라우드 아키텍처의 모든 측면을 고려해야 합니다. 예산에 맞추어 팀을 관리하면(7장 참조) 어느 시기에 최적화를 통해 문제를 해결하거나 재조정 도움을 받을 수 있을지 알 수 있습니다. 또한 지출액이 왜 바뀌었는지에 대해 이야기할 수 있게 됩니다.

지출 예측은 팀별, 서비스별, 워크로드별로 완전히 확보된 비용과 적절하게 할당된 지출에 기반하여 수행되어야 합니다. 또한 내역, 비용 기준과 같은 다양한 입력 정보를 기반으로 예측 변경 사항을 모델링할 수 있습니다.

태그 규칙과 준수 방안 마련

태그 규칙은 예술이자 과학입니다. 계정에 대한 계층 구조를 확실하게 준비했어도 지원하는 태그 규칙을 빨리 마련하여 더 세분화하는 것이 중요합니다. 이렇게 하지 않으면 많은 사람들이 태그를 각기 자유롭게 작성하게 되고 이런 태그가 빠르게 확산되어 태그를 제대로 사용할 수 없게 됩니다.

태그가 지정되지 않았거나 태그를 지정할 수 없는 리소스 구별

다음과 같이 두 유형의 조직이 있습니다. 태그가 안 붙은 리소스를 가진 조직과 리소스에 태그를 붙일 수 없다고 스스로 생각하는 조직입니다. 태그가 지정되지 않은 리소스를 팀이나 워크로드에 할당하고 태그를 지정할 수 없는 리소스에 메타 할당 계층을 적용하는 것은 적절한 차지백 및 가시성과 향후 최적화에 중요합니다.

공유 비용을 공평하게 할당

지원 서비스와 공유 서비스 같은 공유 비용은 책임을 가진 사람들에게 적절한 비율로 할당되어야 합니다. 할당 방법으로는 더치페이처럼 동일하게 할당하거나 사용 시간과 같은 사용량 메트릭을 기반으로 할당하는 등 몇 가지 방법이 있습니다. 공유 비용을 중앙 버킷에 두면 팀들이 각자 애플리케이션의 실제 비용을 보지 못하므로 바람직하지 않습니다.

맞춤형 요율과 상각비를 동적으로 계산

정확한 지출 가시성을 위해서 기업은 모든 맞춤형 협상 요율을 고려하고 예약 인스턴스와 약정 사용 할인을 적용하며 예약 인스턴스와 약정 사용 할인의 선불금을 상각해야 합니다. 이를 통해 팀은 올바른 지출 항목을 확인하고 재무팀의 청구서가 일일 지출 보고서와 일치하지 않아도 놀라지 않게 됩니다.

내부 시스템에 쇼백과 차지백을 통합

차지백이 만들어지고 팀이 가시적으로 비용을 확인할 수 있게 되면 단련된 핀옵스팀은 API^{application programming interface}를 통해 해당 데이터를 관련 내부 보고 시스템과 재무관리 도구에 통합합니다.

추세와 편차 분석

지출 원인을 구분하기 위해서는 종종 시간대별 즉각 비교가 필요하기도 하고 비용 유발 원인을 이해하기 위해 계위상 낮은 수준의 리소스(또는 컨테이너, 기능별 등)부터 높은 수준(예를 들어 코스트 센터)까지도 알려주는 기능도 필요합니다.

심사표 작성

핀옵스팀은 심사표를 사용하여 비용, 속도, 품질 최적화 측면에서 서로 다른 프로젝트 팀이 수행하는 작업을 벤치마킹할 수 있습니다. 이러한 일은 앞서 언급한 완전히 확보되고 적절하게 할당된 비용을 사용하여 개선할 수 있는 영역을 신속하게 찾는 방법입니다.

업계 동종 업계와 벤치마킹

내부 심사표 방식을 기반으로 더 발전한 핀옵스팀은 벤치마킹을 확장하여 다른 업계 유사 수준의 비용 데이터와도 비교합니다. 표준화된 지출 특성들을 활용하여 상대 업계 효율성을 파악하게 됩니다.

6.4 최적화 단계

최적화 단계에서는 클라우드 개선사항을 조치하기 시작하고 향후 운영 단계의 목표를 설정합니다. 비용 회피와 비용 최적화는 이 최적화 단계부터 시작하게 되고 이 중 비용 회피가 최우선 과제입니다.

조직에서 클라우드를 최적화할 수 있는 실시간에 가까운 비즈니스 의사결정을 지원하고 파악하려면 프로세스가 필요합니다. 또한 클라우드 비용을 줄이는 데 도움이 되는 클라우드 서비스 제공 업체의 제품도 살펴봐야 합니다.

최적화 단계에서는 다음과 같은 업무들이 있습니다.

이상 징후 확인

이상 징후 감지에서는 단순히 비용 임계값을 확인하는 것만이 아니라 비정상적인 사용량 급증도 알아내는 것이 중요합니다. 클라우드 제공 업체에서 다양한 요금이 부과되는 서비스가 급격히 증가하면 지출 편차를 감시하는 이상 징후 감지 기능을 통해 이상 징후를 찾아낼 수 있습니다.

사용률이 낮은 서비스 확인 및 보고

적절하게 할당된 지출비와 사용량을 파악하게 되면 모든 주요 지출 원인(예를 들어 컴퓨팅, 데이터베이스, 스토리지, 네트워킹)에서 사용되지 않은 리소스를 알 수 있게 됩니다. 사전에 정의한 적절한 리소스로 바꾸는 프로세스에 따라 운용 권장 사항을 기반으로 엔지니어링팀은 잠재적인 절감 효과를 측정할 수 있습니다.

중앙집중식 예약 인스턴스와 약정 사용 할인 평가

핀옵스팀은 비용 절감 방안으로 기존 AWS와 애저 예약 인스턴스, GCP 약정 사용 할인에 대한 메트릭을 평가하여 메트릭들이 유효한지 확인한 후 더 많은 구매 기회를 찾을 수 있습니다. 핀옵스팀은 약속한 계약 내용과 예약 상황을 파악하고, 회사 전체의 포트폴리오를 설명하고, 사용량과 비용 회피 실태의 효과성을 분석하고, 향후 다가올 만료에 대해 가시적으로 표현하게 됩니다.

요금과 워크로드 배치 비교

워크로드 배치는 또 다른 비용 절감 조치 방안입니다. 핀옵스팀이 엔지니어링의 인프라 요구 사항을 파악한 후 여러 클라우드 공급 업체를 살펴보고 가격 옵션을 비교할 수 있습니다.

6.5 운영 단계

최적화 단계에서는 개선에 대해 목표를 두지만 운영 단계에서는 실제 행동에 필요한 프로세스를 만들게 됩니다. 이 프로세스에는 목표가 정해져 있지는 않습니다. 하지만 확인된 비즈니스 사례의 정황상 목표를 해결하기 위한 의사결정과 계획이 마련되어 있습니다. 또한 이 단계에서는 프로세스의 지속적인 개선을 강조합니다. 자동화가 이루어지면 경영진은 지출 수준이 회사 목표에 부합되도록 한 발짝 뒤로 물러납니다. 이때 핀옵스에서 다른 팀원들과 특정 프로젝트에 대해 논의하여 프로젝트를 계속 운영하고 싶은지 아니면 일부 변경을 할 수 있을지를 결정하는 것이 좋습니다. 운영 단계에서 수행되는 활동은 다음과 같습니다.

이해관계자에게 지출 데이터 제공

1장에서 이야기한 프리우스 효과를 만들려면 이해 당사자들이 정기적으로 예산에 대해 어떻게 파악하고 있는지 확인해야 합니다. 일별이나 주별 그래프는 비즈니스에 대한 올바른 결정을 내릴 수 있도록 피드백이 됩니다. 운영 단계에서는 보고서 생성과 활용이 가능하도록 프로세스를 만들고 자동화하여 관계자가 보고서를 제공하는 방법에 중점을 두도록 합니다.

목표에 맞는 문화적 변화

팀은 다른 조직의 팀을 이해하고, 설명하고, 협력하여 혁신을 주도할 수 있도록 교육을 받고 권한을 받을 수 있습니다. 재무팀은 투자를 차단하는 것에서 벗어나 비즈니스팀 및 기술팀과 협력하여 혁신을 북돋는 과감한 변화 담당자가 될 수 있습니다. 각 팀은 지속적이고 반복적으로 클라우드에 대한 이해를 높이고 효율적인 보고가 되도록 합니다.

적절한 크기의 인스턴스와 서비스

최적화 단계에서는 필요한 것보다 더 강력한 컴퓨팅 리소스에 비용을 지불할 수 있습니다. 생성된 권장 사항은 운영 단계에서 적용됩니다. 엔지니어는 권장 사항을 검토하고 필요에 따라 조정합니다. 예를 들어 덜 강력하고 저렴한 인스턴스로 전환하거나, 사용하지 않는 스토리지를 더 작은 크기로 교체하거나, 일부 프로젝트에는 SSD 기반 스토리지가 아닌 하드 드라이브를 사용합니다. 단련된 핀옵스팀은 모든 주요 지출 요인에서 이러한 작업을 수행합니다.

클라우드 사용에 대한 거버넌스와 통제 방안 정의

클라우드의 주요 가치는 제공 속도이며 이 속도가 혁신을 촉진한다는 점을 기억하기 바랍니다. 한편 동시에 비용도 고려해야 하므로 단련된 회사는 혁신과 속도에 문제가 되지 않도록 클라우드 서비스의 어떤 유형을 사용할 수 있는지 합의된 기준을 지속적으로 평가하고 있습니다. 제어를 과도하게 수행하면 클라우드로 전환할 때 핵심 장점을 잃게 됩니다.

효율성과 혁신을 지속적으로 개선

더 나은 비즈니스 성과를 달성하기 위해 목적과 목표를 지속적이고 반복적으로 개선하는 프로세스가 있습니다. 이런 프로세스를 메트릭 기반 비용 최적화라고 합니다. 메트릭 기반 비용 최적화는 비효율적이거나 사람이 무시하기 쉬운 최적화 작업에 규칙적인 공식을 대입하는 대신 목표 임계값을 연결하고 실제 수치를 모니터링하여 향후 제대로 된 최적화 작업을 추진하도록 주요 메트릭을 정의합니다.

리소스 최적화 자동화

단련된 팀은 잘못된 리소스 크기에 필요한 변경 사항을 프로그래밍 방식으로 감지하고 활용률이 낮은 리소스를 자동으로 정리하는 기능을 제공합니다.

권장 사항을 워크플로에 통합

단련된 팀은 애플리케이션 소유자가 매번 로그인하여 권장 사항을 확인하도록 요구하는 것을 중단하고 지라와 같은 스프린트 계획 도구에 라이트사이징 권장 사항 같은 항목을 넣기 시작합니다.

정책 기반의 태그 정리와 스토리지 수명 주기 정책 수립

단련된 팀은 태그나 종료tag-or-terminate[1] 정책, 배포 시 태그tag-on-deploy와 같은 정책을 통해 프로그래밍 방식으로 태그를 정리하기 시작합니다. 또한 정책 기반 스토리지 수명 주기를 만들어 가장 비용이 효율적인 계층에 데이터가 자동으로 저장되도록 합니다.

6.6 고려 사항

핀옵스 실무에서 검토해야 할 몇 가지 주요 고려 사항이 있습니다. 본질적으로 핀옵스의 핵심 아이디어는 지출에 대한 명확한 이해, 회사 전체가 동참, 혁신 추진으로 비즈니스 목표 달성을 돕는 것입니다. 이제 다음 항목을 평가하려고 합니다.

단위 경제

중요한 단계는 클라우드 지출을 실제 비즈니스 성과에 연결하는 것입니다. 비즈니스가 성장하고 있고 클라우드에서 확장하고 있다면 더 많은 돈을 쓰는 것이 반드시 나쁜 것은 아닙니다. 특히 고객에게 서비스를 제공하기 위한 비용이 얼마인지 알고 지속적으로 비용을 절감하려고 노력한다면 더 그렇습니다. 지출 메트릭을 비즈니스 메트릭에 연결하는 것은 핀옵스 전환의 핵심입니다.

단위 경제학은 조직의 어떤 팀이든 의미 있는 방식으로 클라우드 지출에 대해 논의할 수 있도록 명확하고 일반적인 용어를 제시합니다. 경영진이 임의의 지출 목표를 설정하는 대신 성과와 관련된 목표를 설정할 수 있습니다. 그러면 경영진의 조언은 제한적이었던 '클라우드 비용 절감' 대신 '총 청구액에 대해 걱정하지 마세요. 실제 사용 대비 소요 비용을 절감하십시오'가 됩니다.

---

1 옮긴이_ 기본적으로 인스턴스가 24시간 가동되었고, 태그 지정 정책에 따라 태그가 지정되지 않으면 인스턴스를 중지하는 정책입니다. 각 회사에서 사용할 수 있는 비용 관리 문화의 예시로 이해하시면 됩니다. Youtube에 관련 세션이 있어서 링크를 첨부합니다(https://www.youtube.com/watch?v=SaOLzxYiZlE).

문화

운영 단계는 핀옵스 문화가 얼마나 잘 적용되고 있는지 평가를 하기에 좋은 시기입니다. 리소스의 비효율적인 사용과 예약 인스턴스의 적용 범위 부족과 같은 문제는 종종 의사소통이 원활하지 않고 고립된 조직에서 발생합니다.

출하 속도

출하 속도는 비용과 품질 사이에서 조절됩니다. 경영진은 핀옵스팀 구성원과 특정 프로젝트에 대해 논의하고 비용과 품질이라는 두 가지 요인을 조정하여 출하 제공 속도를 높일 수 있을지 여부를 결정할 수 있습니다.

비즈니스에 가치부여

다시 말하지만 경영진은 클라우드 지출이 프로젝트의 가치를 비즈니스에 반영하는지 평가할 수 있습니다. 이는 핀옵스팀과 특정 프로젝트를 논의하여 기존과 같이 프로젝트를 계속 운영할 것인지 아니면 일부 변경이 가능한지 결정할 수 있는 기회입니다.

6.7 어디서부터 시작할까

정보 제공 단계를 시작하는 질문에서부터 시작하겠습니다. 핀옵스 수명 주기를 경기장의 원형 트랙으로 생각해보면 핀옵스는 언제든지 뛰어들어 시작할 수 있으며 결국에는 다시 순환할 수 있게 됩니다. 하지만 최적화 단계나 운영 단계보다 정보 제공 단계부터 시작하는 것이 좋습니다. 정보 제공 단계부터 시작하면 클라우드 환경에서 발생하는 상황들에 대해 알 수 있고 어렵지만 중요한 할당 정리 작업을 수행하기 때문에 핀옵스로 변화를 시작하기 전 누가 무엇을 실제로 책임지고 있는지 알 수 있습니다.

그리고 수명 주기의 어느 위치에 있더라도 문화와 거버넌스를 중심으로 움직여야 합니다. 핀옵스에서는 클라우드 사용으로 조직 전체가 바뀌는 문화적 변화와 행동, 도구가 결합하게 되며 여기에서 핀옵스의 진정한 힘이 생깁니다. [그림 6-2]에서 볼 수 있듯이 문화와 거버넌스는 모든 것을 하나로 묶고 핀옵스의 성공을 보장하는 핵심 요소입니다.

그림 6-2 핀옵스 수명 주기는 문화를 중심으로 순환하게 됩니다

무엇을 하든지 뱁새가 황새 따라가면 다리가 찢어집니다. 할 수 있는 것부터 집중해서 기고, 걷고, 뛰는 접근 방법을 따르기 바랍니다. 몇 년 전 한 주요 소매업체가 한 번의 구매에서 0%에서 80%로 예약 인스턴스를 적용하려고 했습니다. 이 회사는 인프라를 연구하고, 엔지니어링팀과 상의하고, 운영체제를 확인하고, 2백만 달러를 구매했습니다. 관리자들은 서로가 경이로움을 느끼고 다음 몇 주 동안 다시 일을 시작했습니다. 다음 달에 클라우드 요금은 상당히 높아졌으며 부사장은 분노했습니다. 검토 결과 각자의 라이선스를 가져와야 하는 Bring Your Own License(BYOL) 모델이 어떻게 적용되는지에 대해 순진하게 생각했고 이로 인해 잘못된 운영체제와 예약 인스턴스를 구매한 것으로 나타났습니다. 이 소매업체는 현재 80%의 클라우드 사용률에 도달했지만 초기 발생한 사고 이후 재무팀과 사업부를 설득하기 위해 다년간 노력을 기울였습니다. 천천히 하세요. 다른 모든 것과 마찬가지로 숙달에는 시간이 필요하고 앞서 경험한 사람들로부터 배워야 합니다.

6.8 처음부터 시작해야 하는 이유

각 팀에게 리소스를 끄거나 크기를 줄이라고 말하기 전에 비용을 발생시키는 요소가 무엇인지 정확하게 파악하고 각 팀 스스로 지출이 비즈니스에 미치는 영향을 파악하도록 해야 합니다.

이것은 놀랍고 자율적인 결과를 가져올 것입니다. 우리는 한 팀원이 보낸 슬랙 메시지를 통해 이 사례의 좋은 예시를 알게 되었습니다. 이 예시에서 한 제조 회사는 팀에게 지출한 금액을 보여줌으로써 연간 6자리 수를 절약할 수 있었습니다(그림 6-3).

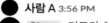

사람 A 3:56 PM
@here 커트가 해준 이야기가 있어요. 우리가 현재 고객 계정과 지역 지출을 가시적으로 볼 수 있잖아요. 이걸 보고 바비는 그 주 초에 지역별 소유자에게 높은 지출 비용을 지적하는 이메일을 보냈대요. 그 결과 RDS 인스턴스 크기를 변경하여 60,000달러의 비용을 절감할 수 있었다고 합니다!!

사람 B 4:05 PM
BOOM

그림 6-3 비용을 가시적으로 보게된 결과에 대한 실제 대화

이 이야기의 가장 좋은 점은 핀옵스가 해당 팀에 어떠한 권고도 하지 않았다는 것입니다. 그저 클라우드 사용량에 조명을 쐈을 뿐입니다. 팀에서는 인프라에 대한 이해를 바탕으로 개선하는 작업을 담당했습니다. 이것이 바로 지출비의 책임이 있는 팀에게 사용량 감소를 강요하는 이유입니다.

6.9 마치며

핀옵스 수명 주기를 제어하는 것은 대형 사업장에서 수년간의 교육과 프로세스 개선이 필요한 반복적인 방식입니다.

요약하자면 다음과 같습니다.

- 핀옵스 수명 주기는 지속적으로 순환하는 세 가지 주요 단계로 구성됩니다.

- 각 단계에서 기는 방법으로 시작하세요. 모든 것을 한 번에 시도하지 마세요.

- 모든 부서들을 조기에 자주 참여시켜 함께 기는 방법을 배우세요.

- 프로세스를 개선할 수 있는 기회를 끊임없이 찾으면서 단계별로 신속하게 전환하도록 합니다.

- 가장 중요한 것은 팀에게 그들의 지출에 대해 실시간으로 세세하게 볼 수 있게 해주는 것입니다.

- 다른 작업을 수행하기 전에 비용을 완전히 확보 및 할당하고, 맞춤형 요율을 적용하고, 할당 간격을 채우고, 공유 비용을 분배하고, 조직 구조에 지출을 다시 매핑하고, 상각 비용을 계산해야 합니다.

이런 일들은 많아 보이지만 실제로 시작하기엔 쉬운 과정입니다. 7장에서는 수명 주기의 첫 번째 단계를 살펴보겠습니다. 그러면 이제 질문에 대한 응답을 할 수 있게 됩니다.

CHAPTER 7

나의 현재 위치는 핀옵스의 어느 단계일까

질문으로 핀옵스를 시작하겠습니다. 이런 출발이 정보 제공 단계에서 가장 중요합니다. 질문들에 대한 답을 찾으면 클라우드 상태를 평가할 수 있습니다. 7장에서는 먼저 몇 가지 질문들을 살펴보고 일부 공통적인 가능성에서 어떤 모습을 기대하고 있는지 살짝 엿보겠습니다. 이런 것들을 통해 최적화 단계에서 어디에 집중해야 할지 알 수 있게 됩니다.

앞서 언급했듯이 핀옵스는 선형적인 프로세스가 아닙니다. 하지만 첫 번째 단계에서 이야기했던 가시적인 준비는 다음 단계로 가기 위해 필수적입니다. 아마도 대부분의 시간을 이 정보 제공 단계에서 보내게 될 겁니다. 너무 빠르게 최적화 단계로 가려고 하면 비용이 많이 드는 실수를 하기 쉽습니다. '돌다리도 두드려 보고 건너라'라는 선조들의 이야기처럼 신중하기 바랍니다. 돌다리를 두드려서 건널 수 있는지 정보를 받고, 건넌 후에도 그동안 돌다리를 건너본 경험(운영 메트릭)과 비교하면서 앞으로도 돌다리를 사용할 수 있을지 확인할 수 있습니다. 다시 말하면 항상 정보를 받기 위해 뒤로 돌아 재확인하게 될 것입니다.

데이터를 생성해야 현재의 위치를 알 수 있게 됩니다. 또한 현 상황에서 비즈니스에 도움이 될 일들을 준비할 수 있게 됩니다.

7.1 맥락이 없는 데이터는 의미가 없다

물론 데이터를 찾는 것만으로는 충분하지 않습니다. 데이터를 해석해야 합니다. 지금 여러분들의 목표는 스스로 배우는 것일 텐데 재무, IT, 각 직종 분야에서의 동료들과 함께 목표 달성에 대한 대화를 시작해야 합니다.

이를 위해 숙련된 핀옵스 실무자는 적절한 할당 구조를 만들기 위해 질문을 시작합니다(8장에서 더 상세히 설명하겠습니다). 이런 일들은 핀옵스 수명 주기 전체에 걸쳐 답변해야 하는 질문을 찾아내기 위함입니다.

또한 이 프로세스에서는 4장에서 이야기한 공통 용어에 대해서도 개선합니다. 이것은 데이터에 대한 부족한 신뢰와 팀 간에 공감대가 없을 때 자주 다툼이 일어나는 상황을 미리 막을 수 있습니다.

> 병목 지점 외에 개선했다고 말하는 것들은 모두 착각입니다.
>
> 『피닉스 프로젝트』(프리렉, 2014) 저자 진 킴

경험이 많은 핀옵스 실무자(여러 모범적인 사례를 만든 실무자)조차도 실행 방안을 마련할 때 기고, 걷고, 뛰는 프로세스를 따릅니다. 첫 목표는 낮은 곳에 매달린 과일을 따서 쉽게 수확하고 빠르게 신뢰를 얻는 것입니다. 폭포수 모델이 아니라 데브옵스라고 생각해야 합니다. 폭포수 모델을 만든 윈스턴 로이스가 아니라 데브옵스의 진 킴을 떠올리기 바랍니다.

7.2 먼저 이해해야 하는 것

가장 먼저 대답해야 할 질문은 '총지출, 전망, 성장률은 얼마입니까'입니다. 이러한 수치를 사전에 고민하지 않았다면 가장 기본적인 보고가 이루어진 후에는 사업을 일시 중지할지 고려해야 합니다.

이 단계를 시작하면 곧바로 문제가 있는 데이터를 발견할 수 있습니다. 이 데이터를 하루 빨리 고치고 싶은 마음은 이해합니다. 그러나 먼저 '이러한 문제있는 데이터들은 어디에서 나오는 건가요'라고 물어보세요. 이 질문을 통해 근본적인 원인을 파악하고 다음에는 문제가 발생하지 않도록 방지할 수 있습니다. 다시 말하면 현재 클라우드 환경을 바로 바꾸고 싶은 유혹을 뿌리

치고 질문에 먼저 대답하려고 집중해야 합니다.

어떤 질문을 할지 결정하는 가장 효과적인 방법은 조직의 다양한 관계자를 인터뷰하는 것입니다. 관심사가 무엇인지 파악하고 이해한 것을 바탕으로 보고와 할당 설계에 필요한 논리를 만들 수 있습니다.

다음은 핀옵스를 시작하는 데 도움이 되는 질문입니다.

- 어떤 것에 대해 보고할 생각이신가요? 코스트 센터, 애플리케이션, 제품, 사업부, 또는 그 외의 것인가요?

- 지출의 대부분은 어디에서 발생하나요? 즉 어떤 서비스에서 발생하나요?

- 차지백을 하시겠습니까? 쇼백을 하시겠습니까? 각각 장점이 있으며 어떤 쪽이든 각 부서의 책임감을 높이는 데 도움이 됩니다.

- 요율 관리를 중앙집중화할 때 공동선이 우선순위인가요, 차지백으로 손실을 만회하는 것이 더 중요한가요?

- 핀옵스는 트렌드를 보기 위한 건가요? 1원 단위까지 정확하게 차지백할 수 있는 건가요? 초기에는 트렌드에 관한 것이 될 것이고 나중에는 매우 세분화될 것입니다.

- 코스트 센터의 변화를 어떻게 보고할 건가요? 초기에는 스프레드시트를 사용할 수도 있지만 나중에 핀옵스 플랫폼에 할당 데이터에 대한 메타 계층을 활용하여 끊임없이 변화하는 조직의 구조를 동적으로 반영하게 될 것입니다.

- 팀 간에 이동하는 사람들을 어떻게 보고하실건가요? 팀을 바꾼 사람들은 관심있는 데이터가 달라질텐데 이제 이들에게 관심있는 정보를 어떻게 얻을 수 있을까요?

- 할당한 구성이 변경되었음을 사람들에게 어떻게 알릴 수 있을까요?

- 실제로 필요한 태그는 무엇인가요? 초기에는 단지 3개에 불과할 수도 있지만 나중에는 수십 개가 될 수도 있습니다. 만약 수십 개로 확장하는 경우 태그가 너무 많을 수도 있습니다. 따라서 향후 수명 주기를 반복하는 과정에서는 운영 단계에서 반영한 목표 수치에 따라 태그 수를 최적화할 수도 있습니다.

- 클라우드 혁신센터에서 '점심 먹으면서 배우기'와 같이 모범 사례를 정기적으로 발표하고 사람들의 관심을 이끌 수 있을까요?

핀옵스 수명 주기를 반복할 때마다 더 많은 질문에 대답해야 됩니다. 지금이 효율적인지 알아내려면 수명 주기를 한 바퀴 돌아봐야 합니다. 그리고 몇 번 돌다보면 실제로 수명 주기의 끝까지 도착하지 않는 것을 알게 될 것입니다. 점점 더 나아지고, 질문은 점점 더 깊어집니다.

- **기는 단계**: 어떤 팀이 비용을 발생시키고 있나요?

  걷는 단계: 비용을 발생시키는 팀들은 효율적인가요?

  뛰는 단계: 비용을 개별 단위 메트릭에 연결할 수 있나요?

- **기는 단계**: 각 팀마다 예산이 있나요?

  걷는 단계: 예산에 맞춰 팀을 관리하고 있나요?

  뛰는 단계: 개별 업무 기반 원가 계산을 수행할 수 있나요?

- **태그 전략은 현재 어떻게 되나요?**

  기는 단계: 어떤 태그가 있고, 어떤 태그가 보고되는지 확인해봅니다.

  걷는 단계: 적용된 태그 간 차이를 확인해봅니다.

  뛰는 단계: 태그를 붙일수 없는 경우 할당 방법, 공유 비용을 할당하는 방법을 고려해봅니다.

- **할당 구조를 어떻게 최신 상태로 유지하나요?**

  기는 단계: 스프레드 시트 활용하기

  걷는 단계: 구성 관리 데이터베이스^{configuration management database}(CMDB)와 동기화하기

  뛰는 단계: 핀옵스 플랫폼과 구성 관리 데이터베이스간의 API 통합하기

- **예약 인스턴스나 약정 사용 할인에 대한 전략은 어떻게 되나요?**

  기는 단계: 어떤 예약 인스턴스가 있나요?

  걷는 단계: 얼마나 잘 사용되고 있나요? 어떻게 교환이나 수정이 가능하나요?

  뛰는 단계: 어떤 새로운 것을 사야하나요? 그런 후 기는 단계부터 다시 반복하기 바랍니다.

각 단계별로 쉽게 할 수 있는 일부터 골라서 해보고 다음 단계로 넘어가기 바랍니다. 그런 다음 목표를 다시 조정하고 되돌아오면 됩니다. 다만 비용을 확인하는 기는 단계부터 시작해야 합니다. 그리고 다음 단계에서는 기본 예산을 설정합니다. 이후의 단계에서는 이런 비용에 대해 관리하도록 합니다.

스스로 더 어려운 질문을 할 때마다 항상 다른 팀과 협업할 수 있는지 확인하기 바랍니다. 실제로 다른 팀의 교육은 핀옵스 실무자의 스킬보다 더 중요합니다. 성공한 핀옵스의 문화는 함께

일하는 마을의 형태인 것이지 일부 변화를 통해 속도를 높이려는 개인별 공간 수준의 형태가 아닙니다.

7.3 각 단계에서의 조직적인 업무

지출 데이터 분석 외에도 핀옵스 문화를 만들기 위해 해야 할 조직적이고 문화적인 일들이 많이 있습니다. 건강한 핀옵스를 수행하는 이 단계에서는 다음 사항에 중점을 둘 것입니다.

- 클라우드가 가져다주는 업무 방식의 변화와 목표를 중심으로 경영진에게 전달
- 엔지니어가 비즈니스에 영향을 미치는 데 있어 확장된 역할 특히 고려해야 할 새로운 효율성 지표의 비용에 대해 이해할 수 있도록 지원
- 팀에 적합한 기술이 있는지 확인(*http://FinOps.org*)
- 핀옵스팀이 어느 부서에 속해 있는지에 따라 재무 또는 IT 부서의 동료들과 관계 구축
- 핀옵스 기념일FinOps day과 같은 이벤트를 통해 내부적으로 핀옵스를 전파하여 개념, 영향, 초기 성공 사례를 공유(*http://FinOps.org*)
- 가능한 많은 요율 최적화를 관리하여 엔지니어링팀과 연계 및 작업을 수행하도록 지원

7.4 투명성과 피드백 루프

1장에서는 프리우스 효과와 실시간 가시성이 행동에 미치는 영향을 살펴보았습니다. 1.4절에서 설명드린 전기 자동차 에너지 흐름에 대한 가시성이 프리우스 효과를 주는 것과 마찬가지로 정보 제공 단계에서는 중요한 실시간 데이터를 사용하여 향후 의사결정을 추진하고 관련 책임에 대해 정립합니다.

최근에 '클라우드의 모든 것에 실시간 데이터가 필요합니까'라는 질문을 받았습니다. 그동안 이 질문에 대한 답을 고려해는데 한 달에 한 번만 봐야하는 보고서는 생각할 수 없었습니다. 클라우드에서는 상황이 너무 빨리 바뀝니다. 이는 컴퓨터 자체보다 클라우드 혁신을 주도하는 인간

의 행동에 기인합니다. 기는 단계에서는 매일 보고서를 봅니다. 걷는 단계에서는 합의된 유형으로 확인하거나 이상 징후를 기반으로 확인합니다. 뛰는 단계에서는 설정한 측정 항목이 임계값을 초과했음을 알리는 경고가 표시된 후에 보고서를 봅니다. 16장에서 뛰는 단계에서의 시나리오에 대해 자세히 알아보겠습니다.

이 단계에서 중요한 기능은 클라우드 지출의 이상 징후를 탐지하는 기능입니다. 이상 징후는 일반적인 값(평균), 시간에 따른 기울기(추세), 주기적 반복 패턴에서 벗어난 지출입니다. 이런 징후들은 서울에서 김서방 찾기와 같아서 대부분의 클라우드 청구서의 복잡성과 규모 상에서 감지하기가 어렵습니다. 이렇게 이상 징후는 실제로 비용을 증가시킬 수 있습니다.

클라우드 이야기

다국적 제약 회사의 원격 엔지니어링팀이 인메모리 데이터베이스in-memory database 테스트를 위해 시드니에 세 개의 x1e.32xlarge 인스턴스를 배포했습니다. 당시 이 크기의 인스턴스는 시간당 44달러가 조금 넘었습니다. 세 개의 인스턴스의 비용은 하루에 3,000달러 이상, 한 달에 약 98,000달러가 됩니다. 이 수치는 커 보이지만 팀의 월간 클라우드 요금이 350만 달러가 넘었다는 것을 고려해보면 그렇게 크지는 않습니다. 따라서 이러한 변화로 인해 지출이 2% 증가한 내역은 상위 보고에서는 쉽게 눈에 띄지 않았을 것입니다.

이러한 지출 문제를 더 모호하게 만들 수도 있습니다. 따라서 중앙 핀옵스팀은 새로운 x1e 인스턴스의 지출을 효과적으로 줄이기 위해 다른 머신[1] 세트에 대한 예약 인스턴스를 구입했습니다. 그러나 핀옵스팀은 머신러닝 기반으로 이상 징후를 감지했기 때문에 같은 날 대규모 인스턴스 사용에 대해 알게 되었고 많은 리소스가 필요한지에 대해 즉시 대화를 나눌 수 있었습니다. 당연하게도 그렇지 않다는 것이 밝혀졌습니다.

물론 이것은 뛰는 단계의 회사 이야기입니다. 걷는 단계에서의 회사는 일반적으로 팀별로 지출 내역을 보여주는 간단한 일일 지출 그래프로 확인합니다. 이 정도의 가시성이어도 각 팀의 행동에 영향을 미치게 됩니다.

---

1 옮긴이_ 머신은 다양한 의미로 해석될 수 있습니다. 보통 컴퓨팅 연산처리(CPU)나 메모리 등을 제공하는 물리적 서버를 의미합니다. 서버를 가상화한 리소스는 가상 머신(Virtual Machine, VM)이라고 불립니다.

7.5 팀 성과와 벤치마킹

팀들을 비교하기 위해서는 팀 성과를 벤치마킹하는 성과 평가표를 사용하는 것이 가장 좋은 방법입니다. 성과 평가표를 사용하면 성과가 가장 낮고 지출이 가장 많은 팀을 찾을 수 있으며 업계의 다른 팀을 벤치마킹하는 방법에 대한 통찰력을 얻을 수 있습니다.

성과 평가표에서는 핵심 효율성 지표 측면에서 개선할 수 있는 기회가 보여야 합니다. 또한 경영진에게 전체 비즈니스나 그 일부분에 대한 정보를 제공하여 모든 사람이 어떻게 진행하고 있는지 확인할 수 있어야 합니다. 더불어 실제 수행할 업무 내용이 포함되어 개별 팀을 바라보는 수준의 성과 평가표가 작성되어야 합니다. 성과 평가표는 CEO, CTO 등 CxO의 가장 친한 친구이자 변화에 가장 적합한 무기입니다. 성과 평가표는 팀의 노력을 유도하고 비슷한 노력을 하는 서로 다른 팀 간의 경험을 통합할 수 있어야 합니다. 또한 성과 평가표는 팀이 서로 경쟁하는 데 도움이 되어야 합니다.

최근 핀옵스 재단의 전화를 받았는데 인튜이트^{Intuit}의 디터 마치온^{Dieter Matzion}은 성과 평가표에 대한 접근 방식을 공유해주었습니다. 주요 항목은 다음과 같습니다.

- 라이트사이징 점수화에 대한 EC2 효율성

- 예약 인스턴스 범위와 효율성

- 워크로드에 따라 팀이 리소스를 가져오거나 내보낼 수 있는 클라우드 기능을 얼마나 잘 활용하고 있는지 파악하기 위한 탄력성 측정

디터 마치온은 각 팀에 개별 성과 평가표를 제공하고 여러 메트릭에서 효율성을 추적하는 것 외에도 임원 관점에서 팀별로 점수를 집계하는 양식도 만들었습니다. 이렇게 직관적으로 보여주어서 새로운 기회에 한 걸음 더 다가갈 수 있게 되었고 궁극적으로는 이런 방식 덕분에 개선을 이끌게 되었습니다. 한편 어떤 부서도 최악의 팀으로 선정되고 싶지 않다는 점을 다시 한번 볼 수 있었습니다.

> **NOTE_** 팀을 벤치마킹하는 데 사용하는 특정 지표들에 대한 디터 마치온의 자세한 프레젠테이션을 핀옵스 재단 웹 사이트에서 볼 수 있습니다(*https://oreil.ly/N94rt*).

7.6 예측과 예산

만약 현재 상황이 예측했던 값과 벗어나는 경향을 보이면 스스로 질문을 던져봐야 합니다. 예측했던 값으로 다시 돌아가기 위해 무언가를 바꿀 필요가 있을지 아니면 예측을 업데이트해야 할지를 말이죠. 매일매일 실제 지출과 예측을 비교하고 분석해야 합니다. 클라우드 지출에 대한 그래프에는 수행해야 할 조치가 있을지에 대한 기준 예측값이 포함되어야 합니다(그림 7-1). 그런 다음 정보를 팀 수준으로 세분화하면 누구의 행동이 예측에서 벗어나게 하는지를 확인할 수 있습니다. 비즈니스 이유(규정 준수, 성능 등)가 있을 수 있으므로 선택지에 따라 예측치를 간단히 조정할 수 있도록 만들길 바랍니다.

핀옵스 재단 회의에서 일반적인 의견은 클라우드팀의 예측이 3~12개월 단위로 이루어져야 한다는 것입니다. 아틀라시안은 3개월 단위로 예측 작업을 수행하면서 3년 후 프로젝트 계획까지도 세웁니다. 우리와 함께 일했던 대형 미디어 회사는 이에 대한 다양한 값이 있습니다. 일 년에 대해 예측한 값이 있고 매 분기 수정되는 월별 목표로 나뉘기도 합니다.

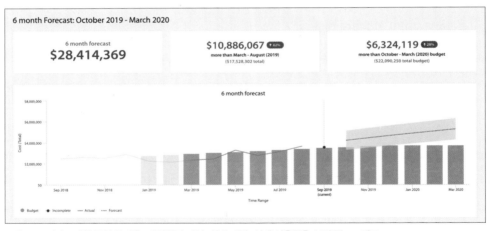

그림 7-1 지난 6개월 동안의 예측, 예상했던 예산, 실제 예산, 실제 사용률을 보여주는 그래프

그러나 분기별 또는 월별로 예측을 평가하는 일은 그리 빈번하지 않습니다. 숙련된 핀옵스 실무자들은 실시간 데이터를 기반으로 분산을 지속적으로 평가하여 분기별 예측에서 어느 팀이 벗어났는지 확인한 후 그 팀을 밀착 관리합니다. 이렇게 하면 예측값과 차이가 더 커지기 전에 분산을 파악할 수 있습니다. 그런 후에는 계획보다 더 많은 비용을 지출하기로 결정한 날 예측

값 변경 사항은 임원 보고 안건에 추가될 수 있습니다. 증가된 지출이 창출하고 있는 가치를 따져보기 위해 경영진과 사업팀 간에 대화가 이루어질 수 있습니다.

이러한 지속적인 평가는 시간이 지날수록 기업이 더 나은 의사결정을 내리는 데 도움이 되며 지출을 가장 빨리 줄일 수 있는 길을 안내합니다. 예산은 지출을 막기 위한 것이 아니라 지출이 계획에서 벗어날 때 확인할 수 있는 수단이 되어야 합니다.

예측은 머신러닝에 기초해야 합니다. 디터 마치온은 핀옵스 재단과 함께 수작업 예측이 실제보다 20~70%나 더 낮았다고 말했습니다. 심지어 사람들이 데이터를 분석하고 예측하기 위해 몇 주 동안 고민했음에도 말입니다. 그만큼 고민하고 수작업 예측할 필요가 없습니다.

머신러닝은 지출을 정확하게 예측하는 열쇠입니다. 그러나 단일 모델이나 알고리즘으로는 충분하지 않습니다. 일부 머신러닝 알고리즘은 오랜 기간의 많은 지출 내역에서 더 잘 작동하는 반면 일부 머신러닝 알고리즘은 제한된 데이터만으로도 작업할 수 있습니다. 오랜 기간의 지출 내역을 가진 계정이 있을 가능성은 높지만 새로운 워크로드나 새로운 계정을 도입하면 일부 머신러닝 알고리즘이 효과적으로 작동하지 않습니다. 여러 시나리오를 통합하는 알고리즘 앙상블 접근법은 그동안의 지출 내역이 많든 적든 간에 그 차이를 수용하는 훨씬 효과적인 방법입니다.

예측시 몇 가지 중요한 사항을 고려해야 합니다. 지출 패턴이 6개월 전과 다를 수 있는데 예측을 산정하는 데 근거로 활용한 기간은 얼마나 되는지, 사용 중인 비용 측정 기준은 어떻게 되는지, 예약 인스턴스 구매를 포함하면 생각되는지, 맞춤 요율에 맞게 조정되는지, 팀 간 조정이 중요하므로 이러한 비용 메트릭에 미리 합의해놓아야 합니다.

7.7 예산에 대한 팀 관리의 중요성

예산은 엄격한 제한이 있는 통제로 생각하기 쉽습니다. 그러나 예산은 혁신을 제한할 필요도 없고 그렇게 해서도 안 됩니다. 앞에서 언급했듯이 핀옵스는 돈을 절약하는 것이 아니라 돈을 버는 것입니다. 핀옵스에서 예산은 혁신을 막기보다는 혁신을 촉진하는 데 투자를 집중하는 것입니다.

비용 최적화에 대한 엔지니어링팀과의 초기 대화는 일반적으로 생산적이지 않습니다. 그들은 기존에 비용을 고려할 필요가 없었으며 더 많은 것을 제공하고 더 빨리 제공해야 한다는 지속적인 압박을 받고 있었습니다. 따라서 엔지니어링팀은 그들의 소중한 시간을 다른 사람의 일인 비용 최적화를 위해 써야 한다는 점에 대해 당연히 거부합니다.

핀옵스 실무자가 아키텍처팀과 함께 비용에 대한 조사 결과를 검토할 때 핀옵스 실무자는 종종 조언에 대해 반발하고 때로는 이미 시행된 내역에 대해서만 이야기 들을 수도 있습니다.

하지만 일반적으로 팀은 구체적인 비용 목표가 주어지면 목표를 달성하는 경향이 있습니다. 임원의 비용 절감 조언도 잘 반영합시다. 개발팀은 속도와 품질을 유지하면서 비용을 절감할 수 있는 방법을 적극적으로 요청하고 참여합니다. 팀은 명확한 목표를 가지고 있기 때문에 라이트 사이징이 이루어지게 됩니다. 그리고 비용 최적화에 대한 대화를 통해 그들이 같은 배를 탔다는 것을 느끼고 핀옵스 실무자가 어떻게 비즈니스를 도울 수 있을지에 대해 알 수 있게 됩니다. 이제 핀옵스가 리소스를 줄이는 것이 아니라 속도와 혁신을 가능하게 하는 것임을 이해하기 시작합니다.

많은 기술 유니콘 기업들에게 예산 책정은 욕먹기 쉬운 말입니다. 경쟁이 치열한 성장 시장에서 가능한 한 많은 시장 점유율을 끌어올리려는 노력을 방해하는 것은 필요악입니다. 유니콘 기업들은 더 큰 기능, 매력적인 콘텐츠, 데이터 기반 중심의 권장 사항을 제공하기 위해 끝없는 경쟁에 몰두하고 있습니다. 이때 예산 책정으로 인해 속도가 느려진다는 밑도 끝도 없는 근거 없는 이야기가 있습니다.

대부분의 기업에서 예산 책정은 프로젝트를 시작하는 데 꼭 필요한 단계입니다. 예산이 승인되기 전까지는 허가되지 않습니다. 그리고 클라우드는 예산 책정 프로세스를 크게 변화시켰습니다. 구매 과정에서 계획보다 더 많은 것을 지불하는 것을 막아 예산을 통제할 수 있었던 시대는 끝났습니다. 이제는 분산과 관리가 간단한 클라우드 지출 특성을 활용하여 규모에 상관없이 대부분의 조직은 퍼블릭 클라우드에서 정확하게 예산을 책정하기 위해 애쓰고 있습니다.

대부분의 경우와 마찬가지로 효과적인 예산 책정은 하나의 과정입니다. 조직에서 일반적으로 수행하는 4가지 예산 수준은 다음과 같습니다.

수준 1: 아무도 예산을 책정하지 않습니다.

잘 알려진 기술 유니콘 기업과의 최근 회의에서 클라우드 지출에 대한 예산을 어떻게 정의했는지 물었습니다. 담당자는 고개를 갸우뚱 한 뒤 "우리는 예산이 없습니다. 엔지니어를 구속하고 싶지 않습니다"라고 했습니다. 결국 이 회사는 원하는 수준보다 훨씬 더 많은 돈을 쓰고 있다는 것을 깨달았습니다. 이 회사는 향후 3년 동안 클라우드에서 지출할 금액을 계획했지만 클라우드 리소스를 직접 사용하는 개별 팀까지 실제 전달되지는 않았기 때문에 이미 사용량이 클라우드 공급 업체와 합의한 규모를 훨씬 초과했습니다.

수준 2: 작년에 했던 책정 수준을 유지하세요.

어떤 유명한 소매점의 예산 책정 프로세스는 회사가 전년도에 지출한 금액을 유지하는 수준처럼 간단했습니다. 겉으로는 타당해 보였지만 회사가 지출한 금액이 올바른지 분석하여 산출된 금액이 아닙니다. 정부에서 지출하는 것과 마찬가지로 내년 예산이 삭감되지 않도록 예산을 전부 사용하도록 장려함으로써 잘못된 인센티브를 만들었습니다.

출혈이 생기면 즉시 지혈하는 방식의 예산 책정은 실제로 급증하는 클라우드 지출을 중단시키는 데 상당히 효과적입니다. 그러나 비즈니스 목표를 고려한 의미 있는 비용 절감이나 지출은 아닙니다. 이는 설비투자비용이 많이 들었던 과거 데이터 센터 구매 과정에서의 예산 책정 방식과 유사합니다. 전체 보유 용량 대비 사용량 및 남은 용량을 살펴보며 투자가 이루어졌지만 사용 중인 제품의 실제 효율성에 대한 통찰력은 없었습니다.

수준 3: 비용 절감을 목표로 합니다.

비용 절감 목표는 지난 기간에 지출한 금액을 확인한 후 정해진 금액만큼 절감합니다. 이렇게 하면 팀에 적절한 인센티브를 제공할 수 있지만 일회성이 되기도 하며 어떠한 비즈니스 성과와도 큰 관련이 없습니다. 어떤 온라인 식료품점은 조직 전체의 지출을 줄이고 각 팀에 대해 20%의 비용 절감 목표를 설정했습니다. 이 목표는 각 팀에게 주어지는 가장 중요한 목표로 할당이 되기에 보통의 경우 달성됩니다. 결국 측정을 시작하면 절감률은 향상됩니다. 전원을 꺼도 되는 컴퓨터들이 실행 중이고, 사용되지 않은 스토리지가 주위에 있고, 리소스의 크기를 알맞게 조정할 수 있고, 예약 인스턴스를 구입할 수 있는 기회가 많았습니다.

수준 4: 단위 경제적 성과 지표

이제 기업은 클라우드 지출을 실제 비즈니스 성과와 연계하기 시작합니다. 비즈니스가 성장하고 있고 클라우드에서 확장하고 있다면 더 많은 돈을 쓰는 것이 반드시 나쁜 것만은 아닙니다. 특히 고객 서비스 비용을 알고 있으며 지속해서 비용을 절감하고 있는 경우에 더 그렇습니다.

지금까지 살펴본 것처럼 지출비용 지표를 사업적인 비즈니스 지표 간 연결하는 것이 핀옵스 전환에 도달하는 핵심 단계입니다. 개별 단가가 올라가는지 내려가고 있는지는 누구나 알 수 있지만 그 단가 변화의 배경은 모르기에 궁극적인 이유를 알 수 없습니다. 분산된 팀이 지출에 진정으로 영향을 줄 수 있게 하려면 사업 기반 원가 계산이 마지막 단계입니다. 이에 대해서는 19장에서 더 자세히 설명하겠습니다.

7.8 기고, 걷고, 뛰는 멋진 모습

높은 성과자가 되는 지름길은 없습니다. 조직에서 단련된 근육을 키우는 데에는 몇 년이 걸릴 것입니다. 물론 그 과정을 빠르게 하는 데 도움이 되는 일들을 할 수는 있지만 궁극적으로 일련의 학습 과정을 거쳐야 합니다. 조직 내에서의 이러한 교육과 문화 발전은 시간이 걸립니다. 실제로 높은 성과자로 바로 성장하고 싶은 욕심은 회사에 좋지 않은 영향을 끼칠 수 있습니다. 필연적으로 실수가 발생하여 예상치 못한 비용을 초래합니다.

[표 7-1]은 기고, 걷고, 뛰는 수명 주기에서 핵심 업무에 대한 다양한 수준의 숙련도를 보여줍니다. 정량적 데이터는 앱티오 클라우더빌리티의 데이터 세트에서 90억 달러 이상의 퍼블릭 클라우드 지출 데이터를 참고했고 정성적 데이터는 451 그룹[2]의 수백 명의 클라우드 소비자 대상 설문 조사에서 얻은 데이터를 참고했습니다.

표 7-1 퍼블릭 클라우드에서의 저성과, 중간성과, 고성과

	저성과	중간성과	고성과
클라우드 지출의 가시성 및 할당	공급 업체 송장에 의존 및 수작업	세부 데이터를 제한적으로 활용하여 부분적인 가시성을 확보하는 데 하루 이상 소요	모든 현재 및 과거 지출 데이터에 대해 1시간 이내 또는 거의 실시간에 가까운 가시성 확보
쇼백 또는 차지백	클라우드 지출에 대한 정확한 회계정보 제공 불가	팀에서 리소스를 사용하는 만큼 클라우드가 할당됨	실제 사용에 따른 클라우드 지출 비율을 이해할 수 있음

---

2 *https://oreil.ly/71tao*

	저성과	중간성과	고성과
팀 예산	팀에 예산 없음	팀에 예산 있음	팀 예산 책정 및 예산 대비 지출 측정
예약 인스턴스와 약정 사용 할인	예약하여 구매한 클라우드 서비스는 대략 0~20%	예약하여 구매한 클라우드 서비스는 대략 40~50%	예약하여 구매한 클라우드 서비스는 대략 80~100%
활용도가 낮은 서비스 확인 및 중단	몇 달마다 확인	주 단위로 확인	

고성과자들은 지출과 예측에 대한 복잡한 질문과 답변을 빨리할 수 있으며 배치 변경 시나리오에 대한 가정 분석을 수행하고 이러한 변화로 단위 경제에 미치는 영향을 이해할 수 있습니다. 클라우드 지출의 세부적인 가시성과 할당으로 인한 운영 지표를 최적화하는 데 필요한 작업을 알고 있습니다.

이와 같이 뛰어난 역량을 가지고 있다면 빠른 혁신 속도를 통해 기업의 경쟁력을 높이고 경영진과 팀은 비용과 매출원가를 더 잘 이해할 수 있으며 서비스 가격에 대한 통찰력을 높일 수 있습니다.

7.9 마치며

핀옵스 수명 주기 상 자연적으로 쉴 수 있는 상태는 정보 제공 단계입니다. 7장에서 클라우드 재무관리의 현재 상태를 이해했다면 다음 단계에서 최적화와 운영 개선을 수행하는 데 도움이 될 것입니다.

요약하자면 다음과 같습니다.

- 질문에 답하기 위해 재무 데이터를 중심으로 현 상황에 대한 근거를 마련하기 바랍니다.
- 데이터를 사용하여 지출을 모니터링하고 효율적인 최적화를 계획할 수 있습니다.
- 클라우드 지출이 예상한 것과 달라지는 문제를 조기에 감지하는 데 예측과 예산을 사용해야 합니다.

- 예산은 단위 경제적 성과 지표를 이용하면 편합니다.

- 기고, 걷고, 뛰는 모델이 중요합니다. 성숙해 질수록 클라우드에 대한 더 복잡한 질문에 대답할 수 있습니다.

질문을 확인해도 클라우드 비용을 그룹별로 나눌 수 있는 방안이 없으면 전체적인 질문에만 답변할 수 있습니다. 팀별 예산과 예측을 수행하려면 어떤 비용이 어떤 그룹에 속하는지 알 수 있어야 합니다. 그런 다음 각 팀을 벤치마킹하여 서로 비교할 수 있습니다. 이 방안이 바로 8장의 주제이며 지금부터 비용 할당 개념을 소개하겠습니다.

CHAPTER 8

할당하기

8장에서는 지출을 할당하기 전에 수행해야 할 전략적 결정에 대해 설명하겠습니다. 비용 할당은 조직 내 알맞은 사업부에 클라우드 비용을 할당하는 것인데 이러한 할당 내역을 전체 비즈니스에 보고하면 많은 이점이 있습니다.

8.1 할당이 중요한 이유

할당되지 않은 비용이나 유휴 비용을 남겨두지 않는 장점은 매우 큽니다. 우선 여러분은 누가 무엇을 쓰고 있는지 알고 있습니다. 일반적으로 '그 리소스는 저와 관련이 없습니다'로 갑자기 끝나게 되는 클라우드 비용의 책임 회피식 논의는 이제 사라집니다. 그러나 무엇보다도 가장 중요한 것은 각 팀의 예상 성장률을 회사 전체 지출과 비교하여 개별적으로 추세를 분석하고, 팀의 예산을 책정하여 팀의 목표 대비 성과를 파악할 수 있다는 점입니다.

일단 할당을 하고 나면 비용 이상 징후가 어디에서 발생하는지, 어떤 비즈니스 영역과 어떤 워크로드로 인해 발생했는지 알 수 있습니다. 리소스별로 어떤 워크로드가 활용이 되는지 알면 환경의 특성을 고려하여 지능적으로 최적화를 시작할 수 있습니다. 생산용인지, 개발용인지, CPU를 얼마나 확보하고 싶은지, CPU부터 시작해서 고려할 여러 리소스 요소가 많습니다. 한편 리소스를 사용하는 팀들은 월말에 재무팀이 자신들에게 청구하려는 비용에 대해 현실적이고 일상적인 공감대를 가질 수 있게 됩니다.

핀옵스 담당자는 각 팀에 예산의 책임을 부여하기 위해 단위 경제 관점으로 바라보아야 합니다. 중앙 핀옵스팀에서 여전히 할당을 수행하고 있더라도 차지백과 쇼백을 통해 가장자리에 있는 실제 리소스 사용 팀에게 책임을 부여하려고 할 것입니다. 중앙 핀옵스팀은 클라우드 사용 방법을 정의하는 일을 하게 됩니다.

미셸 알레산드리니Michele Alessandrini (YNAP의 클라우드 도입과 거버넌스 책임자)

할당을 통해 7장에서 제시된 클라우드 지출에 관한 비즈니스 질문에 대답할 수 있습니다. 실제로 비용 할당은 비즈니스 가치와 클라우드 지출 사이의 중요한 연결 고리입니다. 사람들이 자신의 행동과 그 행동이 미치는 영향에 대해 알게 되면 낭비가 없는 문화를 만들 수 있게 됩니다. 그리고 차지백과 쇼백은 책임감을 고취시키게 합니다.

정보 제공 단계가 최적화 단계의 필수 전제 조건이라는 것이 명확해졌으면 합니다. 그럼에도 불구하고 클라우드를 잘 모르는 사람들은 클라우드 환경에서 비용 할당에 대한 근거를 이해해야 하는 중요성과 복잡성을 무시하면서 클라우드 환경의 비용을 최적화하려는 경우가 너무 많습니다. 견고하게 계정을 연결하려는 전략이나 적절하게 태그를 지정하려는 전략만으로는 할당 문제를 해결할 수 없습니다. 부분적으로 할당한 값이 계속 바뀔 수 있기 때문입니다. 태그가 지정되지 않았거나 태그를 지정할 수 없는 리소스, 공유 비용, 보고 방법을 변경하는 것과 같은 일상적인 상황에서도 할당 전략은 무용지물이 됩니다. 제아무리 세심하게 고민하고 준비해도 마찬가지입니다.

또한 사람들은 더 복잡하게 만들려고 합니다. 각기 다른 방안을 원합니다. 재무 담당자는 지출이 어떻게 되고 있는지 제품 재고 관리 단위와 제품에 의미 있는 방식으로 비용을 연결할 수 있는 방법을 알고 싶어합니다. 엔지니어는 가변적인 소비와 일상적인 작업이 비용 청구서에 어떤 영향을 미치는지 신경을 씁니다. 어떤 엔지니어링 관리자는 여러 관점의 비용을 묶어서 전체 관점으로 요약하고자 합니다. 이러한 상황들이 많습니다. 따라서 전략을 세울 때 모든 사람들이 의미 있다고 생각하는 할당 구조를 만들 수 있도록 다양한 요구 사항과 관점을 염두에 두어야 합니다.

물론 비즈니스 지표도 잊지 말도록 합니다. 세워놓은 전략으로 팀은 비즈니스 지표와 지출을 연계하여 단위 경제성과 비즈니스 지출의 가치에 대해 이야기할 수 있어야 합니다.

8.2 차지백과 쇼백의 비교

핀옵스 재단 커뮤니티에서는 차지백이나 쇼백을 언제해야 하는지에 대해 지속적으로 이야기하고 있습니다. 때때로 차지백, 쇼백은 기업이 얼마나 성숙했는지 보여주는 역할을 합니다. 덜 성숙한 조직은 쇼백을 하고 더 성숙한 조직은 차지백을 합니다. 두 가지 접근 방식 모두 책임감을 느끼게 만들어주지만 이 둘 사이의 핵심 차이점을 살펴봐야 합니다. 차지백은 실제 발생한 비용이 개별 팀의 예산이나 손익에 다시 할당될 때 발생합니다. 쇼백은 팀에게 지출한 내역을 보여줄 때 발생하고 비용은 중앙 예산에서 내부적으로 할당됩니다.

그동안 살펴본 가장 좋은 방법은 이머지Emergy 블로그의 배리 휘틀Barry Whittle의 글[1]에서 찾을 수 있습니다. 이머지 블로그는 앱티오의 리더십 사고 자산이자 기술경영관리의 원조 격으로 유명합니다.

> 쇼백은 분석하기 위해 책상에 청구서를 남깁니다. 한편 차지백은 동일한 청구서를 남기지만 지불을 해야 합니다.
>
> 배리 휘틀(앱티오의 마케팅 커뮤니케이션 작가)

실제로는 쇼백과 차지백의 선택은 조직의 성숙도보다는 조직의 구조에 의해 더 영향을 받습니다. 기업은 부서별 손익을 지향하거나 지향하지 않는 조직으로 인해 종종 쇼백을 선택하거나 차지백을 선택하게 됩니다. 예를 들어 재무팀장이나 최고 재무 책임자는 기업의 여러 부분에 걸친 손익의 개념에 반대할 수도 있고 비즈니스의 특정 부분을 이해하지 않으려 할 수도 있습니다. 이런 경우 조직은 쇼백에 의존하고 전체 차지백은 하지 않게 될 겁니다.

8.2.1 목적에 맞는 모델 조합

최근 핀옵스 재단과의 통화 중에 비즈니스 운영 관리자이자 5년차 핀옵스 베테랑인 앨리 앤더슨은 회사가 차지백과 쇼백을 조합하여 사용한다고 말했습니다. 이 회사는 고객이 직접 사용하는 서비스로서의 소프트웨어software as a service (SaaS) 워크로드인 경우 예산을 중앙에서 관리하는 동시에 쇼백을 지출합니다. 특정 연구 개발용 워크로드인 경우 특정 팀의 손익에 대한 비용을 청구합니다.

---

1 *https://oreil.ly/fu73M*

앤더슨은 팀 간에 지출을 할당하는 것이 지속적이고 복잡한 특성이 있다고 확인했습니다. 그녀는 각 팀의 수십 개의 계정을 비즈니스에서 보고해야 하는 관련 제품과 코스트 센터를 비교하여 연결했습니다. 하지만 대규모 조직 개편이 있다면 그녀는 각 팀이 클라우드 리소스를 모두 분해하고 새로운 조직 구조에 맞게 다른 계정으로 재구성해야 한다고 말했습니다. 이 작업은 올바른 핀옵스 업무에 있어서 중요한 단계입니다. 기존의 클라우드 리소스 사용량을 적절한 팀이나 부사장급 단위로 재구성해야 합니다.

이 일들은 많은 핀옵스팀이 직면하는 일반적인 과제입니다. 엔지니어가 리소스에 태그를 지정하는 방식이 비즈니스에서 클라우드 지출을 보고하는 방식과 반드시 일치하지는 않습니다. 그리고 클라우드 지출 항목에 맞는 적절한 코스트 센터나 제품과 일치하도록 지출을 재조정해야 하는 경우가 종종 있습니다.

앤더슨은 할당을 보장하기 위해 끊임없이 노력하는 자신의 접근 방식을 공유했으며 이는 다른 기업에서 보았던 사례와도 유사합니다.

계정 이름 account name

새 계정에 대한 요청이 있을 때마다 지원할 제품을 위한 계정 이름을 지어야 합니다. 만약 환경을 특정지을 수 있다면 환경도 이름에 반영되어야 합니다. 핀옵스 실무자인 앤더슨은 이 프로세스가 지켜질 수 있도록 중앙 검문소 역할을 합니다. 계정에 대한 모든 요청은 그녀를 거쳐야 합니다. AWS에서는 연결된 계정 형태로 보입니다. GCP에서는 프로젝트나 폴더 형태로 볼 수 있습니다.

태그 지정 tagging

회사의 모든 기존 계정이 새로운 계정 명명 규칙에 따라 만들어진 것은 아니기 때문에 앨리 앤더슨은 태그를 많이 사용합니다. 특히 기존의 멀티테넌트multitenant[2] 계정이 그렇습니다. 기본적으로 태그의 핵심은 부서로 하며 각 부서가 해당 계정에서 지출하는 것을 구분하는 데 도움이 됩니다. 기존 멀티테넌트 계정에서는 사전 예방적인 다양한 수준으로써 해당 태그를 모든 리소스에 적용해야 합니다. 그러나 모든 지출에 태그를 지정할 수 있는 것은 아니며 모든 최종 사용자가 규칙을 준수할 수 있는 것도 아닙니다. 따라서 여전히 태그가 없는 지출의 상당 부분이 보

---

2 옮긴이_ 멀티테넌트는 여러 사용자라는 의미입니다. 멀티테넌트 계정이라면 여러 사용자가 하나의 계정을 같이 공유해서 쓰는 계정입니다. 요즈음 넷플릭스 서비스에서 지인과 계정을 공유하여 각자의 프로필로 영상을 보는 것과 같은 의미로 이해하시면 됩니다.

고되는 경우가 종종 있습니다.

계정 간 회사 비용 공유

앤더슨은 클라우드 환경에서 중앙 비용을 할당하는 방법에 대한 일반적인 문제에 대해서도 언급했습니다. 그녀는 경영진 보고시에 규모에 따른 할인, 엔터프라이즈 지원, 예약 인스턴스 선불 상각과 같은 비용을 나누고 분산시킵니다.

초기에는 멀티테넌트 계정 접근 방식을 사용했을 때 태그 적용 범위가 좋지 않아 대부분의 지출이 태깅되지 않았습니다. 그래서 앤더슨은 시간이 지남에 따라 태그가 지정되지 않은 지출에 대한 지출의 비율을 줄이는 데 집중했습니다. 계정 하나씩 따져보면서 특정 제품을 담당하는 팀 리더에게는 해당 제품을 구성하는 클라우드 서비스에 대한 세부적인 의견을 제공했습니다. 이제 거의 실시간에 가까운 보고가 이루어져서 월별 및 분기별 지출에 대한 가시성이 좋아졌습니다. 이는 할당 격차를 줄이는 데 도움이 되었습니다.

핀옵스의 일반적인 성숙도 곡선에 따라 앤더슨은 클라우드 사용 규모에 따른 대량 구매 할인, 엔터프라이즈 지원 비용, 예약 인스턴스 상각과 같은 선불금을 최종 팀이 받는 보고서에는 안 보이게 했습니다. 몇 년에 걸쳐 앤더슨은 기는 단계를 벗어나 성숙해졌으며 그녀의 팀은 지출 보고에 이러한 비용을 점점 더 많이 포함시켰습니다. 이제 그녀의 팀은 적절하게 조정된 가격을 보고 있습니다. 그들은 실제 비용을 정확하게 파악할 수 있도록 상각량과 정확한 사용 규모 비율을 수치화했고 이 덕분에 완전히 조정된 지출을 볼 수 있게 되었습니다.

8.3 쇼백 모델의 효과

쇼백에 있어서 중요한 것은 비용을 명확하게 연결하여 팀원들이 지출한 금액을 파악하는 것입니다. 앤더슨은 각 팀에게 예상 지출에 대한 실제 지출을 보여줍니다. 여기에는 두 팀 간의 차이와 예산 대비 지출 비교 같은 것들이 포함됩니다. 그녀는 이를 월별 및 분기별로 모두 수행할 뿐만 아니라 비용 동인과 이상 징후에 대해 더 세밀하게 정기적으로 보고합니다.

CTO는 각 엔지니어링 부사장과 함께 지출 내역을 보기 위해 매월 운영 검토 시간을 갖습니다.

눈에 띄는 차이가 없다면 이러한 회의는 꽤 짧은 편입니다. 만약 차이가 있다면 그 차이가 클수록 더 집중적으로 접근해야 합니다. 앤더슨은 실시간 핀옵스 프로세스를 통해 예산을 초과하는지 부사장에게 가능한 빨리 알려줍니다.

차이가 생기면 앤더슨은 차이를 일으킨 문제와 비용에 대한 원인을 신속하게 강조합니다. 이후 부사장은 팀에 지시하여 월별 운영 검토를 기다리지 않고 수정 사항을 반영할 수 있습니다. 이는 각 팀이 폐쇄적이지 않도록 하고 실시간 의사결정을 할 수 있는 좋은 예입니다.

8.4 차지백과 쇼백의 고려 사항

차지백과 쇼백을 수행하는 방법에는 비용 직접 전달, 추가 수익 회수, 관리 비용에 부담 등 여러 가지가 있습니다.

실제 비용 청구

가장 일반적인 방법이며 클라우드 우선 조직에 권장됩니다. 다른 회계 장부는 필요 없고 모든 사람이 동일한 숫자와 목표를 중심으로 같은 입장이 됩니다. 차지백은 해당 기간에 팀이 발생시킨 실제 비용을 보여주기 위해 완전히 상각되고, 맞춤화된 요율로 조정되고, 다른 비용과 섞지 않고 순수한 개별 비용으로 보여줍니다. 가장 성숙한 조직은 지원 비용과 같은 공유 비용도 분할합니다.

예약 인스턴스를 중앙집중화하고 절감액의 일부를 유지

이 접근 방식으로 중앙팀은 자체적으로 자금을 조달할 수 있으며 절감 효과를 팀과 공유할 수 있습니다. 그러나 예약 인스턴스 구매에 대한 통제권을 포기하면서 모든 절감액에 접근할 수 없는 팀으로부터 반발을 일으킬 수 있습니다.

협상 할인을 중앙집중화하고 절감액의 일부를 유지

클라우드 제공 업체와의 맞춤형 협상 할인에서는 일반적으로 지출을 높일수록 할인의 폭이 증가합니다. 중앙팀이 얻을 수 있는 규모의 경제는 개별 사업부가 달성할 수 없는 수준에서 가능한 최고의 할인율을 가능하게 합니다. 때로는 이러한 요율도 매우 기밀로 유지되기 때문에 조직 내에서 이를 광범위하게 공유하지 않으려는 경우가 있습니다. 이러한 모든 이유 때문에 일부 회사는 협상된 요율 절감액의 일부나 전부를 유지하여 중앙팀의 관리에 필요한 자금을 지원합니다. 가끔씩 있는 일로 성숙한 핀옵스 실무자들은 이러한 접근 방식을 투명하지 않다고 평가합니다.

8.5 공유 비용 분산

모든 조직은 IT 비용을 공유했으며 이러한 비용은 여러 비즈니스 부서에 걸쳐 있습니다. 조직에서 퍼블릭 클라우드 리소스 채택이 증가함에 따라 특정 비즈니스 소유자에게 공유 클라우드 리소스를 할당하고, 그에 따라 비용을 적절하고 공정하게 할당하는 방법을 이해하고, 향후 사업부 단위 예산을 실제로 예측하는 일이 점점 어려워지고 있습니다.

지원 비용은 이러한 공유 비용 분산 문제의 일반적인 예입니다. 클라우드 공급 업체의 지원 비용은 일반적으로 상위 계정 수준에서 적용됩니다. 일부 조직은 이 비용을 중앙 IT 및 클라우드팀의 예산으로 충당하기로 결정하지만 이런 접근이 일반적인 방식은 아닙니다. 더 일반적으로는 중앙 IT 및 클라우드팀이 지원 조직(코스트 센터)으로 간주되므로 비용을 사업부나 애플리케이션 소유자 등 클라우드 고객에게 할당하는 것입니다.

현재 시스템 구조에서는 공유 플랫폼 사용이 증가하여 더 많은 공유 비용이 늘어나고 있습니다. 이러한 플랫폼에는 공통적으로 공유하고 있는 S3 버킷[3]에 내장된 데이터 레이크$^{\text{data lake}}$나 공유 클러스터에서 실행되는 쿠버네티스 시스템과 같이 동일한 핵심 리소스를 사용하는 여러 팀이 있습니다. 언뜻 보기에 이러한 플랫폼에 대한 차지백과 쇼백은 불가능해 보일 수 있지만 적절하게 태그를 지정하고 공유 비용을 올바르게 분할하면 됩니다.

일반적으로 다음과 같이 공유 비용을 분할하는 세 가지 방법이 있습니다.

비례적
직접 비용의 상대적 비율에 기반

---

3 옮긴이_ S3는 아마존의 심플 스토리지 서비스(Simple Storage Service)의 약자로 객체 스토리지입니다. 파일 하나하나는 객체이고 이 객체를 담는 디렉토리와 같은 개념이 버킷입니다.

균등 분할

총 금액을 대상 전체에 골고루 배분

고정적

사용자가 정의한 계수 비율(계수의 합은 100%가 되어야 합니다)

성숙한 조직은 직접 비용에 따라 사업부 간에 공유 비용을 비례적으로 분배하는 경향이 있습니다. 예를 들어 보겠습니다. [표 8-1]은 특정 달에 조직의 각 사업부가 소비한 비용과 각 조직에 10,000달러의 엔터프라이즈 지원 비용을 어떻게 부과했는지 보여줍니다.

표 8-1 중앙집중식 지원 비용의 비용 할당 예시

사업부 단위	비용	전체 중 비율(엔터프라이즈 지원 제외)
영업 활동	5만 달러	50%
엔지니어링-검증	3만 달러	30%
엔지니어링	2만 달러	20%
엔터프라이즈 지원 비용	1만 달러	
합계	11만 달러	100%

엔터프라이즈 지원 비용을 공유하지 않으면 다음을 확인할 수 있습니다.

- 영업 활동 비용은 총 50,000달러입니다.

- 엔지니어링-검증 비용은 총 30,000달러입니다.

- 엔지니어링 비용은 총 20,000달러입니다.

- 10,000달러의 엔터프라이즈 지원 비용은 각 팀별로 분배되지 않으며 중앙 예산에 할당되어야 합니다.

비례적 공유 방법인 [표 8-2]에서는 엔터프라이즈 지원 비용(10,000달러)이 사업부별 원 지출 비율을 기준으로 분배됩니다.

표 8-2 상각된 지원 비용의 비용 할당 예시

사업부 단위	비용	전체 중 비율(엔터프라이즈 지원 제외)
영업 활동	5.5만 달러	50%
엔지니어링-검증	3.3만 달러	30%
엔지니어링	2.2만 달러	20%
합계	11만 달러	100%

- 엔터프라이즈 지원 요금을 분담하면 다음과 같이 확인할 수 있습니다.

- 영업 활동은 총 55,000달러 (직접 비용 50,000달러 + 지원 비용 할당 5,000달러)에 대해 부담하게 됩니다.

- 엔지니어링-검증은 총 33,000달러(직접 비용 30,000달러 + 지원 비용 할당 3,000달러)에 대해 부담하게 됩니다.

- 엔지니어링 비용은 총 22,000달러(직접 비용 20,000달러 + 지원 비용 할당 2,000달러)에 대해 부담하게 됩니다.

- 엔터프라이즈 지원 비용이 분산되어 중앙 예산에 영향을 미치지 않습니다.

8.6 할부 상각: 발생주의 회계

4장에서 살펴본 수익비용대응의 원칙을 기억해봅시다. 비용은 클라우드 공급 업체가 송장을 청구한 시기가 아니라 반드시 해당 가치를 받게된 시기에 비용을 청구해야 한다고 명시하고 있습니다.

여기서 고려해야 할 회계 원칙은 현금주의[4]로 보고할 것인지 아니면 발생주의[5]로 보고할 것인지 여부입니다. 전자는 발생한 시기에 지출을 보고한다는 의미이고 후자는 이익이 실현된 시기

---

4 옮긴이_ 현금주의는 회계 용어로 현금의 수입과 지출에 의해 수익과 비용이 인식되는 개념입니다. 현금이 들어오면 수익으로 인식하고 현금이 나가면 비용으로 인식합니다.

5 옮긴이_ 발생주의는 회계 용어로 현금의 직접적인 거래와 관계없이 수익은 실현되었을 때 인식되고 비용은 발생되었을 때 인식되는 개념입니다.

에 지출을 보고한다는 의미입니다. 이는 예약 인스턴스 사용시 초기 비용의 일부를 이체해야 하는 특정 예약 인스턴스와 같은 청구 구성에도 적용됩니다.

이러한 이월이나 상각은 온프레미스 세계에서 많은 사람들이 알고 있는 하드웨어 감가상각 개념과 동등한 개념입니다. 그러나 여기에서는 무형 자산에 적용되는 것이 특이점입니다. 사용 시점과 장소에 대한 초기 비용을 상각하지 않으면 실시간 지출 데이터와 관련하여 혼란과 의심이 생기게 됩니다. 운영자는 자신이 소비하는 것보다 적은 비용을 지출한다고 생각하게 됩니다. 그리고 나중에 회계팀으로부터 차지백 하기 전 상각을 적용한 더 큰 송장을 받게 되면 종종 당혹스럽게 됩니다.

[그림 8-1]에서 하단의 현금주의 그래프에서는 상각을 적용하지 않으면 지출이 어떻게 울퉁불퉁하게 보일 수 있는지 보여줍니다. 상단의 발생주의 그래프에서는 비용이 상각되면 지출 추세가 어떻게 더 명확해지는지 보여줍니다.

간단한 예를 통해 상각과 그에 따른 절감액을 계산하는 방법을 살펴보겠습니다.

- 리소스의 주문형 요금은 시간당 0.10달러입니다.
- 예약 비용은 초기에 200달러가 필요하고 사용 시 시간당 0.05달러입니다.
- 상각된 요금은 200달러이며 24시간 365일로 나누고 시간당 0.05달러를 더한 값입니다.

$$200 \,/\, (365 \times 24) + (0.05) = 0.073달러$$

- 절감액은 주문형 시간당 요금에서 상각 요금을 뺀 값입니다.

$$0.10 - 0.073 = 시간당\ 0.027달러(27\%\ 절약)$$

회사는 특정 시점에 수백 또는 수천 개의 예약 인스턴스를 보유할 수 있습니다. 이로 인해 모든 활성 예약을 추적하기가 상당히 어렵습니다. 각 예약에는 일반적으로 특정 시작 날짜와 종료 날짜가 있는 고유한 예약이 있습니다. 또한 예약 인스턴스를 일련의 새로운 예약 인스턴스들로 수정할 수 있으므로 원래의 고정된 가격을 새롭게 필요한 모든 예약 인스턴스에 적절하게 분배해야 합니다.

예측, 차지백, 이상 징후를 비롯하여 팀에서 가지고 있는 다양한 모든 지출 데이터들에 상각이 반영되는 것이 좋습니다. 비용 보고와 분석이 예측, 이상 징후와 같은 고급 기능과 일치하지 않으면 데이터 혼동이 발생할 수 있습니다. 그리고 몇 번 언급했듯이 데이터 혼동은 적으면 적을수록 좋습니다.

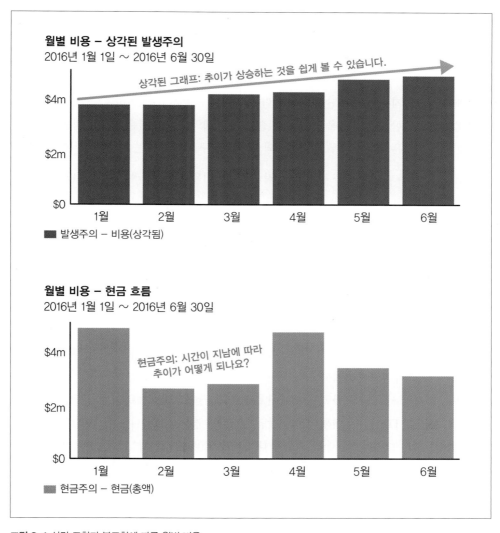

그림 8-1 상각 포함과 불포함에 따른 월별 비용

8.7 회계를 통한 영업권, 감사 대처 능력 생성

우수한 태그 지정 전략을 활용하면 전체 비용 할당과 책임 범위를 넘어 감사도 가능해진다는 추가적인 이점이 있습니다. 감사 대처 능력을 태그의 추가 보너스로 사용하면 할당 전략을 추진할 때 재무팀으로부터 많은 지원을 받을 수 있습니다.

> 회계 업무의 큰 부분은 지출한 모든 돈을 감사하고 추적할 수 있도록 하는 것입니다. 더 많은 리소스에 올바르게 태그될수록 더 많은 클라우드 비용을 감사할 수 있습니다.
>
> 다레크 가예브스키Darek Gajewksi (앤서스트리Ancestry의 핵심 인프라 분석가)

이 정도로 충분하지 않으면 탄탄한 태그 전략을 통해 더 풍부하고, 정확하며, 세분화된 데이터를 활용하여 정확한 예측 모델을 만들 수 있습니다. 회계의 주요 역할은 미래의 비용을 예측하는 것이므로 태깅은 운영과 재무 간에 신뢰와 영업권을 구축하는 데 큰 도움이 됩니다.

이 모든 것을 통해 비용 부담을 줄이고 더 적극적으로 비용을 절감하려는 의지가 많은 팀이 생겨납니다.

8.8 TBM 분류법을 통해 클라우드 그 이상으로

코스트 센터 및 객체 코드와 같은 자체 재무 구조에 대한 지출을 매핑하면 이점을 얻을 수 있습니다. 그러나 비즈니스 파트너에게 의미가 있는 관점에서 지출 데이터를 벤치마킹하고 통합하는 데 사용할 수 있는 일관된 분류법으로 다시 연결하는 것도 고려해야 합니다. 재무팀은 특정 클라우드 서비스가 비즈니스에서 어떻게 사용되었는지에 대한 세부 정보가 항상 필요한 것은 아닙니다. 하지만 서로 다른 팀 간에 일관된 관점을 제공하고 업계 동료를 벤치마킹 하기 위해 적절한 비용 풀과 IT 타워에 대해 지출을 할당해야 하는 경우가 많습니다. 또한 CIO는 적절한 매핑 없이는 하기 어려운 클라우드 지출에 대해 내부 소비자에게 책임을 묻고자 하는 경우가 많습니다. 게다가 인프라 리더는 온프레미스 기술을 퍼블릭 클라우드 서비스와 비교해야 하는데 일반적으로 용어와 정의를 이해하지 못하면 실망스러운 프로세스입니다.

포춘 선정 100대 기업[6]의 50%에 달하는 많은 대기업들이 TBMTechnology Business Management 분류법을 사용하여 광범위한 IT 지출에서 문제를 해결합니다. TBM과 핀옵스 사이에서는 많은 유사

---

6 *https://oreil.ly/1Kt5R*

점이 있지만 데이터에 대한 관점도 다릅니다.

TBM 분류 체계[7]는 다양한 유형의 IT 비용을 광범위하고 표준화된 계층 구조로 분류하고 구성합니다. 또한 이 방법은 비용 동인과 소비를 설명하는 공통 용어를 제공하며 모든 IT 지출을 비즈니스 가치와 연계시킬 수 있습니다. 단순히 지출을 분류하는 방법 이상인 TBM 분류 체계의 일관된 구조 덕분에 기술 지출의 내부와 외부 비교가 가능하게 됩니다. 보고 방식을 표준화하여 데이터 센터 지출을 퍼블릭 및 프라이빗 클라우드 지출에 맞출 수 있습니다. 더불어 이러한 일관성을 통해 각기 다양한 기술들의 벤치마크 비교와 유사한 산업의 다른 회사들과도 비교가 쉬워집니다.

TBM 분류를 한 [그림 8-2]은 보고 비용과 관련 비즈니스 지표에 대한 표준화된 계층 구조를 제공합니다.

그림 8-2 TBM 분류 체계

---

7 `https://oreil.ly/5pQok`

TBM 분류 체계는 4가지 계층(비용 풀, IT 타워, 애플리케이션, 서비스, 비즈니스 단위나 기능)으로 비즈니스의 각기 다른 데이터에 대한 세 가지 관점을 지원합니다. 앞서 논의한 바와 같이 회사는 그동안 다른 관점과 공감대를 갖으며 지출 데이터를 알 수 있기를 원했습니다.

재무 관점에서 이 모델에서는 조직 전체의 총계정원장general ledger (GL)[8] 데이터와 추가 비용 데이터를 모두 확인할 수 있습니다. 또한 고정 지출 대비 변동 지출뿐만 아니라 설비투자비용과 운영비용을 구분하는 데에도 도움이 됩니다. 모든 IT 지출을 [그림 8-3]에 나와있는 9가지 표준 비용 풀(하드웨어, 소프트웨어, 내부 인건비, 외부 인건비 등)로 구분할 수도 있습니다. 이를 통해 재무팀이 비용을 할당하고 내부 팀, 프로젝트, 기타 비용 동인을 쉽게 비교할 수 있습니다.

IT의 관점에서 이 모델에서는 비용 풀의 지출을 IT 타워라고 하는 일반적인 기능(예를 들어 서버 컴퓨팅, 스토리지, 애플리케이션 개발, 애플리케이션 지원, IT 관리)으로 매핑합니다. 많은 기업들이 보통 이러한 IT 타워를 갖기에 클라우드든 내부든 IT 부서는 모든 IT 지출들에 대해 효율성을 평가하고 벤치마킹할 수 있습니다. 또한 시간이 지남에 따라 단가를 모니터링하고 개선 목표를 설정하여 공급 측면에서 매우 효율적으로 관리할 수 있습니다.

비즈니스 관점에서 이 모델에서는 IT 타워의 지출비용을 표준화된 제품이나 서비스로 매핑합니다. 즉 고유한 비즈니스 기능을 나타내거나 어떤 사업부에서 비용을 소비하는지 보여줍니다. 예를 들어 IT는 애플리케이션 호스팅, 데이터웨어 하우스, 네트워크 스토리지와 같은 인프라 기반 서비스를 제공할 수 있습니다. 또한 고객 관계 관리, 재무관리, 제품 엔지니어링과 같은 애플리케이션 기반 서비스가 있을 수 있습니다. TBM 분류 체계를 사용하면 이러한 유형의 제품이나 서비스에 적절하게 매핑할 수 있습니다. TBM 분류 체계 상의 용어들은 비즈니스 애플리케이션 소유자나 개별 비즈니스 관리자와 같이 비즈니스를 활용하는 사람들에게 딱 맞게 적용됩니다.

가장 중요한 것은 TBM 분류 체계에는 표준 모델에서 미리 정의된 메트릭과 KPI(핵심 성과 지표)가 있기에 회사는 클라우드 지출(사실상 모든 유형의 IT 지출)이 비즈니스 가치와 어떻게 연결되는지에 대한 대화를 나눌 수 있게 되었다는 점입니다. 또한 다양한 팀과 지출 방식을 통해 벤치마킹을 가속화할 수 있습니다.

---

8 옮긴이_ 총계정원장이란 기업을 운영하는 동안 이루어지는 모든 재정적 거래의 마스터 레코드를 의미합니다.

8.9 지출 패닉의 한계점

흔히 그렇듯이 클라우드를 활용하고 있는 여러 팀은 리더의 관심을 끌만큼 높은 비용을 지출하기 전까지는 거의 비용을 신경 쓰지 않습니다. 차지백에 대한 푸시백이 종종 존재하고 초기에는 어느 정도는 쇼백까지도 요구하지만 쇼백과 차지백 없이 운영하면 누가 어떻게 소비하는지 알 수 없습니다.

[그림 8-3]은 지출액이 경영진의 관심을 끌 때까지 비용 관리가 레이더에 잡히지 않는 클라우드 로의 과정을 보여줍니다.

일반적인 클라우드 성숙도 곡선은 조직이 클라우드 지출에 관심을 기울이는 시점을 보여줍니다. 예시 그래프는 특정한 시점의 정점까지 도달합니다. 지출이 눈에 보이지 않았던 임계값을 넘어서고 경영진이 실제로 관심을 갖기 시작하는 순간입니다. 어떤 조직의 경우 그 임계값이 한 달에 백만 달러가 될 수 있지만 다른 조직의 경우 한 달에 천만 달러가 될 수도 있습니다. 조직마다 금액은 다르지만 결과는 같습니다. 이제 기술 조직은 갑자기 클라우드 지출을 걱정하고 최적화하려고 합니다.

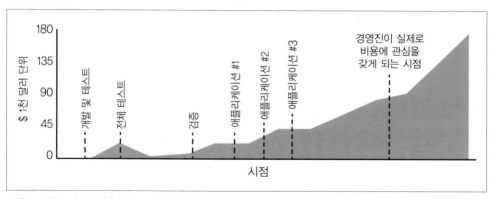

그림 8-3 주요 시점별 비용 증가

앨리 앤더슨도 자신의 조직에 대해 비슷한 이야기를 했습니다. 지출에 대한 패닉이 발생하여 책임을 물은 적이 세 번 정도 있었다고 합니다.

첫 번째 질문에 대한 답변이 필요했습니다. 이것은 팀에게 그들이 지출하고 있는 것을 보여주는 아이디어로 재정적인 도움을 얻었습니다. 하지만 다시 지출이 증가하면서 '셰임백shameback'의 기간이 돌아왔습니다. 클라우드 비용을 늘리고 있는 팀에 경고가 들어 왔습니다. 잠시 동안 쇼백이 이루어 졌습니다. 이후 다른 임계치가 넘어서 지출을 줄이도록 시도하는 또 다른 쇼백이 발생했습니다. 세 번째의 지출 패닉에 이르러서야 정신을 차리게 됩니다. 만약 사업이 성장하고 있다면 계속 증가 하는 비용이 반드시 나쁜 것만은 아닙니다.

이 시점에서 앤더슨과 그녀의 조직은 다음과 같이 질문을 바꾸기 시작했습니다. '우리는 가능 한 한 효율적으로 지출하고 있나요'라고 질문합니다. 앤더슨은 이런 질문은 비용 절감 목표를 강요하는 대신 '어떻게 최적화할지?'로 관점을 바꿀 수 있다고 설명했습니다.

이러한 대화는 핀옵스의 기고, 걷고, 뛰는 프로세스를 반복하면서 수년간 발전해 온 할당 전략 덕분에 가능했습니다.

지출 패닉은 일어날 수 있습니다. 다만 지출 패턴을 확인할 수 있는 자동화된 시스템이 있고 지 출이 너무 많이 증가할 것으로 예상되는 대략적인 날짜가 있다면 클라우드 혁신센터에서는 사 전 예방적인 조치를 취할 수 있습니다. 또한 향후 불가피한 경영진 조사에 대비할 수 있습니다. 클라우드 관리 매트릭스Cloud Controls Matrix(CCM)[9]나 방어 가능한 비용 할당이 없으면 충분히 피 할 수 있는 비즈니스 리더와의 갈등이 갑자기 생길 것입니다. 확장 가능하고 쉽게 업데이트할 수 있는 할당 전략을 통해 몸과 마음의 건강을 지키기 바랍니다.

8.10 마치며

할당 전략은 회사마다 다르지만 핀옵스 수명 주기의 중요한 구성 요소입니다. 이를 통해 7장에 서 제기된 질문에 답할 수 있는 적절한 포인트에 집중할 수 있습니다.

요약하자면 다음과 같습니다.

- 차지백과 쇼백은 책임감을 높입니다.
- 차지백은 가장 발전한 모델이지만 모든 회사에 적합하지는 않습니다. 종종 쇼백으로 시작 한 다음 차지백으로 전환하기 위한 조직적인 지원을 받는 것이 가장 좋습니다.

---

9 옮긴이_ CCM은 클라우드 시큐리티 얼라이언스(Cloud Security Alliance)에서 개발한 것으로 대표적인 클라우드 서비스 보안 관련 가이드라인입니다. *https://cloudsecurityalliance.org/research/working-groups/cloud-controls-matrix/*

- 지원 비용, 할부 상환 비용, 할당되지 않은 비용과 같은 공유 비용의 요소들을 모델에 고려해야 합니다.

- 쇼백이나 차지백 모델은 태그 지정과 감사 대처 능력을 개선하는 데 도움이 될 수 있습니다.

- 지출 패닉의 최고점까지 도달하기 전에 모델을 준비하면 경영진이 질문하는 비용 지출에 대해 답변할 수 있습니다.

그동안 할당의 '이유'에 대해 살펴봤으므로 이제 '어떻게'를 살펴보겠습니다. 9장에서는 엔터프라이즈에서 태그 지정과 계정 구조를 만들어가기 위한 구체적인 전술과 전략에 대해 살펴보겠습니다.

CHAPTER 9

태그, 라벨, 계정

8장에서는 클라우드 재무관리에 비용 할당이 중요한 이유를 살펴보았습니다. 태그를 활용하든, 연결된 계정을 이용하든, 폴더로 구분하든, 레이블을 통해 구분되든 클라우드 재무관리에는 비용 할당이 필수적입니다. 일관된 할당 전략이 없으면 많은 비용 풀에 대해서 구체적으로 비용을 분할하거나 어느 팀에 어떤 비용이 속하는지를 파악할 수 있는 방법이 없습니다.

태그, 레이블, 계정은 많은 이점이 있지만 특히 비용 할당을 위해 청구 데이터에 비즈니스 관련 데이터와 참고 자료들을 추가할 수 있다는 점입니다. 9장에서는 비용을 할당하는 두 가지 주요 방법인 계층적인 계정 분리와 태그 지정에 대해 다룹니다. 각 방법이 비용 할당에 어떻게 기여하는지 살펴보고 지금까지 알아본 몇 가지 성공적인 전략에 대해서도 살펴보겠습니다.

> **NOTE_** 각 클라우드 제공 업체는 유사한 개념에 대해 서로 다른 용어를 사용합니다. 9장에서는 교통정리 차원에서 계층 구조를 '계정'으로, 키와 값 쌍을 '태그'라고 하겠습니다. 그래서 '태그'라고 지칭하면 GCP의 '라벨'을 나타낸다고 생각하시면 됩니다. '계정'이라고 언급할 때 GCP에서는 '프로젝트와 폴더'가 되고 애저에서는 '구독'을 나타낸다고 생각하시면 됩니다.

9.1 태그와 계층 기반 접근 방식을 사용한 비용 할당

앞서 논의한 바와 같이 클라우드 서비스 제공 업체는 지출 내역을 자세히 설명하는 세부 청구서를 줄 것입니다. 환경에 따라 차이는 있겠지만 수백만이나 수십억 행에 이를 수도 있습니다. 청구서에는 한 달 동안 사용한 모든 리소스에 관련된 클라우드 리소스, 실행 위치, 사용량, 요금에 대한 세부 정보가 포함됩니다.

이 모든 세부 사항에서 누락된 것은 리소스에 대한 비즈니스 논리입니다. 즉 리소스를 소유한 사람, 비용을 지불해야 하는 사람, 리소스를 활용하는 비즈니스 서비스, 그 외 기타 여러 가지 사항들입니다. 물론 클라우드 서비스 제공 업체는 이런 세부 사항을 청구서에 추가할 수는 없습니다. 이 모든 사항은 고객마다 다르기 때문입니다. 따라서 태그를 사용해야 합니다. 태그를 사용하면 비즈니스 컨텍스트 세부 정보를 특정 리소스에 할당한 다음 해당 정보를 분석하여 회사별로 필요한 정보에 대해 이야기할 수 있습니다.

재무팀, 운영팀, 엔지니어링팀, 경영전략팀 등 회사의 모든 팀은 클라우드 사용량 데이터로부터 통찰력을 얻을 수 있습니다. 재무 부서에서는 이 데이터를 사용하여 차지백과 쇼백을 올바른 사업부에 적용할 수 있습니다. 운영 부서에서는 예산 추적과 용량 계획을 위해 클라우드 지출을 세분화할 수 있습니다. 엔지니어링 부서에서는 개발에서 사용하는 비용과 상용 운용에서 사용하는 비용을 분리할 수 있습니다. 또한 경영진은 데이터를 사용하여 어떤 비즈니스 활동이 비용을 유발하는지 파악할 수 있습니다.

핀옵스를 성공적으로 안착시킬 수 있는 비결은 이러한 할당 전략을 수립하고 조기에 일관성 있게 수행하는 것입니다. 그렇게 하려면 팀 간 가시성을 확보해야 합니다. 다행히도 사용 중인 클라우드 공급 업체에 따라 다양한 도구를 활용할 수 있습니다. 모든 클라우드 공급 업체는 리소스에 적용할 수 있는 키와 값이 쌍으로 되어 있는 태그나 레이블, 리소스가 실행되는 계층 기반의 계정, 구독, 프로젝트, 폴더, 리소스그룹 기능을 제공합니다.

일부 클라우드 서비스 제공 업체는 계층 기반 할당을 더 심층적으로 그룹화하고, 만들 수 있는 솔루션도 제공합니다. GCP 폴더와 애저 리소스 그룹은 개별 리소스의 태그에 추가나 대안으로 사용할 수 있습니다. AWS는 계정에 태그를 지정하는 기능을 제공하고, GCP는 프로젝트에 태그를 허용합니다. 이 기능들은 곧 다른 공급 업체에서도 사용할 수 있게 될 것입니다.

우리가 본 가장 성공적인 핀옵스 실무자들은 할당 전략으로 태그 기반과 계층 기반이라는 두 가지 접근 방식을 모두 사용하는 경향이 있지만, 꼭 그렇게 할 필요는 없습니다. 실제로 인프라가 크게 복잡하지 않다면 태그와 라벨 없이 할당할 수도 있습니다. 또는 계정, 구독, 폴더 없이 할당할 수도 있습니다. 그러나 이러한 접근 방식 중 하나는 사용하는 것이 좋고, 환경이 복잡해지면 두 가지 방법을 모두 사용해야 합니다. 그리고 일관된 전략으로 적용해야 합니다. 일반적으로 한 가지 전략만 선택하려는 경우 계층 구조 기반(계정, 구독, 폴더) 접근 방식이 회사의 사업부, 부서, 팀 구조와 같은 한 개 이상의 구조에 매핑하는 데 가장 효과적입니다. 태그 기반 접근 방식에서 커버리지가 누락되어 할당되지 않은 지출이 많이 발생하는 것을 여러 번 봐왔습니다. 엔지니어에게 모든 리소스에 태그를 지정하도록 요구하더라도 사실상 누락하기 쉽고, 클라우드 서비스 제공 업체도 일반적으로 태그를 지원하지 않는 리소스 유형을 일부 가지고 있습니다.

일부 직원들이 세워놓은 전략과 다르게 업무를 하면 비용이 잘못 할당될 수 있습니다. 예를 들어 비용 할당 전략으로 계정을 사용하고 있는 상황에서 계정을 공유하는 팀이 있다면 비용은 각기 다른 그룹이 아닌 한 그룹에만 할당됩니다. 가장 유연하고 성공적인 방법은 계정과 태그를 모두 포함하는 접근 방식입니다. 계층 기반 전략과 태그 기반 전략을 결합하면 계층 기반 전략으로 할당되지 않은 나머지 비용을 파악할 수 있고, 한편으로는 구체적인 상세 정보를 태그로 기록할 수 있습니다.

사용량과 청구 데이터에 비용 할당 데이터를 추가하는 주요 세 가지 방법은 다음과 같습니다.

리소스 수준 태그
엔지니어나 클라우드 플랫폼 제공 업체가 클라우드 리소스에 직접 적용합니다.

계정, 프로젝트, 구독
공급 업체에서 제공하고 청구서에 표시됩니다.

청구서 발행 이후 데이터 구성
앱티오의 클라우더빌리티나 자체적으로 관리하는 데이터 처리용 같은 타사 분석 도구를 사용하여 청구 데이터를 변경하고 추가 정보를 보완하여 파악합니다.

9.1.1 전략의 시작

조직 내에서 태그나 계층 기반 할당 전략을 성공적으로 이끄려면 세 가지 주요 작업을 수행해야 합니다.

계획 공지

태그와 계정 전략을 세우기 전에 모든 사람이 참여했는지 확인해야 합니다. 주요 이해 관계자가 없으면 모든 사람들의 요구를 충족시키지 못하는 전략을 수립할 위험이 있습니다. 한두 팀만이 아니라 회사 전체에 가장 적합한 전략을 만들어야 합니다. 실제로 팀에서 이미 자체적인 태그 지정 전략이나 계정 레이아웃 전략을 세워놓은 경우 먼저 해당 팀을 감사하여 실제 어떤 전략이 잘 동작하는지, 잘 동작하지 않는지 확인해야 합니다.

기존에 엔지니어링 분야의 주된 전략에서는 가끔 재무적인 관점의 목표가 없었습니다. 이제부터 전략에는 비용 할당과 향후에 요구될 비용 최적화를 고려하면서 재정적 관점을 포함해야 합니다.

재정적 분리는 가장 중요한 항목입니다. 가장 좋은 방식은 팀, 서비스, 사업 단위, 코스트 센터, 조직별로 재정을 분리하는 것입니다. 이렇게 나누면 팀 대 팀, 서비스 대 서비스 등 각 관점별로 비용과 리소스를 그룹화하고 분석하기 쉬워집니다. 일관성 또한 필수사항입니다. 덜 중요하거나 더 많은 팀을 구체화하는 것은 권장하지만, 강제하진 않습니다.

단순하게 유지

복잡한 인프라 환경에서는 비용 할당 전략이 압도적이고 일방적으로 보일 수 있어서 초기 전략을 단순하게 유지하는 것이 중요합니다. 먼저 비용을 파악하고 싶은 3개~5개의 분명한 영역부터 시작하는 것이 좋습니다. 비용 할당에 태그를 사용하는 경우 처음에는 사업부, 제품, 소유자, 역할을 중점적으로 태깅할 수 있습니다. 그런 다음 개발 서비스가 상용 서비스와 다른 계정으로 배포되도록 할 수 있습니다. 계정을 사용하여 환경별로 비용을 분리할 수 있습니다. 이렇게 작아 보이는 첫 단계도 데이터 측면에서 큰 수익으로 이루어질 수 있습니다. 그동안 초기에 최상위 비용 할당에 초점을 맞추면 상당한 가시성과 최적화를 달성할 수 있다는 사실을 여러 번 확인했습니다.

일을 단순하게 하는 것도 앞으로 나아감에 있어서 중요합니다. 목표는 시스템을 최대한 직관적으로 만드는 것입니다. 시스템이 커짐에 따라 회사가 더 세분화되고 복잡해지면 핀옵스 업무는 큰 계정 몇 개로 귀결됩니다. 큰 계정이란 것은 계정 하나에 회사 내 여러 팀이 같이 사용하는 것을 의미합니다. 어떤 팀, 어떤 서비스, 어떤 환경에 따라 비용이 얼마나 드는지 알아보는 일은 나중으로 미루게 됩니다.

질문을 공식화

할당 전략의 핵심은 회사에서 클라우드를 어떻게 사용하는지에 대한 것이므로 관련 체크리스트를 정리해보고 프로세스 초기에 수행하는 것이 중요합니다. 핀옵스를 통해 잘 대답할 수 있는 일반적인 질문은 다음과 같습니다.

- 이 비용을 조직 내 어느 사업부에 청구해야 하나요?

- 어떤 코스트 센터가 비용을 높이거나 낮추나요?

- 특정 팀이 담당하는 서비스를 운영하는 데 드는 비용은 얼마인가요?

- 어떤 비용이 비생산적인지, 없애도 큰 문제가 없는지 구분할 수 있나요?

이러한 질문들을 시작으로 5장에서 살펴본 청구 파일에서 누락된 요소를 확인한 다음 이를 기반으로 계정 계층 구조와 태그 지정 전략으로 이어질 수 있습니다.

9.1.2 주요 3개 공급 업체의 할당 옵션 비교

할당 전략이 옵션에 따라 어떻게 영향 받을 수 있는지 이해하기 위해 대형 클라우드 서비스 제공 업체 3곳을 비교해보겠습니다(표 9-1).

표 9-1 클라우드 공급 업체 할당 옵션 비교

	AWS	구글 클라우드 플랫폼	마이크로소프트 애저
계층 구조	연결된 계정	폴더와 프로젝트	구독
키와값을 묶는 방법	태그	레이블	태그

	AWS	구글 클라우드 플랫폼	마이크로소프트 애저
리소스당 태그 수	50개(일부 서비스에서는 10개만 허용)	64개	50개(일부 서비스에서는 15개만 허용)
상세 청구 데이터 자동 태그 할당 여부	수동 할당 필요	일부 제한 있음	일부 제한 있음
태그 제한	일부 서비스에서 지원되는 문자 제한	소문사, 숫자, 밑줄, 대시만	일부 문자는 지원 불가
태그 적용 범위	대부분의 서비스 리소스(지속 변경됨, 최신 내용은 AWS 설명서 참조), 계정(AWS Organizations[1] 활용)	대부분의 서비스 리소스와 프로젝트	대부분의 서비스 리소스와 애저 리소스 그룹

[표 9-1]을 통해 세분화된 할당 전략은 각 클라우드 서비스 공급자가 플랫폼에서 리소스를 분리 하는 방법을 기반으로 한다는 것을 알 수 있습니다. 각 클라우드 서비스 제공 업체별로 태그 지정 방법이 있지만(GCP는 이를 레이블이라고 함), 각 제공 업체에서 이러한 태그에 적용하는 제한 범위에는 차이가 있습니다.

또한 클라우드 공급자는 계정이나 리소스 그룹 수준에서 태그를 추가하고 있습니다. 모든 애저 리소스는 리소스 그룹 내에 만들어지며 태그는 리소스 그룹이나 그룹 내의 개별 리소스와 연결될 수 있습니다. 마찬가지로 AWS Organizations에서도 태그를 특정 계정과 연결할 수 있습니다. 클라우드 서비스 제공 업체의 도구와 사용자 자체적인 핀옵스 툴에 이러한 태그 계층을 사용하고, 볼 수 있는 다양한 방법이 있습니다.

9장의 뒷부분에서는 현재 여러 클라우드 서비스 제공 업체를 사용하고 있거나 향후 사용 가능성이 높은 경우 태그 제한에 대해 고려해야 할 사항을 다룹니다. 일부 클라우드 서비스 제공 업체의 태그에는 태그의 값이 청구 데이터에 반영되도록 하기 위한 조치가 필요하다는 점을 알아야 합니다.

---

1 옮긴이_ *https://aws.amazon.com/ko/organizations/*

9.1.3 태그, 레이블과 계정, 폴더 비교

태그와 계정에는 각각 장단점이 있습니다. 앞서 언급했듯이 둘 중 하나만 선택하는 것보다는 둘 다 함께 사용하는 것이 일반적으로 더 좋습니다. 태그는 매우 유연하지만 100% 모두 적용하기엔 어렵습니다. 그리고 계정 분리에 맞춰서 할당하면 깔끔한 차지백을 확인할 수 있지만 보고 옵션은 제한적입니다.

계정은 상호 배타적인 반면 태그는 그렇지 않습니다. 따라서 계정이 기본 지표여야 하고, 레이블은 보조 지표여야 합니다. 일반적인 모범적 사례에서는 가장 중요한 부서를 계정에 맞춰서 기본적으로 분할합니다. 그런 후 해당 계정에 태그를 사용하여 자세히 분석하고, 세부적인 가시성을 확보하는 것입니다.

[그림 9-1]에서는 계정을 사용하여 개별 제품과 각 환경을 분석합니다. 제품이나 애플리케이션이 종종 다른 코스트 센터나 예산을 나타내는 경우가 많기 때문에 이 부분은 중요합니다. 재무팀은 별도의 개발 환경, 상용 환경, 준비 환경 등을 다르게 회계 처리해야 할 수 있습니다. 일부는 매출원가 비용이고 일부는 R&D이기 때문입니다. 또한 여러 팀은 운영비용 대비 개발비용을 그룹화하여 비용이 어디로 흘러가는지 확인하거나, 비용 최적화를 위해 서로 다른 정책을 적용할 수 있습니다.

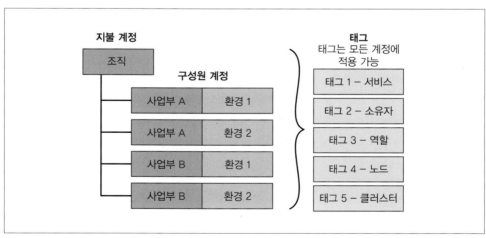

그림 9-1 AWS 계정에 대한 일반적인 비용 할당 전략

어떤 회사에서는 제한된 몇몇 계정에 대한 기본 할당 방식으로 태그를 사용됩니다. 이는 제품 수가 적고 코스트 센터를 만들기에 필요 요구 사항이 적은 회사에서 더 일반적입니다. 태그를 우선하는 회사는 많은 리소스를 다루기 위해 광범위한 태그 정책을 적용할 때 종종 문제를 직면하게 됩니다. 보고서를 확인해보면 태그가 지정되지 않은 지출이 많이 있는 것을 볼 수 있습니다. 게다가 태그를 지정할 수 없거나, 태그를 지정할 수 있더라도 이후에 결제 데이터에 반영되지 않는 지출들도 있습니다. 이러한 두 가지 문제를 고려할 때 계층 기반 계정 전략이 가장 명확한 차지백 옵션을 제공하는 경우가 많습니다.

9.1.4 구글 클라우드 플랫폼의 폴더를 사용하여 프로젝트 구성

GCP에는 폴더라는 프로젝트에 대한 추가 할당 계층이 있습니다.

구글의 문서[2]에 따르면 다음과 같습니다.

폴더 내에는 프로젝트가 있거나, 다른 하위 폴더가 있거나, 혹은 프로젝트와 폴더가 모두가 한 폴더에 포함될 수 있습니다. 조직은 폴더를 사용하여 조직 노드 아래의 프로젝트를 계층 구조로 그룹화할 수 있습니다. 예를 들어 조직에는 각기 다른 GCP 리소스 집합이 있는 여러 부서가 있을 수 있습니다. 폴더를 사용하면 이러한 리소스를 부서별로 그룹화할 수 있습니다. 폴더는 일반적인 IAM 정책을 공유하는 리소스를 그룹화하는 데 사용됩니다. 폴더에는 여러 하위 폴더나 리소스가 포함될 수 있지만, 폴더나 리소스에 상위 폴더는 하나만 가능합니다.

아래 [그림 9-2] 을 살펴보면, '회사' 조직에는 두 개의 부서를 나타내는 폴더인 'X부서'와 'Y부서'가 있고, 두 부서에서 공통적으로 사용할 수 있는 폴더인 '공통 인프라' 폴더가 있습니다. 'Y부서'는 두 팀으로 구성되어 있으며 팀 폴더 내에서 제품별로 더 구성됩니다. '제품 1' 폴더에는 프로젝트에 필요한 리소스가 있는 세 개의 프로젝트가 추가로 포함됩니다. 이를 통해 IAM 정책을 유연하게 할당하고 및 조직 정책을 적절하게 구체화할 수 있습니다.

---

2 *https://oreil.ly/7jbAo*

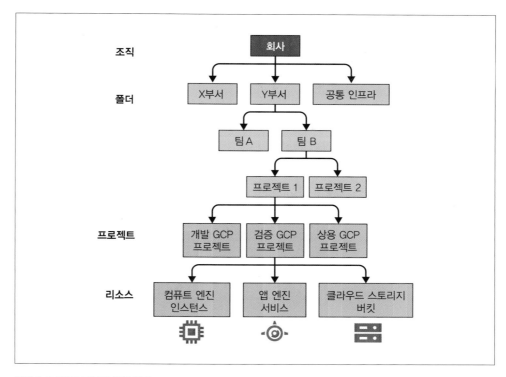

그림 9-2 GCP 내부의 비용 할당

[그림 9-2]와 같이 회사가 하위 폴더나 프로젝트를 포함하는 폴더를 만드는 것은 매우 일반적입니다. 이러한 구조를 폴더 계층folder hierarchy이라고 합니다. 더 큰 관점에서 보면 조직에서 폴더로, 이후 프로젝트로 진행하게 되는 구조는 리소스 계층resource hierarchy이라고 합니다.

9.2 태그와 레이블: 가장 유연한 할당 옵션

클라우드 서비스 제공 업체는 태그와 레이블을 서로 다른 것이라고 할수도 있지만, 기본적으로 태그와 레이블은 모두 키와 값 쌍의 형태로 메타 데이터를 정의하는 기능을 제공합니다. 이러한 태그는 클라우드 계정의 리소스와 연결됩니다. 키는 스프레드 시트의 첫 번째 열로 생각하면 되고, 값은 해당 열의 행에 들어갈 내용으로 생각하시면 됩니다.

예를 들어 셔츠를 키와 값 쌍 형태로 설명해보겠습니다. 첫 번째 셔츠에는 빨강이라는 태그의 값이 있고, 두 번째 셔츠에는 파랑이라는 태그의 값이 있고, 세 번째 셔츠에는 초록이라는 태그의 값이 있습니다. 빨간색 셔츠와 파란색 셔츠의 비용이 얼마나 차이나는지 보려면 색상 태그를 사용하여 비용을 그룹화하여 차이를 보면 됩니다.

[그림 9-3]은 환경과 계층 태그가 붙여진 몇몇 클라우드 리소스입니다. 이 태그를 통해 각 리소스가 상용 환경의 리소스인지 개발 환경의 리소스인지 알 수 있고, 프런트엔드 계층의 리소스인지 백엔드 계층의 리소스인지도 알 수 있습니다. 클라우드 서비스 제공 업체에게 태그는 의미가 없는 문자열에 불과합니다. 태그는 실제 리소스를 사용하는 고객에게만 의미가 있기 때문에 원하는대로 사용할 수 있습니다(어떤 문자를 사용할지, 어느 정도 길이를 허용할지 등 구문상의 제한 정도만 있음). 그렇다고 편한 대로 태그를 사용하기보다는 태그를 이루는 키와 값에 대해서 명확한 계획이 있는 키와 상호 합의된 적절한 값으로 태그를 사용하기 바랍니다. 일관되지 않은 태그가 적용되거나 태그가 붙어있지도 않은 경우를 예방할 수 있습니다.

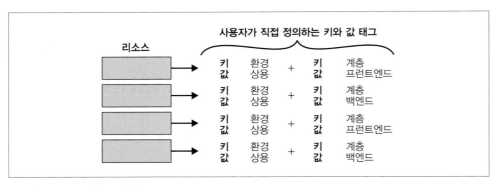

그림 9-3 클라우드 리소스별 태그

9.2.1 비용 청구에 태그 사용

클라우드 청구서에 태그 데이터를 포함시키면 여러 태그 기반하에 비용을 그룹화할 수 있습니다. 각 팀별로 비용을 그룹화하거나 개발비용이나 운영비용과 같이 서로 다른 환경별로 비용을 그룹화하여 비즈니스의 적절한 영역에 비용을 할당할 수 있습니다.

태그를 사용하면 클라우드 청구서의 항목들을 이해할 수 있습니다. 팀, 서비스, 환경별 태그를 기반으로 비용을 그룹화할 수 있고 각 그룹별로 클라우드 청구서에 상당한 변화가 있는지 모니터링할 수 있으므로 예상치 못한 비용을 신속하게 처리할 수 있습니다.

일부 클라우드 서비스 제공 업체에서는 청구 데이터로 내보내려는 태그의 키에 대해 미리 선택해야 합니다. 어떤 사람들은 리소스와 관련된 모든 태그를 내보냅니다. AWS처럼 태그를 골라서 선택할 수 있는 플랫폼에서는 비정상적으로 수백 개의 태그를 추가하지 않도록 주의해야 합니다. 청구 파일에 불필요한 데이터가 있으면 데이터 크기가 커지고 분석이 더 어려워 질 수 있습니다.

9.2.2 태그를 일찍 붙이기

핀옵스 환경을 구축하기 시작하면 리소스에 태그를 붙이라고 각 팀에 요청하는 것과 같이 어려운 문제를 나중에 해결하고 싶을 수 있습니다. 종종 회사에는 태그를 어떻게 붙일지에 대한 표준이 없거나 태그에 대한 표준이 있더라도 실제로는 시행하지 않는 경우도 있습니다. 태그는 소급 적용되지 않는다는 것을 반드시 깨달아야 합니다. 종합적인 정리를 위해 태그 전략을 미리 계획해놓아야 합니다.

예를 들어 1월 1일에 리소스를 만들었는 데 2월 1일까지 태그를 할당하지 않으면 모든 1월 청구 데이터에는 태그가 지정되지 않게 되고 결국 할당되지 않습니다. 또한 리소스에 태그를 지정하더라도 태그를 활성화하지 않으면 태그 지정 이후의 기간에 태그 할당에 공백이 발생합니다. 이후에는 비용 할당과 비용 최적화 전략에 대한 청구 데이터 분석 과정이 필요합니다. 태그가 없으면 청구데이터가 아무 도움이 되지 않습니다. 이것은 책의 뒷부분에서 더 구체적으로 다루겠습니다.

태그를 붙이는 일은 추가적인 핀옵스 전략을 수립할 때 필요한 데이터들을 확보하는 데 도움이 되는 중요한 첫 단계입니다. 이를 통해 비용을 훨씬 빨리 절감할 수 있습니다.

9.2.3 태깅 방법에 대한 표준을 언제 만들지 결정

태깅에 대한 표준을 만들기에 가장 좋은 시기는 회사가 클라우드의 전환을 막 시작했을 때입니다. 표준에서는 모든 리소스에 적용될 태그의 키와 태그에 포함될 수 있는 적절한 값을 명확하게 정의해놓아야 합니다. 표준을 정해놓고 엔지니어가 구축을 시작하기 전에 표준을 전달하면,

태그를 제대로 적용하고 양질의 데이터를 받을 수 있습니다. 그러나 많은 회사에서는 이미 대규모 배포를 구축했지마나, 태그 지정에 대한 표준이 없습니다. 그래도 걱정하지 마세요. 표준을 세우고 엔지니어가 리소스를 업데이트하더라도 그렇게 늦진 않습니다.

특히 현재의 새로운 태깅 표준을 충족하지 못하는 많은 리소스가 이미 배포되어 있다면 사람들이 새로운 태깅 표준을 사용하려고 하지 않습니다. 그러나 새로운 태깅 표준에 대해 경영진의 참여가 있는 회사에서는 조직 전체에 걸쳐 태그를 더 잘 적용하고 있음을 여러 번 봐왔습니다. 경영진이 태그 지정은 핀옵스팀뿐만 아니라 비즈니스 전반에 필수적이라는 메시지를 전달하게 되면 태그 지정 표준을 준수하도록 촉진할 수 있습니다.

태그의 가치는 핀옵스 내에서만 유용한 것이 아닙니다. 핀옵스 밖으로도 유용합니다. 회사에서 태깅 표준을 세우려고 할 때는 이러한 태그의 가치를 이해하는 것이 중요합니다. 보안팀에서는 태그를 통해 발생할 수 있는 보안 문제에 대한 리소스의 담당 서비스나 팀을 알 수 있습니다. 운영팀은 리소스에 문제가 있다는 알람이 발생하면 어떤 서비스에 영향이 갈지 쉽게 파악할 수 있습니다. 조직에서 좋은 태깅 정책을 유지하면 비용을 계속 지불하기 용이해집니다.

태깅 전략은 처음부터 올바르게 사용하는 것이 중요합니다. 직접 경험해 본 입장에서 팁을 드리면, 지금 막 만든 태깅 표준에 맞춰서 모든 리소스에 태그를 업데이트하라고 요청하면 따가운 눈총이 쏟아질 것입니다.

태깅 표준이 시작될 때 더 많이 고민하면 향후 수정을 덜 하게 될 것입니다. 비즈니스가 클라우드에서 확장됨에 따라 클라우드에는 각기 고유한 태그가 있는 수백만 개의 리소스가 생성될 것입니다. 이 때 태깅 전략을 변경하면 팀에서 이러한 수백만 개의 리소스를 업데이트해야 합니다. 태그는 테라폼Terraform, 클라우드포메이션CloudFormation, 애저 리소스 관리자Azure Resource Manager(ARM) 템플릿과 같은 자동화 인프라를 통해 일반적으로 적용되므로 자동화된 태그에 대한 업데이트도 코드를 통해 반영해야 합니다. 회사는 종종 많은 리소스를 업데이트할 수 없다는 사실을 알게 되는데 이럴 경우 반쪽짜리 표준이 반영되는 것으로 끝날 수 있습니다.

9.2.4 적당량의 태그 선택

태깅 표준으로 팀이 너무 많은 태그를 적용하도록 강요해서는 안 됩니다. 과도한 양의 태그를 요구하면 표준에 어긋나는 경우가 많아지고 기준을 따르지 않게 됩니다. 태깅 표준으로 어떤 질문이 있을지, 계층화된 계층 구조에서 필요한 태그 데이터의 양이 얼마나 될지, 항상 유념해야 합니다. 필요한 핵심 메타 데이터에만 태그를 요구하는 것이 가장 좋습니다. 모든 태그를 필수로 붙이도록 정의하는 대신 선택적으로 태그를 어떻게 붙일 수 있는지 명확히 설명하고 정의하기 바랍니다.

태깅 표준을 어디서부터 어떻게 시작해야 할지 감이 안 잡힌다면, 핀옵스를 성공적으로 활용하고 있는 회사에서 정한 태깅 표준을 소개하겠습니다.

- **코스트 센터, 사업부 태그**: 조직 내에서 리소스 비용을 할당할 위치를 명확하게 정의하는 태그입니다. 이를 통해 청구 데이터 내에서 올바른 비용을 할당할 수 있습니다.

- **서비스, 워크로드 태그**: 리소스가 속한 비즈니스 서비스를 구별할 수 있는 서비스, 워크로드 이름 태그를 통해 조직에서 팀이 실행 중인 서비스 간에 비용을 차별화할 수 있습니다.

- **리소스 소유자 태그**: 리소스를 담당하는 개인, 팀을 식별하는 데 도움이 되는 리소스 소유자 태그입니다.

- **리소스 이름 태그**: 클라우드 서비스 제공 업체가 붙여준 이름보다 친숙한 식별자를 사용하여 리소스를 알 수 있게 해주는 이름 태그입니다.

- **환경 태그**: 개발, 테스트, 스테이징, 상용 간의 비용 차이를 결정하는 데 도움이 되는 환경 태그입니다.

코스트 센터와 환경같이 가장 중요한 하나 또는 두 개의 태그 대신, 계정 계층 구조를 사용하고 알아야 할 나머지 3~5개 항목에 태그를 사용하는 것이 좋습니다. 대략적인 계정 계층 구조와 비즈니스에 대한 세부 정보가 있는 태그를 활용하면 몇 가지 속성들은 명시적으로 태그를 붙이지 않더라도 쉽게 매핑할 수 있습니다.

추가로 정의할 수 있는 선택적인 태그들은 다음과 같습니다.

- **계층 태그**: 리소스가 속한 서비스 계층을 알 수 있게 해주는 계층 태그(예를 들어 프런트엔드, 웹, 백엔드)입니다.

- **데이터 분류 태그**: 리소스에 포함된 데이터 유형을 알 수 있게 해주는 데이터 분류 태그입니다.

9.2.5 태그, 레이블 제한 내에서 작업

필수적인 키와 값에 대한 계획된 태깅 정책은 모든 클라우드 서비스 제공 업체에 적용할 수 있도록 준비하는 것이 가장 좋습니다. 어떤 클라우드 서비스 제공 업체의 서비스는 거의 모든 문자열을 허용하지만, 어떤 클라우드 서비스 제공 업체의 서비스는 꽤 엄격합니다. 태그의 길이도 제한될 수 있으며 서비스에서는 리소스당 지원되는 태그의 수에 제한이 있을 수 있습니다.

세워놓은 정책이 사용하려는 서비스에 잘 적용될 수 있을지 확인해야 합니다. 그렇지 않으면 어떤 시점에서 태그를 변경해야 하거나 약간 다른 태그의 값을 가진 여러 그룹이 생길 수도 있습니다.

예를 들어 리소스를 'R&D'로 태그하기 시작했는데 나중에 특정 서비스가 '&' 문자를 지원하지 않는다는 것을 알 수도 있습니다. 이렇게 하면 기존의 모든 'R&D' 리소스를 'RandD'와 같은 것으로 다시 태그하거나, 청구서에 'R&D' 및 'RandD' 값이 모두 있고 태그의 값이 달라서 비용이 두 그룹으로 분할될 수도 있습니다. 일부 핀옵스 공급 업체는 앱티오 클라우더빌리티의 비즈니스 매핑 기능과 같이 사실관계 확인 후 일치하지 않는 태그를 수정하는 방법을 제공하기도 합니다.

어떤 클라우드 서비스 제공 업체에서는 다른 제공 업체에 비해 더 많은 리소스 유형에 태그를 지정할 수 있도록 허용합니다. 이는 리소스 태깅을 담당하는 직원의 불만이 될 수도 있습니다. 여기서 중요한 것은 태깅을 지원하는 모든 리소스의 이점을 활용하고, 클라우드 서비스 제공 업체가 리소스 유형에 더 많은 태그 지원을 추가하도록 지속 요청하는 것입니다.

모든 리소스에 태그를 지정할 수는 없지만, 최대한 많은 태그를 지정하려고 노력해야 합니다. 태그를 지원하는 리소스에 태깅을 하면 많은 비즈니스 이점이 있습니다. 예약 인스턴스 요금이나 클라우드워치CloudWatch[3] 요금과 같이 태깅할 수 없는 리소스라면 태그 외에도 계층 그룹과 같은 구조를 활용하는 것을 추천합니다. 그러면 태그가 지정되지 않은 비용에도 최대한 많이 할당할 수 있게 됩니다.

---

3 옮긴이_ CloudWatch는 모니터링과 관찰 기능 서비스입니다. 애플리케이션을 모니터링하고 시스템 전반의 성능 변경 사항에 대응하며 리소스 사용률을 최적화합니다. 또한 운영 상태의 통합된 보기를 확보하는 데 필요한 데이터와 실행 가능한 통찰력을 제공합니다 (https://aws.amazon.com/ko/cloudwatch/).

9.2.6 태그 규칙 유지

태그 규칙^{tag hygiene}이란 태그 시스템과 태그 시스템에서 나오는 데이터가 가능한 한 깨끗하게 유지되기 위해 취하는 조치를 말합니다. 적절한 태그 규칙이 없으면 부정확한 데이터로 작업할 위험이 있으며 의사결정의 정확성이 떨어집니다.

대부분의 사람들은 어떤 팀이 'prod'라는 태그의 값을 사용하고, 다른 팀이 'production'이라는 태그의 값을 사용하면 이러한 태그가 다르게 그룹화된다는 것을 알고 있습니다. 또한 태그는 대소문자를 구분하므로 'Enterprise'는 'enterprise'와 다릅니다. 사람이 태그를 만들면 맞춤법 오류, 대소문자 변경, 약어 등으로 기입될 수 있습니다. 해결 방법은 자동화를 통해 태깅 정책을 시행하는 것입니다. 앤서블^{Ansible}, 테라폼, 클라우드포메이션과 같은 인프라 자동화를 통해 일관성을 유지하고 사람의 실수를 방지할 수 있습니다.

그러나 조직 내에서 구현된 최상의 자동화와 배포 방법을 사용해도 일부 리소스는 여전히 누락되었거나 유효하지 않은 태그로 생성될 수 있습니다. 그렇기 때문에 태그가 누락되거나 잘못된 태그가 있는 이런 리소스들은 생성한지 얼마되지 않았을 때 제거하거나 중지하도록 설계된 오픈 소스 도구와 타사 서비스가 있습니다. 이런 도구를 사용하면 계정 내에서 할당되지 않았거나 설명되지 않은 비용을 제한할 수 있습니다(이 책의 4부에서 핀옵스 수명 주기의 운영 단계 중 자동화에 대해 다룰 예정입니다).

또 다른 효과적인 옵션은 인스턴스와 같은 상위 리소스에서 볼륨, 스냅샷, 네트워크 인터페이스 같은 하위 리소스로 태그를 복제하는 것입니다. 태그를 하위 리소스에 복사하면 태그 적용 범위가 넓어지고, 리소스에 관련 태그들이 지정되는지 확인할 수 있습니다.

성공적인 태깅 전략으로는 리소스 자체가 아닌 애저 리소스 그룹에만 태깅하는 전략도 있습니다. 물론 어떤 특정 상황에서 사용할 값을 정하기 위해 리소스와 애저 리소스 그룹 모두에 태깅하고 비즈니스 로직을 구현해야 할 수도 있습니다.

태그가 지정되지 않은 리소스를 기본 코스트 센터에 할당하는 비즈니스 로직을 만들 수도 있습니다. 예를 들면 기본 코스트 센터를 각 클라우드 계정에 적용해보는 것입니다. 그러면 계정 내의 태그가 없는 모든 비용이 설정해놓은 기본 코스트 센터에 할당됩니다. 올바른 청구를 위해 리소스 자체에 태그를 업데이트할 수도 있습니다. 또는 분석할 때 사실관계를 확인하고 비즈니스 로직을 청구 파일에 적용할 수도 있습니다. 사실관계 확인 후 적용하는 일은 계정을 거치지 않고, 개별 리소스의 실제 태그들을 업데이트하지 않고도 비즈니스 로직을 업데이트할 수 있다는 장점이 있습니다.

9.2.7 태그를 잘 지정했는지에 대한 보고

태깅 방식이 조직 내에서 잘 작동하고 있는지 확인하려면 태그가 잘못 적용된 경우를 밝혀내는 보고서가 있어야 합니다. 클라우드 지출 금액을 기준으로 태그가 할당된 경우와 할당되지 않은 경우 간에 태그 적용 범위를 측정하는 것이 좋습니다. 지출 금액 기준의 방식으로 하다 보면 수명이 짧고 비용이 저렴한 항목은 장기적으로 실행되는 고비용 자원보다 덜 중요하다고 보고됩니다. 그리고 클라우드 서비스 제공 업체에서 제공하는 모든 리소스에 태그를 지정할 수 있는 것은 아니므로 목표를 95%로 설정하고 태깅할 수 없는 마지막 5%의 리소스를 할당하는 프로세스를 고민하는 것이 더 현실적입니다.

보고 이후 관련 팀과 후속 조치를 취하여 자동화 방식을 업데이트하거나 최소한 수동으로 태그를 수정할 수 있습니다. 시간이 흐른 후 태깅 표준과 일치하지 않는 리소스 수를 확인하여 조직이 태깅 표준을 더 잘 적용하고 있는지 여부를 확인할 수 있습니다. 모든 사람이 볼 수 있는 최악의 멤버 리스트를 만들어놓으면 태깅을 더 철저히 하는 데 도움이 됩니다.

9.3 팀이 태그를 만들도록 하기

핀옵스에서 하는 일반적인 질문은 '리소스에 태깅할 때 가장 유용한 조언은 무엇입니까'입니다. 앨리 앤더슨 케이스를 확인해보겠습니다. 그녀는 각 팀의 기술 담당자와 긴밀히 협력하면서 '태깅되지 않은 상태로 많은 리소스들이 생기면, 보고서를 통해 그 정도를 기술 담당자들이 볼 수 있게 합니다'라고 말합니다. 팀장 앞에서 보고서를 통해 일관되게 태그가 없는 리소스의 수치를 더 많이 보여줄수록 결국 더 많은 태그가 적용된다는 것을 알게 되었기 때문입니다. 또한 앤더슨은 경영진으로부터도 힘을 얻습니다. 경영진에게 보고하면 태그가 없는 지출을 진행 중인 보고서의 핵심 부분으로 만들고, 경영진은 태그가 없는 비용을 최소화하기 위해 팀을 독려하게 됩니다.

핀옵스 재단의 회원인 앤세스트리의 다레크 가예브스키는 태그를 더 준수할 수 있도록 태그 작성 방식을 중요시합니다. 인프라 제공을 시작할 때 필요로하는 태그들에 대한 요구들에 대해서 클라우드 제공 업체가 점점 더 많이 지원하고 있기 때문에 이를 활용하면 태그 적용 범위를 늘리는 데 큰 도움이 됩니다.

9.4 마치며

핀옵스를 잘 시작하기 위해서는 신중하게 만들어진 계정과 태깅 전략이 필요합니다. 계정에 대한 계층 구조와 태깅이 청구 데이터에 가져오는 메타 데이터가 향후 거의 모든 보고와 분석에 영향을 미치게 됩니다.

요약하면 다음과 같습니다.

- 계정 할당 전략은 리소스 구조를 제공하고 비용을 그룹화하는 데 도움이 됩니다.
- 회사가 태그의 중요성을 이해하고 자동화를 추진하면 전체 비즈니스에 도움이 됩니다.
- 태그와 계정 할당을 통해 형성된 비용 가시성과 비용 책임은 조직 내에서 낭비가 없는 문화로 나아가는 데 도움이 됩니다.
- 태깅과 계정 할당은 핀옵스 수명 주기의 최적화 단계 전반에 걸쳐 공통적인 요구 사항입니다.

먼저 비용 할당 전략을 수립하면 3부의 중심 '최적화 단계'로 넘어갈 수 있습니다.

단계 최적화

여기서부터는 프로세스를 살펴보고, 조직의 클라우드를 최적화할 실시간적 비즈니스 의사결정을 목표로 설정과 분석을 하겠습니다. 또한 클라우드 비용을 줄이는 데 도움이 되는 클라우드 서비스 제공 업체의 제품들도 살펴보겠습니다.

Part III

단계 최적화

CHAPTER 10

목표 달성을 위한 최적화

최적화 단계에 들어가면 거의 실시간으로 의사결정을 내리고, 이상 징후를 식별하며, 효율적으로 비용을 지출합니다. 조직은 메트릭에 목표를 설정하고 설정한 기대치와 비교하여 얼마나 잘 수행하고 있는지 파악할 수 있습니다.

10장에서는 목표가 필요한 이유, 핀옵스에서 어떻게 목표를 세워야 하는지, 목표를 설정하는 방법에 대해 알아보겠습니다. 또한 나머지 최적화 과정에서 단계를 설정하는 비용 최적화 목표도 소개하겠습니다.

10.1 왜 목표를 설정할까

클라우드로의 전환 과정에는 서로 다른 각자의 이야기가 있습니다. 어떤 곳에서는 모든 서비스를 대상으로 클라우드에 배포되는 속도가 비용보다 더 중요하다고 합니다. 다른 곳은 더 느리게 클라우드를 전환하더라도 전체 전환 과정에서 예산을 유지하는 것이 일차적인 목표입니다. 또 다른 곳에서는 이미 클라우드에 리소스를 배치했고 예상보다 훨씬 더 많은 비용을 지출하고 있다는 사실을 깨닫고 있습니다. 이들은 당연히 상황을 통제해야겠다고 느끼고 있습니다.

대부분의 조직에서는 팀 수준에서도 여러 개의 클라우드 이야기와 이슈들이 있습니다. 일부 팀은 클라우드 네이티브cloud native로 이미 구현하였고 비용을 유지하려고 합니다. 한편 팀은 새로운 프로젝트를 마이그레이션하거나 구현하고 있으며 지출된 비용보다 배포 시간에 더 중점을 둡니다.

회사의 수준과 개별 팀별로 목표를 설정하면 비즈니스 의사결정을 분석하고, 기대치를 설정하고, 클라우드 비용 내에서 원하는 바와 다르게 작동하지 않는 부분을 알 수 있습니다.

10.2 첫 번째 목표는 알맞은 비용 할당

추가 목표를 설정하기 전에 현재 상태를 명확히 파악해야 합니다. 클라우드에서 리소스를 확장할 때 명확한 태깅과 계정 분리 전략을 세우면 현황 파악과 향후 최적화 방안을 더 쉽게 이해할 수 있습니다.

모든 조직은 코스트 센터, 사업부별로 지출을 분석해야 합니다. 이를 통해 각 팀은 각자가 전체 클라우드 지출에 미치는 영향을 이해할 수 있고 어떤 팀이 비용 변화를 주도하고 있는지 파악할 수 있습니다.

우리는 이미 코스트 센터별 지출을 파악하는 데 도움이 되는 명확한 비용 할당 전략을 세우는 방법에 대해 다룬 적이 있습니다. 이러한 비용 할당 전략은 일관성을 유지해야 합니다. 그렇지 않으면 과거의 클라우드 지출을 확인하려는 팀은 그 팀에서 비용을 변화시켜서 더 많이 부과된 것인지, 할당 전략으로 인해 그들에게 더 많은 비용 할당되었는지 과거 대비 확인할 수 없기 때문입니다.

팀별로 분류된 비용에 대해서는 변경이 발생할 때 강조 표시됩니다. 개별적인 팀 수준의 보고가 없으면 데이터에 대해 오해의 소지가 있을 수 있습니다. 예를 들어 한 팀이 클라우드 지출을 최적화하고 다른 팀은 비슷한 규모로 사용 리소스를 늘리면 전체적으로 비용이 균일한 것처럼 보일 수 있습니다. 팀이 인프라를 변경했는데 비용 지표를 분석하는 그래프에 아무런 변화가 없다면 잘못된 지표를 보고 있는 것입니다.

10.3 비용 절감이 목표일까

매우 중요하기 때문에 그동안 여러 번 언급했는데 비용 절감이 항상 목표는 아닙니다. 많은 핀옵스 실무자들은 클라우드 비용을 줄이는 방법에 중점을 두기 시작했습니다. 틀린 생각은 아닙니다. 하지만 기억해야 할 것은 핀옵스는 혁신을 가능하게 하는 것입니다. 클라우드의 전환을 통해 얻을 수 있는 많은 비즈니스 혜택이 있습니다. 목표를 세울 때 스스로 다음과 같이 물어봐야 합니다. 비즈니스에 가장 큰 혜택을 제공하려면 어떻게 적절한 금액을 사용해야 합니까? 추구하려는 바는 무엇입니까? 추구하는 바에는 수익 증대, 더 빠른 프로젝트 기반 지원, 다른 분야에서의 비용 효율성, 더 행복한 고객과 같은 고려 사항들이 있나요?

예를 들어 어떤 조직은 특정 기간 내에 데이터 센터에서 벗어나야 하며 클라우드로 빠르게 전환하기 위해 필요한 비용보다 목표 일정 전환이 지연되어 발생하는 비용이 훨씬 많이 듭니다. 어떤 조직은 자체 MySQL을 구동하는 대신 AWS 오로라Aurora와 같은 관리형 서비스를 사용하여 목표 일정 내에 DB기능을 제공하는 것이 더 중요할 수 있습니다. 오로라는 자체적으로 MySQL을 실행하는 것보다 비용이 많이 들지만 시간이 오래 걸리는 관리 작업(예를 들어 하드웨어 구축, 데이터베이스 설정, 패치 적용, 백업)이 필요 없다는 이점이 있습니다. 따라서 총소유비용total cost of ownership(TCO)을 비교하고 전환에 더 많은 시간을 할애해야 합니다.

클라우드 전환을 가속화하면서 지출 증가에 대해 분석하다 보면 허용되는 지출 범위 내에서만 사용할 수 있게 됩니다. 따라서 최적화 단계는 지출과 속도를 분석하는 단계로 생각해야 합니다.

여러 팀은 프로젝트 배포에 관해 관심을 갖지만 핀옵스 실무자들은 잠재적인 비용 최적화를 검토하기 위한 계획을 동시에 세워야 합니다. 미리 준비해놓으면 향후 비용을 최적화하기 위해 배포 속도를 늦추려고 결정했을 때 업무 처리가 더 쉬워질 것입니다.

회사의 목표를 비용 절감과 혁신 속도에 어떻게 맞출지에 대한 논의를 권장하기 위해 철의 삼각iron triangle[1]을 소개합니다.

10.3.1 철의 삼각: 좋은 품질, 빠른 속도, 저렴한 비용의 관계

[그림 10-1]에 표시된 철의 삼각 또는 프로젝트 삼각은 속도, 비용, 품질과 같은 프로젝트 관리의 제약 조건에 대한 모델입니다. 프로젝트 관리자는 프로젝트를 완수하는 과정에서는 이러

---

[1] 옮긴이_ 철의 삼각(아이언 트라이앵글)은 정치에서도, 지역에서도, 미디어에서도, 군대에서도 여러 의미로 사용되는 단어입니다. 이 책에서 언급한 철의 삼각은 프로젝트 트라이앵글이라고도 불리는 프로젝트 관리 개념입니다(https://en.wikipedia.org/wiki/Project_management_triangle).

한 제약 조건 사이에서 저울질할 수밖에 없다고 이야기합니다. 한 제약 조건을 바꾸려면 다른 제약 조건을 바꿔서 보상해야 합니다.

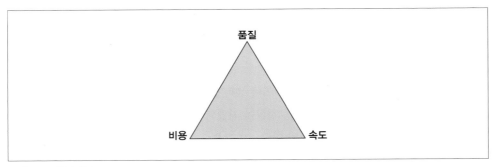

그림 10-1 철의 삼각

예를 들어 예산을 늘리거나 프로젝트의 규모를 줄이면 전환 프로젝트를 더 빨리 완료할 수 있습니다. 마찬가지로 프로젝트의 규모를 늘리려면 예산과 일정을 동일하게 늘려야 합니다. 일정이나 범위를 조정하지 않고 예산을 줄이면 품질이 떨어지게 됩니다.

철의 삼각은 클라우드 의사결정과 관련하여 발생하는 프로세스를 완벽히 시각화합니다. 이 프로세스에서는 종종 좋은 것, 빠른 것, 저렴한 것 사이에서 절충이 이루어집니다. 팀에서 삼각형의 한쪽 끝에 더 많이 집중하게 된다면 다른 영역에는 덜 집중하게 됩니다. 그렇다고 이러한 현상이 나쁜 것은 아닙니다. 아마도 많은 사람들은 비즈니스 목표를 지원하기 위해 팀에서 삼각형의 한쪽 끝을 의도적으로 선택할 것을 원할 것입니다.

좋은 품질은 서비스 품질을 측정합니다. 클라우드에서 실행되는 서비스에 더 많은 리소스를 제공하면 가용성, 재난 대비, 성능과 확장성이 향상되는 경우가 많습니다.

빠른 속도는 실행이 얼마나 빨라질 수 있는지 속도를 측정합니다. 고객에게 최신 업데이트나 기능을 제공하거나, 서비스를 클라우드로 신속하게 마이그레이션하거나, 신제품 출시 기간을 단축할 때 속도는 매우 중요합니다.

저렴한 비용은 클라우드 비용을 측정합니다. 매출원가 제약이나 예산 한도로 저렴한 비용에만 중점을 두면 분명히 클라우드 비용은 가장 낮아질 것입니다. 따라서 품질과 속도에 영향을 미치게 될 것입니다. 물론 비용을 덜 신경 쓰게 되면 품질은 좋고 속도는 빨라집니다.

이것은 현실에서 최근 아틀라시안의 프로젝트에 반영되었습니다. 한 팀은 추가적인 성능 데이터를 모아놓기 위해 리소스를 꽤 크게 확장했는데 예상대로 전환 속도가 향상되었습니다. 팀이 비용 절감을 위해 리소스의 크기를 조정하지 않았다면 전체 프로젝트가 지연되었을 겁니다. 테이블에서 잠재적으로 절약할 수 있는 양보다 전환 속도가 더 중요했습니다. 이후 전환 프로젝트가 끝나면 관심은 속도에서 멀어지고 팀은 적극적으로 배포 검토를 시작하여 가능한 절감 효과를 찾았습니다.

철의 삼각은 조직 수준에서만 사용하도록 의도된 것이 아니라는 점을 강조하겠습니다. 철의 삼각은 팀 수준까지 확장해야 합니다. 비용 인식 조직이 단일 팀과 서비스를 빠른 속도로 운영하는 것은 일반적이고 유용합니다. 전체 조직이 클라우드에서 절감액을 유지하거나 더 절감하려고 하는 동안 조직의 다음 경쟁 우위를 만들기 위해 절감액의 증가분을 더 빨리 행동하는 팀에 재투자할 수 있습니다.

10.4 OKR로 목표 명중

목표와 핵심 결과 지표 objectives and key results(OKR)는 목표와 결과를 정의하고 추적하기 위한 프레임워크입니다. OKR마다 달성해야 할 목표와 목표 달성을 측정하는 주요 결과 항목이 있습니다. OKR은 일반적으로 분기별로 설정합니다.

핀옵스 재단 발표에서 네이션와이드의 클라우드 최적화 서비스 담당 이사인 조 데일은 "우리는 OKR로 결정합니다. 명확하고, 책임이 있고, 측정 가능한 성과를 제공하는 결과에 초점을 맞춥니다"라고 언급했습니다.

조 데일은 OKR에서 가장 중요한 것은 결과에 집중하는 것이라고 분명하게 했습니다. 기업이 클라우드로 전환할 때 산더미 같은 새로운 지식을 빠르게 통합하려고 하면 엄청난 업무 혼란이 발생할 수 있습니다. 그리고 수년간 다른 방식으로 일해온 팀에게는 매우 위협적인 상황일 수 있습니다.

10.4.1 OKR 중점 항목 #1: 신용

이 책을 쓸 때 데일의 핀옵스팀은 비교적 신생팀이었습니다. 데일은 "핀옵스를 시작할 때 가장 중요한 키워드는 신용입니다. 신용은 믿음과 동일하며 믿음이 없다면 제공 중인 서비스를 지속적으로 지원해야 합니다"라고 조언했습니다.

데일은 내부적으로 신용을 쌓기 위해 OKR을 사용했습니다. 그는 최종 사용자에게도 코드까지 완전히 투명하게 제공하여 신용을 쌓았습니다. 이 중 가장 중요한 부분은 각 이해 관계자가 필요로하는 세분화된 방식으로 일별로, 주별로, 월별로 정기적인 지출 업데이트를 하는 것입니다. 이러한 업데이트는 간단하고 이해하기 쉬워야 합니다. 또한 이 숫자는 월말에 회계사들이 보고할 내용과 연관되어야 합니다.

10.4.2 OKR 중점 항목 #2: 지속 가능성

새롭게 시작하는 핀옵스팀은 자동화된 태깅을 시행하지 않는 등 지속 불가능한 방식으로 업무에 접근하는 경우가 너무 많습니다. 데일은 "의미가 있는 데이터는 그 의미를 아는 사람들이 관리해야 합니다. 엔지니어는 데이터의 의미를 모르는데 엔지니어에게 의존하지 않도록 애플리케이션 제품 관리자와 비즈니스 담당자가 관리하는 태그 저장소를 만들도록 합니다. 그러면 모든 애플리케이션 데이터와 비즈니스 데이터를 리소스에 연결할 수 있습니다"라고 조언했습니다.

데일의 팀이 이런 관점에서 설정한 주요 결과 두 가지를 소개하겠습니다. 첫 번째는 애플리케이션 이름, 애플리케이션 소유자, 비즈니스 그룹을 각 리소스에 맞추어 연결했습니다. 그리고 두 번째는 차지백과 같은 일상적이고 시간이 많이 걸리는 작업들을 자동화했습니다.

10.4.3 OKR 중점 항목 #3: 제어

제어의 목표는 빠른 배포 속도를 유지하면서도 통제력을 갖는 것입니다. 데일은 "우리 팀은 애플리케이션과 제품 팀에게 통제력을 가진 책임을 부과합니다"라고 합니다. 데일의 팀은 직접적인 차지백 모델을 만들고, 지식을 공유하고, 사용자의 선택을 권장하면서도 반면에 자동으로 규모가 확장되는 문제로부터 보호하기 위한 정책을 만들어서 이러한 제어의 목표를 달성했습니다.

데일의 팀이 이런 관점에서 설정한 주요 결과 몇 가지를 소개하겠습니다. 태그 준수율을 두 배로 늘리고, 클라우드와 컨테이너 사용에 대한 차지백을 설정하고, 정책을 준수하도록 자동화했습니다.

팀마다 지출과 비용을 절감할 수 있는 다양한 동기가 있습니다. 엔지니어는 더 많은 성능, 더 높은 가용성, 새로운 기능의 더 빠른 배포에 대한 목표를 알맞게 설정합니다. 재무팀은 지출과 비용 절감, 지출 효율성에 중점을 알맞게 둡니다. 또한 사업부 리더는 예상대로 전반적인 사업적 성과에 계속 집중하고 있습니다. 핀옵스의 목표를 설정할 때는 이렇게 팀이 개별적으로 목표를 설정하도록 내버려 둘 수는 없습니다. 비즈니스에 대한 적합한 결과를 얻지 못하고 팀 간의 마찰을 가중할 것입니다.

> 엔지니어링과 재무가 함께 논의를 하다 보면 일반적으로 두 부서에서 모두 사용할 수 있는 솔루션을 얻을 수 있습니다. 만약 엔지니어들끼리만 이야기하면 엔지니어에게만 적합한 솔루션을 제안하게 됩니다. 마찬가지로 재무팀도 재무팀에게만 적합한 정책을 만듭니다. 실제로 사람들이 더 집중된 OKR을 정하기 위해 함께 협력하는 것은 모두에게 더 나은 결과를 가져다줄 것입니다.
>
> 조 데일(네이션와이드의 클라우드 비용 최적화 담당 이사)

비즈니스 리더는 얼마나 많은 돈을 지출할 의향이 있는지와 속도를 위해 비용 절약을 포기하고 잠재적으로 낭비할 수도 있는 시점을 결정해야 합니다. 또한 IT를 데이터 센터 밖으로 최대한 빨리 옮길지 고객에게 새로운 서비스를 제공할지 항상 지출 예상치는 분석해놓아야 합니다. 속도는 지출이 허용 가능한 시점까지만 빨라질 수 있습니다.

이렇게 클라우드 비용이 허용이 가능한 값을 초과할 때까지 기다린 다음 임계치에 다다른 높은 비용에 대응하기 위해 애쓰는 대신 초기 예상치를 설정하고 프로젝트가 진행되는 중간에 때때로 클라우드 지출을 따져보면 갑작스러운 청구에 대한 문제를 방지할 수 있습니다. 그러면 엔지니어는 지출 허용 범위 내에서 마음이 편해질 것입니다. 핀옵스팀은 예산을 정상적이고 쉽게 운영할 수 있도록 확인을 도와줄 수 있고 재무 및 비즈니스 리더는 예산과 목표를 재평가할 수 있게 됩니다.

기업 전체가 이와 같은 행복한 방법을 찾아 기술팀이 허용 가능한 범위 내에서 지출을 유지하면서도 기술팀의 일들이 가능하도록 지출이 이루어져야 합니다. 궁극적으로 클라우드 지출로 얻을 수 있는 비즈니스 가치를 핀옵스의 최고 수준으로 지향하게 됩니다.

다른 조직의 핀옵스 실무자와 목표를 논의하는 것도 자신의 목표를 세우는 데 도움이 될 수 있습니다. 고객에게 중요한 목표와 그 이유를 들어보면 올바른 목표를 설정하고 핀옵스 커뮤니티와 연계하는 데 도움이 될 수 있습니다.

클라우드 이야기

다음은 최근에 핀옵스 재단의 회원이 공유한 목표 예시입니다.

올해 3백만 달러의 비용을 막으려는 목표가 있습니다. 리소스 예약률을 80%까지 늘려서 이를 달성할 계획입니다. 분할된 예산별로 예약 범위를 세분화했습니다. 예약 인스턴스를 계속 구매하여 높은 예약 활용률을 달성하고자 합니다. 95%의 예약 활용률을 목표로 하고 있으며 예산 변동에 따라 이를 분석합니다.

최적화 과정에 매우 중요한 태깅 KPI가 있습니다. 애플리케이션 소유자 태그는 라이트사이징에 매우 중요합니다. 또한 라이트사이징을 벗어나는지도 지속적으로 분석합니다. 제공한 권장 사항을 지켰거나 지키지 않은 사람을 분석합니다. 목표는 라이트사이징에 대한 권장 사항을 따르지 않는 비율을 25% 정도로 맞추는 것입니다.

또한 클라우드 제공 업체 예산에 대해 두 가지 사항을 분석하고 있습니다. 첫 번째는 제공 업체에 약속한 금액이고 두 번째는 각 분할된 예산 내에서의 예산 처리 상황입니다. 마지막으로 라이트사이징과 예약 범위를 통해 비용을 절약할 수 있는 전체 기회를 따져보고 시간이 지나면서 비용이 어떻게 변하는지 지켜봅니다. 전체 비용을 절감할 수 있는 기회를 얼마나 받고 싶은지 올해의 목표가 있습니다.

10.5 목적을 목표 수치로

목적은 단순히 하나의 가치가 아니라 시간의 흐름에 따른 하나의 추세입니다. 매월 x 달러와 같은 단일 값으로 목적을 설정한 경우 월말까지 기다려야 분석할 수 있습니다. 이 목적을 일별 값으로 세분화하면 거의 실시간 분석이 되는 클라우드 지출 그래프를 목표선으로 그릴 수 있습니다. 목표선은 메트릭 중심 비용 최적화에 매우 중요합니다.

데이터에 더 많은 정보를 제공하기 위해 메트릭에는 항상 목표선이 있어야 합니다. 목표선 설정은 조직의 클라우드 전환 과정, 지출하는 데 얼마나 적극적인지, 혁신을 가능하게 하기 위해 더 많이 지출할 때 두는 가치 등에 따라 정해지게 됩니다.

현재 철의 삼각에서 '빠른' 부분에 초점을 둔 조직은 목표를 매우 높게 설정할 수 있습니다. 목표치를 넘게 되면 알려주게 될 것이고 결국엔 예측 수준을 높일 수 있습니다. 반면 철의 삼각에서 '비용' 부분에 중점을 둔 조직은 목표를 기존 지출 패턴과 상당히 유사하게 설정하고 지출을 위반하면 신속하게 조치를 취할 것입니다.

[그림 10-2]에서와 같이 시간에 따른 지출을 그래프로 표시하면 몇 가지 기본적인 사항을 결정할 수 있습니다.

- 현재 하루에 400,000달러에서 530,000달러 사이를 지출하고 있습니다.

- 전반적으로 클라우드 지출이 증가하고 있습니다.

- 지난달의 지출은 이전 달보다 가파르게 증가했습니다.

그러나 클라우드 지출에 대한 이러한 기본 사실은 데이터의 특징에 불과합니다. 그래프에서 실적이나 비즈니스에서의 기대치를 확인할 수 없습니다.

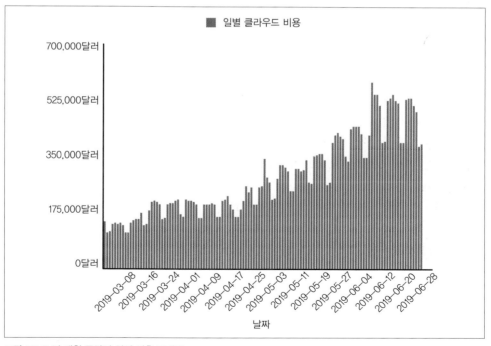

그림 10-2 몇 개월 동안의 일일 지출 그래프

그러나 [그림 10-3]과 같이 목표선을 추가하면 훨씬 더 많은 것을 확인할 수 있습니다.

- 지출은 한동안 목표에 못 미쳤습니다.

- 지난달에는 목표보다 초과 지출했습니다.

- 지난 몇 달 동안 목표를 수정하지 않았습니다.

- 현재 추세가 변경되지 않으면 이번 달에도 다시 목표치를 초과하게 됩니다.

목표선을 추가하면 그래프로 표시된 데이터 지점에 대한 더 많은 정보들을 얻을 수 있습니다. 가능하면 데이터들이 조직에 미치는 영향을 알 수 있도록 항상 차트에 목표선을 포함시켜야 합니다. 이것은 4장에서 논의된 바와 같이 핀옵스의 용어로 동작하게 됩니다.

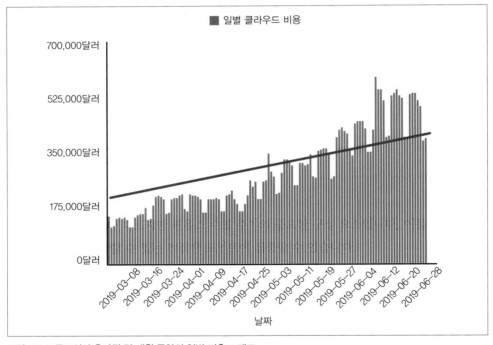

그림 10-3 목표선이 추가된 몇 개월 동안의 일별 지출 그래프

10.6 이상 징후 탐지

일반적으로 현재 메트릭이 목표와 크게 다를 경우 문제가 됩니다. 예산을 유지하려면 팀은 목표의 위반을 심각하게 받아들이고 가능한 한 빨리 메트릭 성능 변화에 대응해야 합니다.

메트릭이 목푯값에 한참 못 미치는 경우에는 중요하지 않은 것처럼 보일 수 있지만 예상되는 수준으로 목표를 설정하기 위해 항상 노력해야 합니다. 이렇게 하면 분석하는 숫자에 대한 신뢰가 생기고 모든 세부 사항이 목표 설정 단계에 포함됩니다.

때때로 팀은 선택을 해야 하며 이런 선택은 예산에 영향을 미칩니다. 한 팀이 프로젝트에 문제가 있다고 생각해보기 바랍니다. 이들의 계획은 비용을 낮추기 위해 더 작은 클라우드 리소스를 배포하는 것이었지만 프로젝트를 정상 궤도에 위해 더 큰 리소스를 배포하고 더 빨리 작업을 완료하기로 결정했습니다. 이로 인해 단기적으로는 목표가 위반될 수 있지만 프로젝트를 적시에 제공할 수 있다는 비즈니스 이점이 있습니다. 이것은 예상되는 이상 현상으로 분류한 경우입니다. 원하는 비즈니스 성과를 달성하기 위해 계획된 예산을 초과하기로 결정되어 있었습니다.

예상치 못한 이상 현상은 팀이 예산을 유지할 것으로 예상하여 리소스를 배포한 후 예산을 초과하는 추세를 보이는 경우 발생합니다. 예상치 못한 문제는 일반적으로 배포된 항목이나 팀에 설정된 대상을 변경해야 함을 의미합니다.

예를 들어 제품의 새로운 기능으로 인해 고객과의 서비스 상호 작용이 많아져서 비용이 증가할 것으로 가정하겠습니다. 이러한 비용 증가로 인해 수익이 증가하면 클라우드 지출에서 볼 수 있는 좋은 이상 징후 현상입니다(19장에서 비용 대비 수익을 분석할 수 있는 프로세스인 단위 경제에 대해 살펴볼 것입니다).

또한 클라우드 지출에 직접적인 변경이 없더라도 이상 징후를 확인할 수 있어야 합니다. 팀원이 새로운 클라우드 서비스 옵션을 사용하기 시작하면서 일반적인 클라우드 서비스 옵션을 대체하면 클라우드 서비스 옵션별로 비용을 보여주는 이상 징후 보고서를 통해 이 사실을 알 수 있습니다. 이 보고서의 이상 징후는 새로운 서비스를 사용하기 전에 보안이나 규정 준수 등의 이유로 승인이 필요한 회사에 매우 중요할 수 있습니다.

비용 최적화를 추진하면 최적화 성능의 예기치 않은 변화를 식별할 수 있으며 이를 통해 핀옵스 전략의 일부가 올바르게 수행되지 않았음을 알 수 있습니다. 최적화 보고서의 이상 징후를 통해 핀옵스팀은 조직이 기대하는 절감 효과를 유지하도록 조기에 대응할 수 있게 됩니다. 자동화된 머신러닝기반 이상 징후 탐지를 활용하면 서울에서 김서방을 빠르게 찾을 수 있습니다.

10.7 예측 충족을 위한 지출 감소

지금 무엇을 지출하고 있고 무엇이 예측되는지 알고 있을 때 다음에 따라오는 분명한 질문은 예측이 초과했을 때 무엇을 해야 하는지입니다. 클라우드 요금을 줄이는 데에는 두 가지 방법이 있습니다. 두 가지 방법을 가장 잘 이해하기 위해 클라우드 요금 청구 방식을 다시 살펴보겠습니다.

10.7.1 적게 사용하는 것과 적게 지불하는 것

5장에서는 클라우드 공급 업체가 요금을 청구하는 방법을 다뤘습니다. 클라우드 지출의 기본 공식은 **지출 = 사용량 × 요금**입니다. 지출을 줄이려면 **사용량**을 줄이거나 클라우드 서비스 제공 업체별 옵션을 사용하여 리소스에 대한 **요금**을 줄일 수 있습니다.

배포된 리소스(예를 들어 vCPU와 메모리가 적은 소규모 가상 시스템)의 크기를 줄이거나 필요하지 않을 때 전원을 끄거나 제거하여 사용량을 줄입니다. 일반적으로 일정 기간에 정해진 사용량을 클라우드 서비스 제공 업체에 약속하여 요율을 절감할 수도 있습니다. 그러면 이런 리소스에 지불하는 요금이 줄어듭니다

11장과 12장에서 사용량과 요금 인하라는 두 가지 활용 방안에 대한 전략을 다루겠습니다.

10.8 마치며

핀옵스 수명 주기의 정보 제공 단계를 통해 리소스가 어디에 있는지 이해하는 데 도움이 되었을 것입니다. 최적화 단계로 넘어가려면 예상하는 리소스 위치에 대한 목표를 세워놓기 바랍니다. 이러한 목표를 활용하여 비즈니스에서 주의가 필요한 항목에 집중할 수 있습니다.

요약하면 다음과 같습니다.

- 최적화 단계는 항상 비용 절감에 관한 것이 아니라 효율적인 지출에 관한 것입니다.

- 목표는 측정 항목에 대한 정보들을 제공하여 사람들이 리소스가 어디에 있는지, 어디에 있어야 하는지 이해할 수 있도록 합니다.

- 초기에 발견된 이상 징후를 신속하게 해결하여 청구 문제를 사전에 피할 수 있습니다.

- 사용량 감소나 요금 인하를 통해 비용을 절감할 수 있습니다.

클라우드 지출을 줄일 때는 실제로 필요한 것을 이해하는 것이 중요합니다. 혁신 비용이나 중요한 프로젝트에 영향을 미치는 비용 절감은 항상 피해야 합니다. 클라우드에서 비용 절감은 복잡하지만 다음 장들에서 이를 세분화하면 좀 더 도움이 될 것입니다.

CHAPTER 11

사용량 줄이기: 사용량 최적화

11장에서는 핀옵스 수명 주기에서 가장 어려운 부분인 사용량을 줄이는 일에 대해 설명합니다. 사용량 감소는 힘들기도 하고 문화적인 측면에서도 실제 실행까지 하기에 시간이 꽤 걸릴 수 있습니다. 빠르게 목표를 달성하고 싶다면 13장에서 다루는 예약 인스턴스, 약정 사용 할인을 구입하는 것이 더 빨리 비용을 절감할 수 있는 방법이라는 것을 알게 될 것입니다. 설계 작업 없이 비용을 획기적으로 절감할 수 있는 예약 구매와 달리 사용량을 줄이려면 엔지니어가 스프린트에 최적화 작업을 추가해야 합니다. 이것은 쉽지 않다고 이야기하는 것이 아니라 더 많은 노력이 필요하다는 것입니다.

클라우드 서비스 제공 업체는 사용한 만큼 비용을 지불한다는 개념으로 판매합니다. 그러나 더 정확한 설명은 사용 여부에 관계없이 배포한 리소스에 대해 비용을 지불한다는 것입니다. 11장에서는 클라우드 계정에 배포되어 사용되지 않거나 비효율적으로 사용되는 리소스를 알아보겠습니다.

11.1 클라우드 소비의 냉혹한 현실

사용 최적화에 대해 관심을 갖기 시작하면서 다음과 같은 대화를 듣더라도 놀라지 마세요.

> 핀옵스 전문가: "여기에서는 이 인스턴스를 활용하지 않는 것 같습니다. 필요하신가요?"

> 팀원: "그게 아직도 있나요? 까먹었어요! 지금 삭제하겠습니다."

이때 여러분은 아뿔싸 하며 이마를 칠 수 있습니다. 조금 더 빨리 질문했다면 해당 리소스에 대한 비용을 몇 달 치 절약했을 수 있습니다.

하지만 그렇게 간단하지 않습니다. 클라우드에서 적정 규모로 운용해도 활용률이 낮거나 잊힌 리소스는 분명히 있습니다. 클라우드에서 제한이 없이 리소스를 사용할 수 있는 경우 대부분의 엔지니어는 더 큰 리소스를 찾는 경향이 있습니다. 더 큰 리소스로 선택하면 종종 한밤중에 장애 발생으로 엔지니어가 전화를 받는 상황을 막아줍니다.

그러나 어떤 리소스를 선택지로 검토해야 하는지 알기가 어려울 수 있습니다. 앞에서 언급했듯이 각 팀은 애플리케이션의 요구 사항을 반영할 수 있는 올바른 지표를 가지고 있어야 합니다. 또한 리소스의 규모 및 현재와 같이 운영하는 방식에 대한 모든 비즈니스 이유를 이해해야 합니다. 핀옵스에서는 조직의 모든 그룹이 일관된 워크플로를 따르고 권장 사항을 수행하기 위해 함께 협력해야 하므로 핀옵스는 조직 전체에 매우 효과적입니다.

사용량을 줄이는 워크플로를 도입하면 이전에 대규모 리소스에 돈을 낭비한 부분을 절약할 수 있으며 향후 클라우드 사용량 내에서 낭비가 지속하는 것을 방지할 수 있습니다. 무엇이 낭비되는지, 조사가 필요한 리소스를 확인하는 방법, 사용량을 줄이는 방법, 사용량을 줄이도록 변경 사항을 구현하는 방법, 진행 상황을 파악하는 올바른 방법에 대해 알아보겠습니다.

규모에 맞게 사용량을 줄이려면 문화적 변화도 필요합니다. 일회성 문제가 아니라 지속적으로 적절한 크기의 리소스를 선택하고 필요 이상으로 배포한 것을 제거하는 반복 과정이 필요합니다. 사용량을 줄이려면 엔지니어가 배치에 필요한 항목으로 메모리와 대역폭을 생각하는 것처럼 비용 또한 배치하는 데 있어서 중요한 KPI로 생각해야 합니다. 그리고 비용을 효율성 지표로서 생각하는 것이 얼마나 가치가 있는지 곧 알게 될 것입니다.

리소스의 크기를 절반으로 줄이면 일반적으로 비용의 50%가 줄어듭니다. 또는 연결되지 않은 블록 스토리지 볼륨이나 유휴 인스턴스와 같은 미사용 리소스라면 100%가 절감됩니다. 예약과 달리 클라우드 제공 업체에 대한 약속은 없으므로 원하는 경우 언제든지 인스턴스의 크기를 조정하거나 사용 중인 전체 리소스를 중단할 수 있습니다. 13장에서 다룰 예약 인스턴스와 같은 요율 감소 옵션을 통해 적당한 크기의 리소스도 추가로 절약할 수 있습니다.

처음에 사용량 감소를 추진하다 보면 감축에만 신경 쓰게 되는 경향이 있습니다. 팀은 인프라를 검토하여 꼭 활용해야 하는 리소스들을 확보합니다. 이후 사용량 감소를 추진하는 단계에서 종종 애플리케이션을 다시 개발하여 클라우드 네이티브 접근 방식으로 더 많이 활용하고, 더 저렴한 클라우드 서비스를 사용하게 됩니다. 이때부터 클라우드에서 전체 서비스 운영비용을 절감하게 됩니다.

완벽한 결정을 내리는 것이 목표가 아닙니다. 상황과 데이터를 고려하여 최선의 결정을 내리고 자주 재평가하는 것이 중요합니다.

11.2 낭비는 어디에서 생길까

낭비는 애플리케이션의 요구에 더 잘 맞도록 리소스의 크기를 조정하거나 줄임으로써 피할 수 있는 유료 사용량이나 유료 사용량의 일부입니다.

클라우드 리소스가 처음 배포될 때 용량 요구 사항이 제대로 알려지지 않았거나 잘 이해하지 못하는 경우가 많습니다. 이는 배포 초기에 대부분의 사람에게 마찬가지입니다.

이러한 불확실성으로 성능 문제가 발생하지 않도록 팀에서는 용량을 초과하여 배포하게 됩니다. 물론 초기 구축 시에 리소스를 초과하여 배포하는 것은 나쁘지는 않습니다. 클라우드의 장점은 신속하게 배포한 후 그에 따라 조정할 수 있다는 점입니다. 막고 싶은 것은 리소스를 배포하고 배포된 초과 용량에 대해 모니터링하지 않는 것입니다. 신경을 쓰지 않으면 리소스에 대해 지불해야 할 비용보다 훨씬 더 많은 비용을 실제로 오랫동안 지불했다는 것을 알게 됩니다.

팀이 활용률 지표를 기반으로 리소스를 관리하지 않으면 낭비되는 양이 커집니다. 리소스의 크기가 필요한 이상으로 초과하는지 여부를 지속해서 모니터링해야 합니다. 오늘 리소스를 적당하게 사용하고 있는 서비스라도 내일 효율적인 서비스 코드를 배포하고 다시 전체적으로 적게 할당할 수 있기 때문입니다. 고객 행동의 변화도 용량 요구 사항의 감소로 이어질 수 있습니다.

11.3 제거, 이동을 통한 사용량 감소

연구에 따르면 두 가지 유형의 클라우드팀이 있습니다. 할당된 일부 리소스의 존재를 잊어버린 팀과 일부 리소스의 존재를 잊어버렸다고 거짓말하는 팀입니다. 다시 말해 클라우드 계정에 노는 리소스가 있다는 것을 잊어버리고 남겨 두는 것이 매우 일반적입니다.

> **TIP** 매달 비용이 비슷하게 유지되거나 만든지 오래된 리소스들을 확인하여 낭비하는지 찾아보길 바랍니다(오래되고 변화 없이 그대로 두는 것은 클라우드에서 운영하는 방식이 아닙니다).

팀원들에게 리소스를 잊지 말라고 해도 모든 것이 해결되진 않습니다. 지시에 따라 리소스를 제거하도록 구성되지 않은 자동화 예외에 속해서 리소스가 생성되었을 수도 있습니다. 또는 종료 시점에 대해 일정이 명확하지 않아서 리소스를 의도적으로 남겨두었지만 후속 조치는 수행되지 않는 경우가 있을 수도 있습니다. 또한 서버에 연결된 볼륨과 같이 상위 리소스가 삭제될 때 일부 리소스는 그대로 유지하도록 구성되었을 수도 있으며 일부 리소스를 삭제할 때 클라우드 서비스 공급자는 사용자가 필요한지 여부와 관계없이 데이터의 스냅샷을 자동으로 만들 수도 있습니다.

잊힌 리소스는 팀이 처리하기 가장 쉬운 유형입니다. 이러면 사용량을 줄이는 것은 리소스를 삭제하는 것으로 간단하여 해당 리소스 비용의 100%를 절약할 수 있습니다.

우리가 자주 듣는 또 다른 대화는 데이터를 리소스 내부에 저장해야 한다는 것입니다. 일반적으로 팀에는 장기간 데이터를 보존해야 하는 규정이 있습니다. 이러한 목적으로 사용하지 않은 데이터를 유지해야 하는 경우에도 비용을 줄이는 방법이 있습니다. 예를 들어 클라우드 서비스 공급자는 여러 스토리지 계층을 제공하는데 Azure Archive 또는 AWS Glacier 스토리지와 같은 저가의 콜드 스토리지^{Cold Storage} 리소스로 데이터를 옮길 수 있습니다.

팀은 어떤 데이터를 보관하고 얼마 동안 유지해야 하는지 명확히 하는 데이터 보존 정책을 만드는 것이 좋습니다. 보존 정책이 수립되면 자동으로 다른 스토리지 서비스로 데이터를 이동시키고 필요에 따라 삭제할 수 있습니다.

11.4 라이트사이징: 크기 조정을 통한 사용량 감소

리소스의 크기를 조정하려면 얼마나 많은 리소스가 사용되는지 확인해야 합니다. 이러한 가시성에는 CPU 사용률, 사용된 메모리, 네트워크 처리량, 디스크 사용률이 포함되어야 합니다.

라이트사이징할 때는 단순히 비용 절감을 위해 최적화하는 것이 아닙니다. 또한 팀이 운영하는 서비스에 영향을 미치지 않도록 해야 합니다. 서비스를 관리할 때 팀의 주요 목표는 서비스 자체에 필요한 운영 용량이 부족하지 않도록 하는 것입니다. 적절하게 리소스 조정할 때 특히 상용 애플리케이션을 지원하는 리소스의 크기를 조정하려다 보면 이에 대해 거부하는 일이 종종 있습니다.

팀이 적절하게 리소스 조정하고 확인하기 위해 수행 중인 일들을 중단해야 하는 경우 비즈니스에 실제 영향을 끼칠 수 있습니다. 팀이 비용을 줄이기 위해 리소스 크기 조정에 집중해야 하는지에 대한 여부를 결정할 때 이러한 영향력 고려해야 합니다. 종종 적은 양의 비싼 리소스와 많은 양의 값싼 리소스가 있습니다. 값싼 리소스의 경우 비용 절감이 크게 되지 않습니다. 이런 경우 최소 절감 금액인 한계점을 고려하길 바랍니다. 한계점 아래에서는 굳이 라이트사이징할 필요는 없습니다. 이 한계점의 임계값은 합리적인지 자주 검토해야 합니다. 이 검토의 목적은 라이트사이징을 하는데 시간이 소요되므로 비즈니스에 중요한 절감 효과를 가져다 줄 수 있도록 하는 것입니다.

리소스를 조정하는 동안 리소스에 미치는 영향이나 자동화에 대한 걱정을 줄이고 싶다면 핀옵스팀이 라이트사이징에서 수행하는 역할을 이해하는 것이 중요합니다. 핀옵스는 팀 협업이 중요하므로 핀옵스 담당자가 독립적으로 수행해서는 안 됩니다. 이 부분에서 대화를 하는 것이 중요합니다. 일반적으로 메트릭만 보고 리소스의 크기를 결정하는 데 사용한 방법을 유추하는 것은 불가능하기 때문입니다.

중앙 핀옵스팀은 리소스 사용량에 대한 자동화된 분석을 운영하고 활용률이 낮은 것으로 보이는 리소스에 대한 보고서를 제공하며 더 효율적인 대안 구성을 프로그래밍 방식으로 제공합니다. 그러면 다른 여러 팀은 리소스를 파악한 내용, 리소스 크기 조정이 어려운 이유, 잠재적인 비용 절감을 실현할 수 있는 권장 방안을 받게 됩니다.

워크로드 성능을 저하시키지 않으면서 리소스의 기존 워크로드에 알맞는 여러 가지 권장 사항을 제공하는 것이 중요합니다. 여러 가지 권장 사항을 활용하여 팀은 잠재적인 비용 절감과 리소스 크기를 줄이는 데 따른 위험의 균형을 맞출 수 있습니다. 앱티오의 클라우더빌리티 같은 핀옵스 플랫폼은 이러한 권장 사항을 제공하는 데 큰 도움이 되며 엔지니어링팀은 시그널 Fx^{SignalFx}와 같은 애플리케이션 성능 모니터링 도구를 사용하여 추가로 분석할 수 있습니다.

라이트사이징에 필요한 모든 권장 사항은 누군가와 토론할 수 있는 주제입니다. 기존 리소스의 크기를 조정하는 데 들어가는 전반적인 일들을 알아야 하고 처음부터 시작하는 새 애플리케이션에 대해서도 크기를 적절히 조정해야 합니다.

11.4.1 일반적인 라이트사이징 실수

권장 사항을 잘 따르더라도 사용률이 급증하는 것은 설명할 수 없음

서버 인스턴스와 같은 리소스의 기존 워크로드를 볼 때는 메트릭의 최댓값을 확인하는 것이 중요합니다. 평균 메트릭을 사용하면 잘못될 수 있습니다.

활용률의 변화와 급증을 고려한 다음 통계 모델을 적용하여 가장 일치하는 리소스 크기를 나열하는 것은 쉬운 일이 아닙니다. 지금까지 살펴본 대부분의 도구는 시계열에 대한 사용률 평균만을 기반으로 하여 일종의 경험적인 규칙을 사용한 다음 가장 적합한 리소스 유형을 권장했습니다.

예를 들어 [그림 11-1]의 두 사용량 그래프를 비교할 때 모두 한 시간 평균 CPU 통계가 20%입니다. CPU 사용량 메트릭을 평균으로 사용하면 CPU 사용량이 전체 시간의 20%(오른쪽 그래프에 표시)인지 CPU 사용량 최대치로 1/5시간 동안 있으면서 나머지 4/5시간 동안에는 최소 사용량으로 있는지 알 수 없습니다(그림 11-1 좌측 그래프). CPU 용량이 절반인 인스턴스로 크기를 조정하면 최대 CPU 사용량 동안 왼쪽 인스턴스의 성능에 영향을 줍니다. 일, 시간, 분 단위로 보더라도 중요하지 않습니다. 평균은 인스턴스에서 무슨 일이 일어나고 있는지에 대한 전체 내용을 알려주지 않습니다.

사용률 평균만 사용하면 두 가지 결과를 얻을 수 있습니다. 가장 일반적인 시나리오는 엔지니어가 권장 사항이 완전히 문제임을 인식하고 비용 절감 과제를 종료하는 것입니다. 팀은 많은 시간을 허비했고 배포에 여전히 많은 비용이 소요된다는 것을 알고 있습니다.

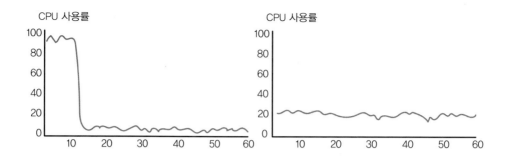

그림 11-1 두 개의 CPU 워크로드를 보여주는 그래프입니다. 좌측 그래프는 짧지만 90% 이상의 최고 사용률을 갖고 나머지 시간 동안 10%미만으로 유지됩니다. 반면 우측 그래프는 지속적으로 20%의 사용률에 머무릅니다.

다른 시나리오는 훨씬 더 나쁩니다. 경험이 부족한 엔지니어가 계속해서 권장 항목에 맞춰 조치를 취할 수 있습니다. 일상적인 시간에는 새롭게 변경한 리소스 구성이 제대로 유지될 수 있습니다. 그러나 규칙적인 사용량이 급증하거나 변화가 생기면 문제가 발생합니다. 리소스가 감당할 수 있는 수준 이상으로 요구가 들어옵니다. 성능이 저하되기 시작하고 운영 중단이 발생할 수도 있습니다. 잠재적인 비용 절감을 하려다 비즈니스 대한 위험이 막대하게 커지게 됩니다.

컴퓨팅 범위를 넘어서는 크기 조절로 실패

누구나 처음에는 컴퓨팅 비용 절감에 집중하는 것을 좋아하지만 라이트사이징을 하기 위해서는 컴퓨팅 이상으로 범위를 확장해야 더 큰 클라우드 비용 상황을 해결할 수 있습니다. 전반적으로 사용률에 대한 이슈가 있지만 관계형 데이터베이스 서비스^{Relational Database Service}(RDS)와 같은 데이터베이스 서버와 엘라스틱 블록 스토리지^{Elastic Block Store}(EBS)와 같은 스토리지 관련해서는 특별히 언급할만합니다. 데이터베이스와 스토리지 같은 비 컴퓨팅 서비스를 고려하지 않을 경우 상당한 비용을 절감할 수 있습니다.

리소스의 형태는 중요치 않음

라이트사이징 과정에서 하나의 컴퓨팅 제품군으로만 한정하여 결정하면 안 됩니다. 클라우드 공급자에는 여러 가지 전문적인 컴퓨팅 제품군이 있으므로 워크로드에 알맞게 리소스 형태를 선택해야 합니다. 예를 들어 특정 r5 인스턴스의 메모리는 실제 사용량에 비해 과도하게 초과하여 배포될 수 있지만 CPU의 사이즈는 어느 정도 맞습니다. 이런 상황은 메모리를 줄이면서 동시에 CPU 사이즈는 일관되게 유지함으로써 수요에 맞게 형태를 정확하게 맞출 수 있는 기회입니다. 이 시나리오에서 `r5.large`에서 `c5.large`의 인스턴스로 변경하면 상당한 비용을 절약할 수 있게 됩니다.

라이트사이징을 하기 전에는 성능을 시뮬레이션 하지 않음

팀에서는 아마도 클리핑clipping(서버의 리소스를 줄일 때 성능에 영향을 미치는 경우)에 대해 우려할 수 있으며 이러한 우려로 최적의 결정을 내릴 수 없습니다. 하지만 권장 사항이 인프라에 어떤 영향을 미치는지 예측할 수 있는 방법이 있기에 클라우드 최적화를 위한 그나마 더 나은 선택을 할 수 있습니다. 라이트사이징을 하기 전에 각 옵션이 미치는 영향을 시각화하고 컴퓨팅 제품군 전체에 걸쳐 여러 권장 사항을 고려해야 합니다. 이렇게 하면 [그림 11-2]처럼 클리핑이 발생할 가능성을 사전에 평가하고 실현할 절감 효과와 비교하여 해당 위험을 고려할 수 있습니다. 이 단계가 없으면 너무 보수적이거나(제한된 비용 절감) 너무 공격적(성능 문제)이 될 수 있습니다.

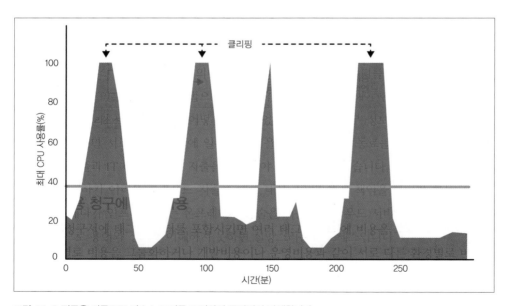

그림 11-2 평균을 기준으로 리소스 크기를 조정하면 클리핑이 발생합니다.

예약 인스턴스의 불확실성으로 인한 망설임

일반적으로 팀은 '예약 인스턴스 적용 범위에 영향을 미치고 낭비를 유발할 수 있기 때문에 리소스의 크기를 조정하고 싶지 않다'고 생각합니다. 이 걱정이 의미가 있고 주의했어야 했던 때가 있었습니다. 그러나 더 이상은 아닙니다. 이제 세 곳의 클라우드 공급자 모두 훨씬 더 많은 유연성을 제공하고 자신 있게 리소스 크기를 조정할 수 있는 다양한 옵션을 제공합니다. 유연성있게 예약을 하면 사용량 절감 노력에 의해 기존 예약이 영향을 받는 경우 예약을 조정할 수 있습니다. 이러한 유연성 개념은 12장과 13장에서 다루겠습니다.

11.4.2 EC2를 넘어서: 블록 스토리지 비용을 통제하는 팁

분리된 볼륨은 제거

AWS의 EBS나 GCP의 영구 디스크와 같은 모든 블록 스토리지들은 컴퓨팅 인스턴스가 중지된 후에도 볼륨이 유지됩니다. 이는 데이터 보존 관점에는 좋지만 더 이상 필요하지 않은 스토리지 비용을 지불하는 경우에는 좋지 않습니다. 사용되지 않은 볼륨은 연결되지 않은 볼륨이나 분리된 볼륨이라고 하며 상태를 확인하면 '사용 가능'으로 표시됩니다. 이러한 볼륨은 연결된 컴퓨팅 인스턴스가 없으면 트래픽을 전혀 처리할 수 없으므로 쓸모가 없습니다. 돈을 절약하는 첫 번째 단계는 이런 스토리지 볼륨을 없애는 것입니다.

하나의 팁은 연결되지 않은 볼륨을 종료하는 것이지만 데이터가 절대 필요하지 않다고 확신하는 경우에만 수행해야 합니다. 볼륨이 마지막으로 연결된 시기를 확인하기 바랍니다. 몇 달 전에 연결되었다면 더 이상 볼륨이 필요하지 않을 가능성이 큽니다. 특히 상용 환경이 아닌 경우에 더 그렇습니다. 삭제 조치를 취하기 전에 이 데이터에 대한 데이터 보존 요구가 없는지도 확인해야 합니다.

더 신중한 접근 방식은 먼저 볼륨의 스냅샷을 만든 다음 종료하는 것입니다. 스냅샷은 항상 원래의 볼륨보다 저렴합니다. 스냅샷을 활용하면 빈 공간을 버리고, 데이터를 압축하며, AWS의 S3나 GCP의 클라우드 스토리지와 같은 저렴한 스토리지 계층에 저장합니다. 볼륨을 복원해야 한다면 스냅샷에서 원상 복구할 수 있습니다.

처리량 0이나 IOPS 0에 집중

분리된 볼륨을 제거했으면 이후엔 연결된 볼륨 중에 아무것도 수행하지 않는 것들을 찾게 될 겁니다. 연결된 인스턴스가 꺼져 있고 볼륨이 잊혀지면 아무것도 수행하지 않는 볼륨들이 종종 나타납니다. 이러한 볼륨을 찾아보려면 볼륨의 네트워크 처리량과 아이옵스input/output operations per second(IOPS)를 살펴보기 바랍니다. 지난 10일 동안 처리량이나 디스크 작업이 없으면 볼륨이 사용되지 않은 것입니다.

블록 스토리지 비용 관리를 최우선 과제로

블록 스토리지 볼륨을 사용하면 스토리지와 성능이라는 두 가지 주요 속성에 대한 비용을 지불하게 됩니다. 저장되는 기가바이트당 위치와 볼륨 유형에 따라 요금이 청구됩니다. 성능 면에서는 IOPS나 처리량이 많을수록 비용이 더 비쌉니다. 놀랍게도 클라우드 지출을 최적화할 때 볼륨이 무시되는 경우가 많습니다.

성능이 더 좋은 IOPS 볼륨을 줄이기

AWS PIOPS나 Azure Premium Disk와 같이 높은 IOPS를 보장하는 볼륨은 저렴하지 않으며 비교적 다른 볼륨으로 쉽게 변경할 수 있습니다. 통계 정보를 확인하여 활용도가 낮은 디스크를 찾을 수 있고 엔지니어가 디스크를 변경 작업할 수 있다면 볼륨 비용을 크게 줄일 수 있습니다.

일래스틱 볼륨 활용

AWS EBS를 사용하면 볼륨을 사용하는 동안 볼륨 크기를 늘리거나 성능을 조정하거나 볼륨 유형을 변경할 수 있습니다. 애플리케이션이 적극적으로 볼륨에서 입출력 작업을 하는 동안에도 수행할 수 있습니다. 작업하기 위한 유지보수 시간이나 다운타임이 필요 없습니다. 스토리지를 더 이상 미리 과도하게 잡아놓을 필요가 없어 비용을 크게 절감할 수 있습니다.

11.5 재설계를 통한 사용량 절감

사용량을 줄이는 방법 중 가장 복잡한 방법은 서비스 자체를 재설계하는 것입니다. 엔지니어링 팀이 소프트웨어 구현 방식을 변경하거나, 애플리케이션을 다시 코딩하거나, 소프트웨어를 완전히 변경하여 클라우드 네이티브 제품들을 활용할 수 있습니다.

11.5.1 리소스 크기 변경

리소스의 크기를 변경해놓는 것이 항상 완벽하진 않습니다. 업무시간 동안에는 리소스를 완벽하게 활용할 수 있어도 업무시간 외에는 리소스 활용률이 다를 것입니다. 물론 인스턴스 크기를 더 작게 조정하면 업무시간 중에 인스턴스가 과도하게 사용되어 성능 문제가 발생할 수 있습니다.

팀은 상용 서비스를 클라우드 네이티브로 설계하여 클라우드의 탄력성을 활용할 수 있습니다. 가장 일반적인 방법은 사용량이 많은 시간 동안 서비스를 수평으로 확장scale out(더 많은 리소스를 배포)한 다음 사용량이 적은 시간에 다시 축소scale in하는 것입니다. 서비스 자체는 이러한 동적 확장을 지원해야 하며 이를 위해서는 애플리케이션 코드를 재설계해야 합니다. 만약 독점 소프트웨어의 경우라면 확장이 전혀 불가능할 수도 있습니다.

11.5.2 예정된 작업

팀은 종종 자는 동안에도 개발 및 테스트 환경을 계속 운영합니다. 지리적으로 중앙집중화된 개발팀이 있는데 일주일에 40~50시간 동안 리소스를 사용하고 남은 118~128시간 동안에는 리소스를 전혀 사용하지 않는다고 가정해보겠습니다. 개발팀이 일주일의 약 70%만큼의 개발 리소스를 끌 수 있다면 조직에 막대한 비용을 절감할 수 있습니다. 한편 개발팀이 전 세계적으로 분산되어 있다면 모든 사람이 주말을 포함해서 24시간 내내 리소스를 활용할 것입니다.

리소스가 시간 내에 중단되도록 하는 가장 좋은 방법은 리소스가 불필요할 때 자동으로 끌 수 있는 방법을 개발팀에 제공하는 것입니다. 나중에 핀옵스 수명 주기의 운영 단계에 대한 자동화에 대해 다루겠습니다.

11.6 예약 인스턴스에 미치는 영향

핀옵스팀은 종종 '사용량을 줄이면 예약해놓은 것들은 어떻게 하나요'라는 질문을 받습니다. 약정 사용 할인이나 예약 인스턴스와 같이 약속한 예약이 있는 경우 사용량이 변경되면 예약이 충분히 활용되지 않을 것으로 우려하곤 합니다. 일반적으로 예약 인스턴스나 약정 사용 할인과 같은 최적화를 수행하기 전에 사용량 최적화를 먼저 수행하면 이런 문제를 방지할 수 있습니다.

한편 사용량을 절감하는 데 다소 시간이 걸릴 수 있습니다. 일반적으로 처음에 예상했던 것보다 훨씬 더 오래 걸립니다. 거의 매일 누군가가 사용량 최적화하여 인프라를 정리한 후에 예약 인스턴스를 구매할 것이라고 합니다. 10번 중 9번은 사용량 절감에 필요한 시간이 예상보다 오래 걸리고(보통 몇 달) 그 기간에 대용량 리소스의 비용을 비싼 온디맨드 요금으로 지불하게 됩니다.

> 라이트사이징을 하는 일은 매우 개별적이고 긴 시간이 필요한 과정입니다. 엔지니어들은 인프라 때문에 고생합니다. 이러한 가운데 '인스턴스가 더 커야 합니다 혹은 더 작아야 합니다'라고 훈수 두기는 쉽지 않습니다. 이러한 변경 작업을 수행하려면 반복적인 테스트와 많은 노력이 필요하기 때문입니다. 따라서 예약 인스턴스를 중앙집중화하여 선불용으로 투자하고 예약 인스턴스 활용률을 높이는 정도로만 목표를 잡는다면 최종적으로 라이트사이징 하는 일이 마무리될 겁니다.
>
> 제이슨 풀러(히어 테크놀로지의 클라우드 관리 책임자)

우선순위는 바뀌는 경향이 있으며 해결해야 할 이슈들은 주기적으로 발생합니다. 이러한 사실을 운명으로 받아들이고 현재 얼마나 많은 낭비를 하고 있는지 생각하는 것과 상관이 없이 예약 인스턴스나 약정 사용 할인을 즉시 다룰 수 있어야 합니다. 우리가 권장하는 전략은 20~25%의 소규모 적용 범위로 시작한 다음 리소스 크기를 조정하는 노력과 함께 천천히 확장하는 것입니다. 이 내용은 14장에서 더 자세히 살펴보겠습니다.

클라우드 전체 사용량에 맞춰 완벽하게 예약했더라도 사용량 최적화는 여전히 할 수 있어야 합니다. 앞으로는 예약을 약속하기 전에 앞서 조직에서는 가능한 최적 사용량을 고려하기 바랍니다. 대부분의 클라우드 서비스 제공 업체에서는 새로운 사용 한도에 알맞게 예약을 변경할 수 있습니다. 어떤 계획에서는 잘못된 예약에 얽매이지 않고 변경이 필요하면 예약을 수정하여 사용량을 줄이기도 합니다.

11.7 노력 대비 이익

사용량 절감을 위한 권장 사항을 살펴볼 때는 엔지니어링 노력과 상용 서비스에 대한 위험에 대비하여 가능한 절감 효과를 고민해보아야 합니다. 변경이 필요한 사항을 확인했는데 구현하는 데 필요한 시간과 노력이 절감 효과보다 크다면 이러한 권장 사항은 무시하는 것이 가장 좋습니다. 이론적으로는 가치가 낮거나 위험을 감수해야 하는 경우 권고 사항을 필터링하게 될 것입니다.

핀옵스 재단 회원이 클라우드 비용을 엔지니어링 시간 측면으로 변환해서 살펴보았습니다. 즉 절감 비용을 절감 엔지니어링 시간(인건비)으로 변환했습니다. 절감 시간을 만들기 위해 얼마나 많은 엔지니어링 시간이 필요할지 고민합니다. 만약 3시간의 엔지니어링 시간을 사용하여 비용을 절감하고 엔지니어링 1,000시간을 확보할 수 있다면 작업을 수행할 수 있습니다. 엔지니어링 시간을 5시간만 확보할 수 있다면 설득력이 떨어집니다.

엔지니어링 시간 측면에서 절감 효과를 생각하면 팀 자체적으로 창출하는 절감 효과를 팀의 잠재적인 새 엔지니어로 생각할 수 있습니다. 더 많은 엔지니어링 시간을 확보할수록 추가 인력을 승인받을 가능성이 큽니다.

그리고 변경 사항이 미치는 영향을 먼저 조사하지 않고 무턱대고 변경하는 것은 권장하지 않습니다. 때때로 팀은 영향력을 파악하지 않고 변경 작업을 수행하거나 리소스 크기를 강제로 조정하는 자동화를 설정하기도 하는데 이로 인해 상용 서비스에 문제가 발생할 수 있습니다.

사용량을 줄이기 위한 변경 작업에 시간을 투자하기 전에 팀은 되돌릴 가능성을 고민해야 합니다. 향후 몇 주 동안 워크로드가 증가할 것으로 예상할 때 같은 시간에 리소스 크기 축소를 시작한다면 축소 작업을 하자마자 다시 리소스를 크게 키워야 할 것입니다. 결과적으로 일을 두 번 하게 되므로 시간 투자에 좋지 않습니다. 또한 변경을 통해 실현할 수 있는 이점을 검토하면서 다른 프로젝트도 고려해야 합니다. 인스턴스의 크기를 조정한 지 며칠 만에 새 서비스를 출시한다고 인스턴스를 교체하면 크기 조정 작업이 허무하게 됩니다. 크기 조정 작업을 하기 위해 보냈던 시간을 다른 곳에서 썼다면 비즈니스에 더 나은 혜택이 있었을 것입니다.

전체 클라우드 비용과 비교하면 절감 효과는 미미할 수는 있지만 시간이 지남에 따라 절감 효과가 점점 증가한다는 점을 기억해야 합니다. 불필요한 리소스를 제거하면 이후 매월 청구서에서 해당 리소스에 대한 요금이 청구되지 않습니다.

11.8 서버리스 컴퓨팅

서버리스serverless 컴퓨팅은 클라우드 공급자가 서버를 실행하고 시스템 리소스 할당을 동적으로 관리하는 모델입니다. 가격은 사전구매한 용량의 단위가 아닌 실제 수행한 기능을 기반으로 정합니다.

서버리스 컴퓨팅은 11장의 앞부분에서 설명한 것처럼 사용이 안 되었거나 활용률이 낮아서 발생하는 많은 문제를 제거합니다. 서버리스에서는 실제로 사용 중인 것에 대해서만 비용을 지불합니다. 잘 사용되지 않은 리소스는 일반적으로 그대로 놔두기가 쉽지 않습니다. 새로운 서버 인스턴스를 시작하고 필요에 따라 소프트웨어를 배포하는 것과 비교해서 서버리스 아키텍처는 요청을 매우 빠르게 처리할 수 있습니다.

그렇다고 서버리스로의 전환이 비용이 들지 않는다거나 낭비 문제에 대한 만병 통치약은 아닙니다. 최근 핀옵스 재단 내에서 애플리케이션에 대한 서버리스 비용과 현재 컴퓨팅이 많은 아키텍처를 예측하고 비교할 수 있는 최적의 방법에 대해 활발한 토론이 있었습니다. 몇 가지 예외적인 방법이 제안되었고 결국 토론에서는 이러한 환경이 계속 발전하고 있다는 것을 보여주었습니다.

서버리스로 전환할 계획을 수립하다 보면 수행 과정은 여전히 복잡하며 비용 절감 효과는 별로 없습니다. 대규모 서버 인스턴스에서 여러 개의 람다[1]를 동시에 수행하는 것으로 전환하라는 권장 사항은 의미가 없습니다. 엔지니어링 노력에 비해 비용 절감 효과가 적기 때문입니다. 실제 비용은 클라우드 요금이 아니라 애플리케이션의 아키텍처를 변경하는 비용에서 발생합니다. 그렇다보니 서버리스의 예측이나 최적화에 대해 걱정할 필요가 없습니다. 간단히 말해서 서버리스는 저렴하지만 서버리스에 대한 재설계는 비쌉니다. 따라서 서버리스는 기존 애플리케이션보다는 처음 개발을 시작하는 프로젝트에 더 나은 선택지입니다.

총소유비용, 솔루션을 구축하는 데 필요한 엔지니어링팀의 비용, 시장 출시에 필요한 시간과 같이 수익성에 미치는 영향이나 서버리스를 평가할 수 있는 완전히 다른 관점들도 있습니다. 또한 서버리스를 활용하면 클라우드 공급자에게 많은 책임을 위임할 수 있습니다. 데브옵스 엔지니어가 일반적으로 처리하는 업무(서버 관리, 확장, 배포, 패치 등)는 AWS, GCP, 애저의 책임이 되므로 개발팀은 차별화된 기능을 더 빠르게 제공하는 데 집중할 수 있습니다.

---

1 옮긴이_ 서버리스의 대표적인 서비스로는 AWS의 람다가 있습니다.

이 책에서도 인프라 자체 비용에 중점을 두는 경우가 많습니다. 그러나 소프트웨어 개발에서 가장 큰 비용은 일반적인 인건비입니다. 서버리스에 대한 논의를 할 때 양쪽의 의견을 모두 듣고 고민하기 바랍니다. 서버에 올리는 기존의 모놀리식^{monolithic} 애플리케이션에서 서버리스 애플리케이션으로의 전환을 고려할 때 인건비로 인해 인프라 절감 효과를 크게 보지 못할 수 있습니다. 노력 대비 이익에서 서버리스를 재설계하는 데 드는 전체 비용과 비용 절감 가능성을 고민해야 합니다.

그러나 새롭게 개발하는 서비스에 대해 서버리스로 구축하면 인건비 절감 효과를 볼 수 있습니다. 서버리스는 직접 기능들을 일일이 구축하거나 만들지 않고 이미 클라우드에서 제공하는 서비스를 활용하여 출시 기간을 단축할 수 있으며, 지속적인 운영 요구 사항을 크게 줄일 수 있습니다. 서버리스는 이러한 이점을 통해 서버를 유지 관리하는 대신 리소스를 연결하여 원하는 서비스를 만들 수 있습니다.

핀옵스의 다른 모든 것과 마찬가지로 서버리스에 대한 전체 논의는 핀옵스 목표를 기반으로 해야 합니다. 이것은 돈을 절약하는 것이 아니고 돈을 버는 것에 대한 이야기입니다. 클라우드 요금제에서 서버리스를 활용하면 실제로 어떤 애플리케이션에서는 더 많은 비용이 소요될 수도 있고 다른 애플리케이션에서는 막대한 비용을 절감할 수도 있습니다. 이렇게 달성하는 절감 효과의 실제 비용은 인건비가 되겠지만 서버리스를 통해 얻을 수 있는 진정한 이점은 출시 기간의 단축일 수도 있습니다. 게다가 경쟁 우위에 있어서 기회비용은 실제 비용보다 중요하기도 합니다.

11.9 의미가 있는 낭비

큰 리소스를 사용하는 것처럼 보이는 모든 사람에게 리소스를 줄이라고 하면 반감을 살 수 있습니다. 물론 핀옵스가 이루어지고 있는 상황에서는 이렇게 말하지 않아도 됩니다. 성공적인 핀옵스 상황에서는 여러 부서의 팀이 서로 대화하는 가치를 극대화 합니다. 리소스를 크게 사용해야 하는 타당한 이유가 있다는 것을 이해하면 라이트사이징에 대한 생각이 달라질 수 있습니다. 많은 재무팀 리더는 큰 리소스를 사용하는 부서의 경영진에게 가서 광범위하고 만연한 낭비를 주장하고 엔지니어링 리더와의 긴장 관계를 만들었습니다.

리소스를 담당하는 팀으로부터 확인을 받기 전까지는 초과 배포한 리소스에 대한 타당한 이유가 있는지 없는지 알 수 없습니다. 중요한 것은 누군가가 리소스가 너무 큰 이유를 조사하고, 크기를 조정하려 하거나, 리소스의 크기가 왜 큰지에 대한 설명을 하는 데 시간을 소비한다는 것입니다. 그렇다보니 각 애플리케이션을 담당하는 팀으로 사용량 절감을 분산시키려고 하는 겁니다. 중앙집중식 핀옵스팀은 라이트사이징에 대한 권장 사항과 모범 사례를 제공할 수 있지만 궁극적인 조치는 애플리케이션이나 서비스 소유자에게 있습니다.

실제 사용량보다 크게 배포하는 타당한 이유는 즉시 고장을 복구하기 위함입니다. 큰 리소스는 서비스의 복구 시간 목표를 충족하기 위해 상용 트래픽을 큰 리소스에서 빠르게 받을 수 있는 크기입니다. 약간의 고장 시간이 있어도 괜찮다면 장애 발생 시 추가 용량을 제공하는 클라우드 서비스를 신청할 수도 있습니다. 일상적인 작업 중에는 사전에 준비해놓기 때문에 서비스에 추가적인 크기가 필요하지 않습니다. 고장이 발생하면 추가적인 크기가 필요합니다.

완벽하게 최적화가 되었다는 팀도 문제가 발생하면 놀랄 수 있습니다. 최적화가 필요한 기회는 종종 팀이 통제하지 않는 외부 요인에 의해 생기게 됩니다. 가격 인하, 성능 향상, 서비스 배포, 아키텍처 변경과 유사한 이벤트로 인해 최적화나 적절한 크기 조정이 필요할 수 있습니다. 그러나 팀은 이러한 이벤트를 예측하거나 계획을 세울 수 있는 능력이 거의 없습니다. 따라서 외부 요인으로 인한 최적화 평가는 공정하지 않을 수 있습니다.

핀옵스는 팀 간의 협업에 관한 것입니다. 리소스를 관리하는 팀의 도움 없이 리소스 크기를 조정하면 서비스나 향후 최적화 작업에 문제가 발생할 수 있습니다.

사용 최적화 워크플로를 활용하여 이러한 이유를 분석하기 바랍니다. 지라와 같은 이슈 추적 시스템에서 티켓IT ticket[2]을 사용하여 워크플로를 정의하고 대화 내용과 자세한 분석 내용을 적어 둘 수 있습니다. 티켓과 이슈 추적 시스템을 사용하면 시간 경과에 따른 작업을 추적하고 진행 중인 미해결 작업과 현재 상태를 파악할 수 있습니다.

크게 초과된 리소스에 대한 비즈니스 사례가 있는 경우 초과된 크기가 무조건 낭비로 분류되지 않습니다. 리소스를 소유한 팀이 리소스 크기 조정에 대한 타당한 논리를 제공하면 분석 시 관련 절감 권장 사항은 제거하고 조사된 리소스를 표시하는 프로세스를 만드는 데 도움이 됩니다.

---

2 옮긴이_ 이슈나 요청의 건들을 티켓이라고 칭합니다(*https://freshservice.com/it-ticketing-software/it-ticketing-best-practices*).

궁극적으로는 조치를 취하거나 조치를 취할 수 없는 절감 기회에 대한 조사만으로도 핀옵스팀은 제품 및 애플리케이션팀과 협력하여 신뢰를 쌓을 수 있는 중요한 기회가 될 수 있습니다.

11.10 기고, 걷고, 뛰기

기고, 걷고, 뛰는 전략은 핀옵스에서 되풀이되는 테마이며 사용 최적화에도 적용됩니다. 낭비되는 사용량을 한 번에 모두 해결하려고 시도해서는 안 됩니다. 조직의 비용을 절감할 수 있는 사용량 감소 방법을 파악하는 것이 먼저입니다. 기는 단계는 일반적으로 유휴 리소스입니다.

이렇게 하면 조직은 문제의 규모와 절감 가능성을 보여주는 보고서를 작성합니다. 그런 다음 상위 10개 리소스 항목을 최적화하고 엔지니어 노력의 효과를 검토하는 것을 목표로 합니다. 팀에서 수행한 노력의 결과를 보여주는 피드백 루프를 통해 프로세스를 신뢰할 수 있으며 지속적인 노력이 조직에 도움이 된다는 것을 볼 수 있게 됩니다.

작게 시작하면 조직의 리스크가 줄어듭니다. 사용량을 줄일 수 있는 전략의 대부분은 고객에게 서비스를 제공하는 데 사용되는 리소스나 소프트웨어가 함께 변경되기 때문입니다. 언제든 프로세스 내 변경 사항들을 줄이게 되면 이러한 변경 사항들이 비즈니스에 큰 영향을 미칠 가능성이 줄어듭니다.

11.11 고급 워크플로: 자동화되는 옵트아웃 라이트사이징

사용 최적화의 가장 어려운 부분은 팀이 책임을 지고 필요한 조치를 수행하도록 하는 것입니다. 권장 사항만으로는 효율성을 높일 수 없습니다. 필요한 변경 사항을 구현하는 워크플로와 작업 수행이 실제 비용 절감을 만듭니다.

클라우드 이야기

다음은 잡지 포춘에서 선정하는 500대 기업에 들어가는 생명공학 회사가 뛰는 단계에서의 최적화 워크플로를 구현한 방법에 대한 실제 사례입니다. 핀옵스팀은 AWS 및 애저와 같은 클라우드 기반 컴퓨팅으로의 완벽한 전환을 이끌고 클라우드 플랫폼, 핀옵스, 온프레미스 컴퓨팅 서비스와 데이터 센터에 대한 전방위적인 책임이 있습니다.

이 팀은 격주로 만나 다양한 최적화 작업에 대한 상태를 검토하고 장애 조치와 해결 방법에 대해 논의하며 향후 라이트사이징, 예약 인스턴스 구매, 예약 인스턴스 전환 등과 같은 최적화 계획을 공유합니다. 그리고 나중에 계획한 최적화 일정을 공유 스케줄에도 등록합니다.

[그림 11-3]은 진행 상황에 따라 소유자별로 색깔이 다르게 할당된 최적화 작업을 보여줍니다.

최적화 일정 확인

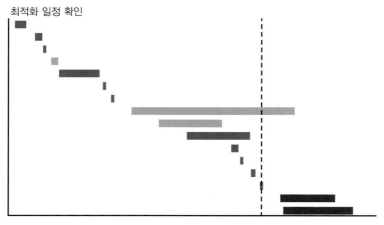

그림 11-3 최적화 작업별로 일정 확인

이 생명공학 회사는 라이트사이징 프로세스를 완전히 자동화했습니다. 처음 시작할 때 핀옵스팀은 앱티오 클라우더빌리티 API에 연결된 라이트사이징 스크립트를 돌립니다. 그런 다음 데이터베이스 테이블에 권장 사항에 대한 질문 쿼리가 들어오고 모든 비상용 인스턴스 변경 검토를 위한 변경 요청이 들어옵니다. 만약 변경이 승인되면 애플리케이션 소유자에게 이메일이 전송되고 라이트사이징으로 절감할 수 있는 기회가 있음을 알려줍니다.

[그림 11-4]처럼 자동화 워크플로가 개발되었고 조직 전체에 전달되면서 모든 사람이 프로세스에 대한 확신을 갖게 되었습니다. 만약 애플리케이션 소유자가 라이트사이징을 하기로 결정하면 자동으로 지정한 날짜와 시간에 조직 전체에 내용이 알려지며 실행됩니다. 일단 라이트사이징에 대한 권장 사항들이 수행되면 라이트사이징과 관련한 비용 절감 사항은 조직에 게시됩니다. 만약 팀이 손을 떼면 해당 데이터는 옵트아웃 월opt-out wall을 만들기 위해 테이블에 쿼리됩니다. 그러면 핀옵스팀은 왜 사람들이 이 프로세스에서 손을 떼려는지 그 이유를 더 잘 이해하기 위해 고민합니다.

[그림 11-5]는 애플리케이션 소유자에게 라이트사이징하는 방안들이 있을 때 받을 수 있는 이메일의 예이며 인스턴스에 대한 정보와 권장되는 변경 사항, 절감액에 대한 정보를 보여줍니다.

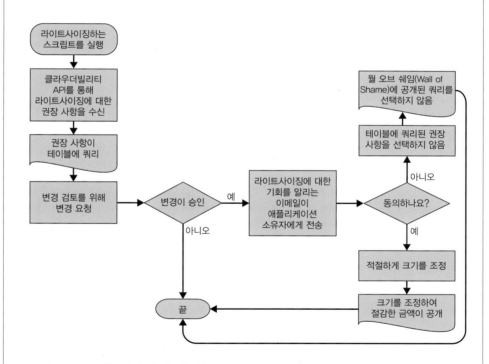

그림 11-4 라이트사이징이 자동화되는 워크플로

안녕하세요
귀하의 AWS 인스턴스가 라이트사이징할 수 있는 후보로 선정되었습니다.
인스턴스 ID: i-09876543as
인스턴스 이름: dev-test-01
Account: 계정: 1234-5678-9901
현재 인스턴스 유형: c5.16xlarge
권장되는 인스턴스 유형: m5.xlarge
이 변경을 선택하면 핀옵스팀은 이 라이트사이징 권장 사항을 2009년 9월 23일에 적용합니다.
라이트사이징 프로세스는 다음과 같습니다.
    - 인스턴스 종료
    - 인스턴스 유형 변경
    - 인스턴스 시작
선택하지 않으려면 다음 링크를 확인하기 바랍니다.
https://finops.internal.example.com/rightsizing/opt-out/?InstanceID=i-09876543as

감사합니다.

그림 11-5 자동화된 라이트사이징을 위한 이메일 알림 예제

환경에 대한 변경 자동화는 뛰는 단계인 고급 핀옵스 프로세스이며 성숙한 상황에 권장됩니다. 최소한 권장 사항들은 분석하고 필요한 변경 사항을 직접 만들수 있도록 고민해보아야 합니다.

앞서 티켓을 사용하여 라이트사이징에 대한 권장 사항을 분석하는 것에 대해 살펴본 적은 있지만 이 일은 단순히 피드백을 모니터링하는 것보다 더 복잡한 일입니다. 티켓팅 시스템을 사용하면 다음을 확인할 수 있습니다.

- 권장 사항에 대한 분석 횟수

- 몇 건의 분석을 통해 비용을 절감했고, 분석과 조치의 횟수

- 권장 사항을 조치하지 않고 그대로 두는 평균적인 기간

- 권장하는 변경 사항을 적극적으로 수행하는 팀의 수

팀이 티켓을 직접 운영하게 하고 지라를 활용하기 바랍니다. 이런 방식이 엔지니어가 계획을 하는 방식입니다. 그래서 만약 유형 X의 낭비에 대한 최적화 티켓이 Y팀에 할당되어 있다면 Y팀은 이 최적화에 대해 계획하든가 혼나고 티켓을 끝내야 합니다.

제이슨 풀러(히어 테크놀로지의 클라우드 관리 책임자)

책임있는 소유자에게 할당된 티켓은 항상 더 잘 작동합니다. 팀 구성원에게 티켓을 할당하면 일반적으로 비용 낭비에 대한 책임이 높아집니다.

11.12 절감 효과 추적

클라우드 청구서에는 요금 최적화와 달리 사용량 최적화를 통해 얻을 수 있는 할인이나 절감 효과를 보여주는 세부 정보가 없습니다. 사용량 절감 노력을 통해 인스턴스 크기가 변경되었다는 인과관계를 직접적으로 파악할 수 있는 프로세스가 없다면 모든 노력의 좋은 결과를 추적하기가 어려울 것입니다.

사용량 최적화는 비용 회피라고도합니다. 왜냐하면 청구서에서 비용을 절감을 나타내는 것은 오로지 줄은 요금뿐이기 때문입니다. 청구서를 살펴보면 사용량이 줄어드는 것을 알 수 있으며 이를 사용량 최적화 노력으로 절약한 것으로 정리할 수 있습니다. 그러나 핀옵스팀에서 리소스 크기를 조정하도록 권장했다고해서 이 권장으로 변경되었음을 의미하지는 않습니다. 한편 팀에서 권장한 라이트사이징을 적용하더라도 리소스 사용량이 오히려 증가하는 것을 볼 수도 있습니다. 그리고 라이트사이징까지 적용해도 절감 효과를 분석하기엔 충분하지 않습니다. 이는 다른 프로젝트의 새로운 리소스 사용량으로 사용량 절감이 사라져 보이는 것일 수도 있습니다. 따라서 클라우드 리소스 전반에 걸쳐 절감된 개별 비용 효과를 보이려는 노력이 매우 어려워지고 있습니다.

> '작은 비즈니스 사례'를 활용하여 절감 기회인지 확인합니다. 이는 라이트사이징, 서비스 변환(호스트에서 구동되는 DB와 관리되는 DB, EFS에서 S3의 변환 등), 동일한 서비스에서의 전환(r3에서 r5 인스턴스 제품군으로의 전환), 기타 항목일 수 있습니다. 이것들을 문서화하고 시간이 지나도 지속 추적하여 권장 사항과 최적화 항목에 대한 수행 여부 목록을 만듭니다. 이것이 핀옵스팀이 연중 내내 활동을 추적하고 계량화하는 데 사용하는 핵심 도구입니다.
>
> 롭 마틴^{Rob Martin} (앱티오 클라우더빌리티의 핀옵스 관리 담당자)

일부 권장 사항은 비용 영향이 있는지 쉽게 추적할 수 있습니다. 예를 들어 r5 인스턴스는 r3 인스턴스보다 45%를 절감할 수 있습니다. 매일 r3를 실행하면서 전환하지 않으면 돈을 낭비하는 것입니다. 그러나 예를 들어 EMR 버전의 호환성 같이 r5로의 전환 과정을 방해할 수 있는 중요한 기술적 이유가 있을 수도 있습니다. 따라서 기회의 가치 외에도 이를 구현하는 비용과 구현에 대한 기술적인 장벽의 상황도 같이 알아야 합니다.

권장한 변경 사항에는 기회 비용이 포함되어 있을 수도 있습니다. 예를 들어 다른 프로젝트에서 작업하는 중요한 팀 리소스가 필요하거나 다른 시스템을 클라우드로 전환하는 일이 지연될 수 있습니다. 이러한 결과로 인한 변경 사항이 재정적으로 바람직하지 않을 수도 있습니다.

팀 외부에서 최적화를 권장할 경우 팀은 매우 방어적일 수 있습니다. 이런 상황을 활용해서 핀옵스팀이 대화를 시작할 수 있는 이야깃거리를 만들길 권합니다. 비즈니스 사례를 먼저 말하기보다는 타당한 이유와 서비스 사용에 대한 질문으로 이야기를 풀어가도록 합니다. 공식적인 비즈니스 사례는 명확하고 건설적인 방향을 제시하는 것처럼 보이지만 이는 팀이 했던 과거의 행동과 선택에 대해 정당화하도록 이유를 대야 할 것처럼 압박을 가할 수 있습니다. 기회라기 보다는 비즈니스에 대한 조건이나 콘텐츠를 공격하는 것처럼 느껴질 수 있습니다. 이렇게 시작하면 향후 팀들이 핀옵스팀과 협력하는 것을 꺼리게 만드는 이유가 됩니다.

정기적으로 핀옵스팀은 실무팀이나 지출이 많은 사람을 만날 때 각 회의별로 권장되는 최적화 방안에 대해 논의하는 것이 효과적입니다. 이러한 방식으로 한 회의가 잠재적인 기회로 이어질 수 있으며 팀은 어떤 것이 가능한지 조사할 수 있고 한 달 동안 핀옵스팀과 협력하여 미니 비즈니스 사례를 기획하고 활동을 스케줄링할 수 있습니다. 이후 회의에서는 진행 상황을 보고하고 팀의 비용 회피 상황을 보고할 수 있게 됩니다. 이 결과는 핀옵스 일지와 회의록에 절감 효과든 아니든 기록될 수 있습니다. 또한 이 결과는 중앙 핀옵스팀이 예약 인스턴스 구매와 할인 활동을 평가하는 데 사용할 수 있는 정보가 됩니다.

사용량 최적화에 대한 노력을 추적하는 다른 방법은 권장 사항을 확인하는 것입니다. 현재 모든 권장 사항을 실현하여 얻을 수 있는 총 절감액을 집계한 다음 이 수치를 과거 시점에서 절약할 수 있는 금액과 비교하면 조직의 최적화 수준을 판단할 수 있습니다. 이는 잠재적 총 절감액 수치를 보고 동일한 리소스 유형에 대한 총지출액과 비교하여 백분율을 계산하면 잠재적인 절감율을 확인할 수 있습니다.

예를 들어 서버 인스턴스에 대한 잠재적인 비용 절감 권장 사항이 총 10,000달러라고 가정하겠습니다. 현재 서버 인스턴스에 100,000달러를 지출하고 있다면 10%의 잠재적 절감 효과를 얻을 수 있습니다. 9장에서 살펴본 태그와 계정 할당 전략을 사용하여 절감 권장 사항과 총지출을 나누면 한 팀을 다른 팀과 비교할 수 있습니다.

효과적인 핀옵스 실무자는 잠재적인 비용 절감률이 가장 높은 팀에 중점을 둡니다. 이러한 팀은 권장 사항을 잘 이해하고, 어떤 권장 사항들은 거부하는 이유를 설명하고, 리소스 크기 조정의 영향에 대한 전문 지식을 제공합니다.

특히 안정적인 상태나 유지 보수 모드에 있는 팀에게 최적화 작업을 재미있게 게임화시키면 행동의 좋은 영향을 줄 수 있습니다. 때로는 회사의 문화에 따라 최악의 멤버 리스트를 사용하는 것이 가능할 수도 있습니다. 이 리스트는 가장 낭비가 많은 팀이 더 심각하게 살펴보도록 압박하는 아이디어입니다. 그러나 낭비에 대한 부정적인 지표나 최악의 멤버라고 부르는 것은 제대로 활용되지 않을 수도 있습니다. **총비용 − 절감 기회 / 총비용**의 공식은 긍정적으로 설명할 수 있는 백분율로 최적화된 메트릭입니다. 100% 최적화를 달성하면 점수가 100점입니다. 시간이 지나면서 최적화되지 않은 누적 비용을 추적할 수도 있지만 긍정적으로 최적화 작업과 최적화된 아키텍처를 모두 권장하는 방향으로 가는 것이 좋겠습니다.

11.13 마치며

사용량 최적화는 종종 요금 최적화보다 어려운 경우가 많으며 일반적으로 올바른 팀이 여러 팀 간 협업하여 올바른 권장 사항을 보고, 분석하고, 변경 사항을 구현해야 합니다. 사용량 최적화로 실현할 수 있는 절감 효과는 상당히 클 수 있습니다.

요약하면 다음과 같습니다.

- 사용량 최적화는 필요하지 않을 때 더 적은 리소스를 사용하는 것입니다.

- 낭비하는 비용을 가시적으로 보여주면 팀이 낭비의 영향을 더 잘 인식할 수 있습니다. 따라서 낭비가 없는 문화로 나아갈 수 있습니다.

- 특히 자동화와 결합된 사용량 최적화의 공식 워크플로는 최상의 결과를 가져올 수 있습니다.

- 사용량 최적화는 클라우드 비용을 절감하기 위한 가장 어려운 프로세스이며 기고, 걷고, 뛰는 전략을 사용하여 신중하게 수행해야 합니다.

- 최적화 절감 효과를 면밀히 추적하여 핀옵스 작업의 영향을 보여주고, 정기적으로 팀과

협력하여 기회를 분석하도록 합니다. 그리고 모든 리소스에 대해 최적화 절감이 가능할 것은 아니라는 점을 기억합니다.

사용량 최적화는 권장 사항에 따라 변경하면 약속한 사용량 때문에 속도 최적화 문제를 일으킬 수 있습니다. 속도 최적화를 수행할 때 변경될 사용량에 대한 약속을 하지 않으려면 계정별 사용량 최적화를 활용하는 것이 중요합니다.

지금까지 사용량 최적화에 대해 알아보았습니다. 이제는 클라우드 요금 최적화로 넘어가겠습니다. 여기서는 클라우드 리소스에 대해 지불하는 요금의 요율을 줄여서 더 많은 비용을 절감할 수 있습니다.

CHAPTER 12

조금만 지불하기: 요금 최적화

사용량 최적화는 비용을 회피하기 위해 리소스 사용량을 줄이는 방법이고 요금 최적화는 계속 사용하는 리소스에 대해 더 적은 비용을 지불하는 것입니다.

지금까지 모든 클라우드 제공 업체가 서로 동일하지 않았습니다. 다양한 구매 옵션, 다양한 시간 단위의 청구, 다양한 지불 구조와 약정을 통해서 각 제공 업체는 고객에게 각기 다양하게 재정적 영향을 미쳤습니다. 12장에서는 가격 옵션 중 일부를 다루겠습니다. 예약 인스턴스와 약정 사용 할인은 매우 복잡하므로 13장에 별도로 설명했습니다.

12.1 컴퓨팅 가격

클라우드 서비스 제공 업체와 사용 중인 리소스에 따라 여러 가지 지불 방법이 있습니다. 클라우드 서비스 제공 업체마다 비슷한 가격대의 서비스에 대해 각기 다른 용어를 사용합니다. 먼저 [표 12-1]에서 주요 3곳의 공급 업체를 간단히 살펴보겠습니다.

표 12-1 3대 클라우드 서비스 제공 업체의 예약 옵션별 용어 비교

	AWS	구글	애저
표준 요금제	온디맨드	온디맨드	종량제^{pay as you go}(PAYG)
스팟 인스턴스	스팟	선점형^{Preemptible}	낮은 우선순위 VM
지속 사용 할인	N/A	지속 사용 할인	N/A
예약	예약 인스턴스/ 절감 계획	약정 사용 할인	예약 VM 인스턴스
대량 구매 할인	대량 구매 할인	대량 구매 할인	대량 구매 할인

12.1.1 온디맨드

예약과 같은 사전 약속을 하지 않고 일반 리소스를 요청하고 실행하면 정가나 온디맨드 요금이 부과됩니다. 일반적으로 리소스에 대해 지불할 수 있는 가장 높은 가격입니다. 또한 패널티 없이 언제든지 사용을 중단할 수 있으므로 가장 유연합니다.

12.1.2 스팟, 선점형, 낮은 우선순위 리소스 사용

일부 클라우드 서비스 제공 업체는 클라우드 플랫폼의 여유 용량을 사용하여 리소스를 실행할 방법을 제공합니다. 일반적으로 스팟, 선점형, 우선순위가 낮은 가격에서는 리소스에 대해 지불하고자 하는 가격(또는 입찰)을 설정합니다. 이 요금은 때때로 온디맨드 요금보다 높을 수도 있지만 일반적으로는 낮게 설정됩니다. 입찰 금액이 초과할 때까지 스팟 리소스의 시장 요율을 지불해야 합니다. 이 시점에서 클라우드 서비스 제공 업체가 리소스를 제거하기 전에 리소스 사용을 중단해야 하는 기간이 짧습니다.

이 가격은 온디맨드 요금에 비해 상당한 절감 효과를 제공하며 일반적으로 리소스를 실행하는 가장 저렴한 방법이 될 수 있습니다. 그러나 언제든지 리소스를 잃을 위험이 있다는 것은 스팟 리소스에서 실행되는 서비스가 리소스 가용성이 줄어들어도 서비스 처리가 가능해야 한다는 것을 의미합니다. 스팟 리소스는 일반적으로 리소스가 갑작스럽게 없어져도 다시 시작할 수 있는 일괄 처리 같은 경우에 많이 씁니다.

12.1.3 예약

앞에서 언급했듯이 13장에서 예약을 자세히 다룰 예정입니다. 그래도 간단히 짚고 넘어가면 예약은 클라우드 서비스 제공 업체에게 일정 기간에 일정량의 사용량을 사용하겠다는 장기적인 약속입니다. 그 대가로 클라우드 서비스 제공 업체는 해당 사용량에 대한 온디맨드 요금을 할인해 줍니다.

12.2 스토리지 요금

클라우드에서 데이터 스토리지에서의 요금 최적화에 관해 이야기할 때 저장한 것을 줄이라고 하는 것이 아닙니다. 저장한 것을 줄이는 것은 사용량 절감입니다. 여기에서는 데이터를 저장한 스토리지를 어떤 계층으로 선택했는지에 관해 이야기하려고 합니다. 클라우드 서비스 제공 업체에는 다양한 수준의 가용성, 내구성, 성능, 용량을 제공하는 다양한 스토리지 서비스가 있습니다. 일반적으로 성능이 뛰어나고, 내구성이 높고, 가용성이 높을수록 더 많은 비용을 지불해야 합니다. 핵심은 데이터 스토리지의 가격과 품질 사이에 균형을 찾는 것입니다.

고객에게 제공되는 상용 데이터를 생각해보기 바랍니다. 상용 데이터들은 가장 성능이 뛰어나 고가용성이 높은 스토리지 제품에 저장해야 할 경우가 많습니다. 그러나 이 데이터의 백업도 동일한 고비용 제품의 스토리지가 필요한 것은 아닐 겁니다. 더불어 백업 파일이 오래될수록 유사시에 필요할 가능성도 줄어들기 때문에 데이터 파일을 가용성과 성능은 낮지만 내구성이 뛰어난 스토리지 계층에 저장하게 될 수 있습니다. 이와 같이 데이터를 이동시키는 것을 데이터 수명 주기 관리라고 합니다.

일부 클라우드 서비스 제공 업체의 스토리지 제품에서는 데이터 수명 주기를 관리할 수 있습니다. AWS의 S3를 사용하면 규칙에 따라 데이터를 가용성이 낮은 스토리지 계층으로 재배치할 수 있습니다. 예를 들어 S3는 데이터 저장 1개월 후 데이터를 저수준의 사용 가능한 스토리지로 옮기고 저장 12개월 후에는 데이터를 검색하는 데 몇 시간이 걸릴 수 있는 Glacier라는 매우 저렴한 콜드 스토리지 서비스로 이동시킬 수 있습니다.

데이터를 각기 다른 서비스 종류에 맞춰서 분류하고 위치시키는데 더 많은 노력을 기울일수록 데이터 스토리지 비용을 더 많이 절약할 수 있습니다. 클라우드 서비스의 기본 제공 기능을 사용하여 데이터 수명 주기를 자동화하면 관리 오버 헤드도 줄어 듭니다. 물론 필요한 가용성과 내구성을 갖춘 올바른 서비스에 데이터를 저장하는 것이 매우 중요합니다.

12.3 대량 구매 할인

대부분의 클라우드 서비스 제공 업체의 몇몇 서비스에 대해 제공되는 기본요금 정책에서는 더 많이 사용할수록 비용이 절감되는 옵션이 있습니다. 사용량이 많은 경우 이러한 자동 가격 인하를 통해 상당한 비용을 절감할 수 있습니다. 일반적으로 이러한 대량 구매 할인은 사용량 기반이나 시간 기반 할인입니다.

> **NOTE_** 대량 구매 할인은 지역 수준에서 적용될 수 있습니다. 즉 지역 간 사용량을 합쳐서 할인을 해주진 않습니다.

대량 구매 할인은 대규모 클라우드 사용자에게 보상하는 옵션이기 때문에 한 클라우드 서비스 제공 업체의 플랫폼에서 비즈니스가 성장하는 것이 대기업에 지속적으로 도움이 됩니다. 클라우드 플랫폼에서 예상 비용을 정확하게 계산하려면 지금 혜택 받는 대량 구매 할인을 파악해야 합니다. 사용량을 줄이는 절감 효과를 계산하려면 사용량을 줄였을 때 어떤 가격 정책이 적용되는지 파악해야 합니다. 올바른 가격이 책정된 요율을 사용하면 비용과 가능한 절감액을 알맞게 계산할 수 있습니다.

12.3.1 사용량 기반

리소스가 실행되는 시간이 아니라 총 사용량에 따라 할인이 적용되는 경우 이를 사용량 기반 대량 구매 할인이라고 합니다. 한 시간의 사용량을 합한 후 등급 임계값을 초과하는 사용량에 요금 할인을 적용합니다.

[그림 12-1]을 보면 사용량 기반 대량 구매 할인을 확인할 수 있습니다. 실제 가격 계층은 y축 (사용량)에 따라 적용됩니다. 사용량이 설정된 시간 내에 2단계의 임계값을 초과하면 해당 임계값을 초과하는 모든 사용량이 2단계 가격으로 청구됩니다. 사용량 기반 할인은 동일한 계산

방식으로 매시간 적용됩니다.

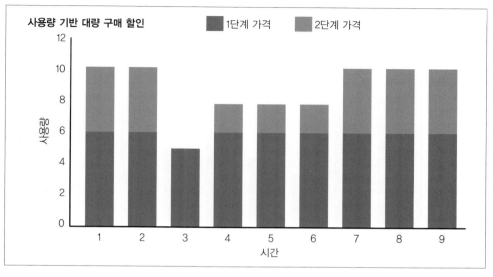

그림 12-1 사용량 기반 대량 구매 할인 그래프

12.3.2 시간 기반

특정 시간 동안 리소스를 실행한 후 더 낮은 요금으로 청구되는 경우 이를 시간 기반 대량 구매 할인이라고 합니다. 이러한 할인 유형의 좋은 예는 GCP 지속 사용 할인^{sustained use discount}(SUD) 가 있습니다. SUD는 컴퓨팅 사용을 더 오래 할수록 더 낮은 요금이 청구됩니다. 어떤 시간 기반 할인은 특정 리소스에만 적용되며 리소스가 제거되자마자 적용이 중단되고 어떤 할인은 리소스 사용 유형과 일치하게 되면 시간이 지나면서 여러 리소스에도 할인을 적용할 수 있게 됩니다. 시간 기반 대량 할인은 동시에 실행되는 다른 리소스와 결합하지 않습니다. 예를 들어 같은 시간에 실행 중인 100개의 리소스는 100시간 동안 실행되는 하나의 리소스와 같지 않습니다.

[그림 12-2]에서 시간 기반 대량 할인 작동 방식을 시각화했습니다. 처음 1시간 동안에는 10개의 리소스가 사용되고 10개의 개별 대량 할인 카운팅이 시작합니다. 처음 5시간의 사용량에 대해 1단계 요금이 부과되고 이후에 2단계 요금이 청구된다고 가정하겠습니다. 사용량 기반 시나리오에서 중요한 변경 사항은 x축(시간)에 대량 할인이 적용되므로 처음 한 시간에 10개

의 리소스가 있어도 모두 1단계 요금이 부과된다는 것입니다. 시간이 지나면서 리소스 사용량에 따라 10개의 타이머가 시작하거나 멈추게 됩니다.

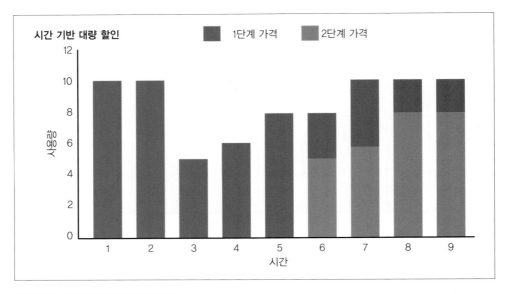

그림 12-2 시간 기반 대량 할인 그래프

항상 실행되는 리소스 1의 경우 그래프에서 5시간 후에 2단계 가격을 적용합니다. 그러나 리소스 6의 경우 중간에 중지되기도 하고 시작되기도 해서 그래프 상에서 보면 2단계 가격을 적용하는 데 8시간이 걸립니다.

12.4 협상 요금

경우에 따라 클라우드 서비스 공급자나 시장에서의 파트너 공급 업체와 더 나은 가격을 협상할 수 있습니다.

12.4.1 맞춤형 가격 계약

일부 서비스가 사용량이 많은 경우 클라우드 공급 업체가 제시한 가격에 대해 추가 상담을 받아볼 것을 권장합니다. 사용량이 많은 경우 클라우드 서비스 제공 업체는 공개적으로 나타나는 가격보다 더 좋은 금액을 제공할 수 있습니다. 이러한 거래는 종종 기밀 유지 계약에 따라 이루어 지다보니 이 책에서는 이러한 거래에 대해 더 이상 자세히 다룰 수는 없습니다.

12.4.2 판매자가 별도로 제안

클라우드에서 제3의 소프트웨어를 사용하는 경우 라이선스 계약을 해야 합니다. 라이선스 비용은 일반적으로 해당 소프트웨어에 직접 지급하게 됩니다. 지급 후 클라우드 서버에 라이선스를 적용하고 소프트웨어를 실행합니다. 정리하면 리소스에 대한 클라우드 서비스 공급자의 청구서 하나와 라이선스에 대한 소프트웨어 공급 업체의 별도 청구서가 필요합니다. AWS, GCP, 애저 마켓 플레이스와 같은 서비스가 생기게 되어 이제 제3의 공급 업체는 이러한 채널을 통해 소프트웨어를 제공할 수 있게 되었습니다. 고객이 사용한 라이선스와 리소스 요금은 클라우드 제공 업체 청구서 대로 한 번에 지불되고 클라우드 제공 업체는 라이선스 요금을 제3의 공급 업체에 다시 지불합니다.

마켓 플레이스를 통해 실행된 서비스의 총비용을 계산해야 하는 노력은 줄어들지만 라이선스 비용에 대해서 고정된 요금은 계속 지불해야 합니다. 제3의 공급 업체로부터 직접 라이선스를 구매하는 경우엔 조직에게 더 나은 요금을 협상할 수 있었습니다. 다행히 AWS 마켓플레이스와 같은 일부 서비스에서는 제3의 공급 업체의 판매자가 별도로 제안할 수 있습니다. 고객은 제3의 업체와 라이선스 요금을 협상할 수 있고 개별 전용 링크를 통해 해당 고객을 위한 맞춤형 마켓 플레이스 항목이 특별히 만들어집니다. 조직이 마켓 플레이스에서 바로 이러한 서비스를 사용하게 되면 라이선스에 대한 맞춤형 요금을 지불하고 클라우드 공급자로부터만 일원화된 청구서를 받게 되어 편리합니다.

12.5 BYOL 고려 사항

어떤 클라우드 서비스 공급자는 BYOL 모델이라고도 하는 클라우드 비용을 줄이기 위해 조직 내에서 이미 보유하고 있을 수 있는 기존 라이선스 계약을 사용할 수 있도록 허용합니다. 한 가지 예로 윈도우 서버에 대한 애저 하이브리드 혜택이 있습니다. 기존 소프트웨어 품질보증, EAS같은 구독 라이선스, SCE 구독, 윈도우 서버 라이선스에 대한 Open Value Subscription(OVS)이 있는 조직은 애저 플랫폼에 서버를 배포할 때 라이선스를 재사용할 수 있습니다.

특히 데이터 센터에서 클라우드로 마이그레이션하는 동안 기존 라이선스를 재사용할 수 있다는 것을 알게 되면 불필요한 라이선스 비용을 피할 수 있어 조직에 많은 비용을 절감할 수 있습니다.

12.6 마치며

클라우드 서비스 제공 업체는 유사한 서비스를 다양한 성능, 가용성, 내구성의 옵션을 통해 서로다른 속도와 품질로 제공할 수 있습니다. 효과적인 핀옵스팀은 중앙집중화되어 있고 이러한 점을 활용하여 워크로드 성격에 가장 잘 맞는 클라우드 서비스를 엔지니어가 사용하는 데 집중할 수 있도록 해줍니다. 이러한 두 방안을 함께 활용하면 상당한 비용을 절감할 수 있습니다.

요약하면 다음과 같습니다.

- 요금 인하는 동일한 리소스에 대해 더 낮은 요금이 청구되는 것을 의미합니다.

- 네이티브 클라우드 제품을 올바르게 사용하면 클라우드 지출을 줄일 수 있습니다.

- 자동화를 클라우드 서비스 제공 업체에서 제공하든 사용자가 직접 실행하든 상관없이 자동화를 통해 적절한 시점에 더 값싼 리소스로 데이터와 처리 방식을 옮길 수 있습니다.

- 사용량이 많은 경우 클라우드 서비스 제공 업체나 타사 소프트웨어 라이선스 공급 업체와 직접 더 좋은 요금을 협상할 수 있습니다.

동일한 클라우드 리소스에 대해 청구되는 요금을 낮추는 여러 가지 방법이 있었습니다. 다음으로는 가장 인기 있고 복잡한 요금 인하 방법인 예약 인스턴스와 약정 사용 할인을 살펴보겠습니다.

CHAPTER 13

예약 인스턴스와 약정 사용 할인으로 비용 절감

예약 인스턴스는 핀옵스의 핵심입니다. 예약 인스턴스는 기술팀과 재무팀 간에 격차를 해소해 줍니다. 다만 달성하기 어려운 상호 조정을 필요로 합니다. 어떤 식으로든 상호 조정이 이루어 지면 예약 인스턴스는 향상된 클라우드 단위 경제적 모델로 상당한 경쟁 우위를 가져다 줄 수 있으며, 적은 비용으로 동일한 컴퓨팅 성능을 제공할 수 있습니다.

> **NOTE_** 클라우드 제공 업체에서 제공하는 예약 인스턴스와 약정 사용 할인에 대한 정보는 항상 새로운 업데이트가 있기 때문에 13장은 아마도 이 책이 출시되기 전에 구버전이 될 가능성이 가장 높습니다. *http://FinOps.org/Book*을 참고하고 클라우드 서비스 제공 업체가 현재 제공하는 내용과 비교하여 13장의 세부 정보와 비교하는 것이 좋습니다. 하지만 크게 우려할 점은 없습니다. 수년 동안 클라우드 서비스에 많은 변화가 있었지만 예약과 관련된 핵심 모범 사례는 일관적이기 때문입니다.

13.1 예약 소개

예약이나 약정이라고 불려지는 예약 인스턴스와 약정 사용 할인은 클라우드 서비스 제공 업체가 제공하는 가장 인기가 있는 비용 최적화 방법입니다. 이는 예약, 약정에 대한 광범위한 마케팅을 통해 클라우드로 이동 시 막대한 금액을 절약할 수 있다는 확신을 주기도 했지만 핀옵스 플랫폼을 통해 이러한 최적화를 계획, 관리, 활용할 수도 있습니다.

각 클라우드 서비스 공급자는 서비스 작동 방식과 할인 방식에 대해 각자의 고유한 특정 규칙을 사용하여 조금씩 다른 서비스를 제공합니다. 각 조직에서는 필요사항에 따라 구현 모델과 전체 프로세스를 고려하고 조직 내에서 어떻게 활용할지 고민해야 합니다.

예약 인스턴스는 굉장합니다. 특정 유형의 리소스를 일정 시간 동안 사용하기로 약속하면 상당한 할인을 받습니다. 아이디어는 간단해 보이지만 알아야 할 사항들이 많습니다.

몇 년 전 AWS, 클라우더빌리티, 어도비와 함께 진행한 예약 인스턴스의 중요성 웨비나webinar에서 어도비는 [그림 13-1]을 보여주었습니다. 이 그림은 회사가 단순히 예약 인스턴스를 구입한 것만으로도 EC2 지출을 60% 줄였다는 것을 나타냅니다.

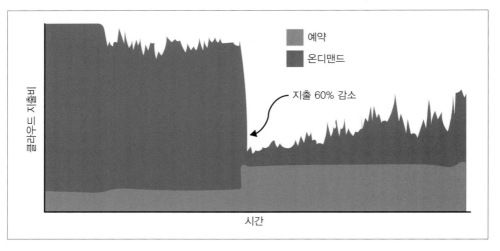

그림 13-1 예약이 클라우드 지출에 미치는 영향

어도비와 같은 성공 사례는 조직이 예약이나 약정을 활용하기로 결정하게끔 만들어 주었습니다. 그러나 많은 조직에서는 예약 인스턴스 커버리지가 없는 상태에서 양호한 예약 인스턴스 커버리지로 전환하기 위해 많은 교육과 상호 조정이 필요합니다.

클라우드 이야기 – J. R. 스토먼트

저는 한 달에 수백만 달러의 클라우드 지출이 있지만 예약 인스턴스는 전혀 없었던 FTSE 100[1]의 한 영국 소매업체와 일했습니다. 그들은 적은 양의 예약 인스턴스라도 사놓으면 많은 돈을 절약할 수 있다는 것을 알았습니다. 실제로 팀과 긴밀히 협력하여 회사의 인프라를 분석한 결과 향후 3년 동안 수백만 달러를 절약할 수 있다는 것을 예측했습니다. 이곳은 소매업체이기 때문에 마진이 빡빡했고 예약 인스턴스 구매를 통해 경영진에서 요구하는 중요한 비용 절감 목표를 달성할 수 있었습니다.

이 모든 것에도 불구하고 첫 번째 예약 인스턴스를 구입하는 데 9개월이 걸렸습니다. 어떻게 된 걸까요? 왜 이 조직은 공격적인 비용 절감 목표에도 불구하고 이렇게 확실한 비용 절감 조치를 채택하는 데 왜 오래 걸렸을까요? 그 이유는 예약 인스턴스 구매가 의미하는 바에 대해 조직의 많은 이해 관계자를 교육하고 상호 조정을 했고, 특히 수년간 데이터 센터 하드웨어 구매 과정에서 굳어진 많은 오해를 풀어야 했기 때문입니다.

예약 인스턴스를 구매하기 위해서는 예약 인스턴스를 재정적으로 처리할 수 있어야 하므로 재무팀을 참여시켜야 했습니다. 예약 인스턴스에 대한 선결제는 비용 입장으로 볼 때 물리적 자산으로 감가상각되는 설비투자비용으로 보입니다. 그러나 예약 인스턴스는 사용 기간에 상각해야 하는 운영비용의 무형적인 선지급액입니다.

다음으로는 기술팀이 현재 인프라에 익숙해지도록 해야 했습니다. 클라우드의 강점은 필요한 것만 사용하고 워크로드의 형태에 맞게 인프라를 조정하는 능력에 있습니다. 그 이후에 서버리스나 컨테이너화와 같은 새로운 접근 방식을 도입하고 새로운 클라우드 서비스가 생기면 인프라를 완전히 재개발할 수도 있다는 것을 약속하는 것입니다. 인프라가 바뀔 수 있다는 사항으로 인해 팀은 1년이나 3년 동안 현재 스택을 예약해서 사용하는 것을 주저합니다. 인프라를 개선하려는 훌륭한 계획을 하는 이 팀이 질질 끌다 보니 예약 구매가 여러 번 지연됐습니다.

슬프게도 이와 같은 이야기는 흔합니다. 비록 회사에서 첫 번째 예약 인스턴스를 활용했더라도 모든 팀을 참여시키는 데 오랜 시간이 걸릴 수 있으며 놓치게 된 비용 절감의 기회는 최대 수백만 달러에 이를 수 있습니다. 이 소매업체가 9개월 동안 비즈니스를 교육하면서 일부 예약 인스턴스를 구입했다면 불필요한 온디맨드 지출을 피하여 상당한 비용 절감 효과를 얻을 수 있었을 것입니다.

---

1 옮긴이_ Financial Times Stock Exchange(FTSE)는 런던 증권거래소에 상장되어 있는 주식 중 시가총액 순서대로 100개 기업의 주가를 지수화한 종합 주가 지수입니다. 영국 주식 시장의 대표 지수입니다.

13.2 예약과 약정 사용량

각 클라우드 서비스 제공 업체의 세부 서비스 사항은 다르지만 주요 3개 공급자는 모두 정해진 기간 특정 리소스 사용을 약속할 수 있는 동일한 단순 기능을 제공합니다. 고객의 약속은 클라우드 서비스 제공 업체의 지속적인 비즈니스를 보장하고 그 대가로 더 낮은 요금(요율 최적화)으로 제공합니다. 이러한 할인은 매우 강력할 수 있습니다. 경우에 따라 최대 75%까지도 할인이 가능합니다.

주요 클라우드 제공 업체 세 곳 모두 실제로 특정 서버 인스턴스를 예약하거나 특정 리소스에 대해서 약정하지는 않습니다. 데이터 센터에서 개별 서버별로 이름 짓던 개념은 클라우드에서는 더는 중요하지 않다는 사실을 기억하기 바랍니다. 클라우드 서비스 제공 업체는 청구 시점에 할인을 적용합니다. 실제로 예약 인스턴스는 기본적으로 청구에 대한 구조입니다. AWS 예약 인스턴스는 청구 할인 외에 일부 용량 기능을 제공할 수 있지만 이에 대해서는 13.4절에서 자세히 살펴보겠습니다.

예약 인스턴스나 약정 사용 할인이 개별 리소스에 적용될 때는 유연하게 적용됩니다. 클라우드 서비스 제공 업체는 느슨한 규칙들에 따라 이러한 할인을 적용하며 할인이 적용된 대상과 그 이유에 대한 세부 정보는 상당히 불투명합니다. 공급 업체는 예약을 계정의 리소스에 무작위로 할당합니다. 할인을 무작위로 적용하다 보니 14장에서 논의하게 될 많은 전략과 차지백 고려 사항이 필요하게 됩니다. 리소스 수준의 청구 데이터를 제공하는 클라우드 서비스 공급자를 통해 서비스를 받고 있다면 할인이 리소스에 직접 적용되지 않거나 적어도 예상된 리소스에 적용되지 않을 수 있습니다.

예약, 약정을 더 잘 이해하기 위해서 다음의 비유를 들어보겠습니다. 특정 식당에서 선불 쿠폰을 구입하고 있다고 가정하겠습니다. 쿠폰을 사용하면 해당 식당에서 식사를 제공합니다. 이 쿠폰 모음에는 하루에 하나씩 쓸 수 있는 한 달 치 쿠폰이 들어 있습니다. 지정된 식당에서 식사할 때 쿠폰으로 식사비를 내면 됩니다. 다른 곳에서 식사하기로 한다는 것은 그날의 쿠폰을 버리고 다른 식당에서 식사비를 전액 지불하는 것을 의미합니다.

선불 쿠폰 모음의 가격이 750달러이고 식사 쿠폰이 30개 들어 있다고 가정하겠습니다. 각 쿠폰은 50달러의 식사를 제공합니다. 750달러를 30개로 나눠서 계산하면 이 쿠폰 하나는 25달러이고 하루에 25달러를 절약할 수 있습니다. 이 식당에서 매일 먹으면 50%를 아끼고 절반만 먹으면 아무것도 아낄 수 없습니다. 한 달의 절반 이상을 가면 쿠폰을 사는 것이 좋습니다.

이 아이디어를 예약 인스턴스에 적용해봅시다. 예약 기간을 결정한 후 특정 리소스 유형과 지역(특정 위치의 식당)에 맞는 예약(쿠폰)을 클라우드 서비스 공급자에게 구입하여 이 예약을 통해 매 시간(또는 초)에 맞는 리소스를 실행할 수 있습니다. 예약과 일치하는 리소스를 실행하지 않으면 절감 효과가 사라집니다. 예약 기간에 리소스 사용량이 충분하면 할인 혜택을 받고 비용을 절약할 수 있습니다.

여기서 얻을 수 있는 핵심 요점은 다음과 같습니다.

- 예약은 리소스에 적용되었는지 여부에 관계없이 비용을 지불하는 구조입니다.

- 예약은 비용을 미리 지불하지만 계정에서 사용한 리소스에 대한 비용을 상쇄합니다.

- 돈을 절약하기 위해 전부 예약을 할 필요는 없습니다.

예약의 특정 구매 옵션과 적용 가능한 리소스는 클라우드 서비스 공급자마다 다릅니다. 일부 서비스에서는 약정 기간에 특정 매개변수를 수정하도록 요청할 수도 있습니다.

13.2.1 인스턴스 크기 유연성

클라우드 서비스 제공 업체는 수백 개의 서로 다른 서버 인스턴스 유형을 제공하며 예약에서는 특정 리소스 사용 매개변수와 일치하는지 확인합니다. 즉 잠재적으로 수백 개의 특정 예약을 구입해야 함을 의미합니다. 클라우드 서비스 제공 업체는 이 프로세스를 더 쉽게 수행하기 위해 인스턴스 크기 유연성을 제공합니다.

사용 중인 유형 내에서 다양한 서버 인스턴스 크기(다양한 vCPU와 메모리 양)를 선택할 수 있고 크기가 증가할 때마다 더 비싸집니다. 예를 들어 AWS에서 동일한 유형과 크기의 대형 인스턴스 2개는 동일한 유형의 초대형 인스턴스 1개와 가격이 동일합니다. m5.large 인스턴스 2개는 m5.xlarge 인스턴스 1개와 동일한 비용입니다. 따라서 두 개의 대형 예약 인스턴스를 구입하면 하나의 초대형 서버 인스턴스에 할인을 적용할 수 있고 그 반대의 경우도 마찬가지입니다.

이에 대한 주의 사항은 소프트웨어 라이선스 요금^{software license fee} 영역에 있습니다. 소프트웨어 라이선스 요금이 포함되면 두 개의 중간 인스턴스는 하나의 대형 인스턴스와 요금이 동일하지 않습니다. 두 개의 소프트웨어 도구를 사용하면 대형 하나에서 필요한 것보다 두 배의 라이선스가 필요합니다. 따라서 일부 공급 업체(AWS)는 라이선스 소프트웨어가 있는 서버에서는 인스턴스 크기 유연성을 제외하는 반면 다른 공급 업체(애저)는[2] 예약을 통해 소프트웨어 라이선스 비용을 할인하는 것을 허용하지 않습니다. 즉 인스턴스 가격에만 할인을 적용합니다.

GCP의 요금 청구 방식[3] 덕분에 GCP에서는 동일한 서비스 내에서 모든 인스턴스의 vCPU와 메모리 수를 결합하여 자연스럽게 인스턴스 크기를 유연하게 조정할 수 있습니다. 예약은 개별 크기 인스턴스 대신 결합된 총합에 적용됩니다.

13.2.2 전환과 취소

최근 예약에서는 예약을 전환하거나 다른 유형으로 교체할 수 있는 기능이 추가됐습니다. 전환이 가능한 예약은 일반적으로 교환할 수 없는 예약보다는 할인율이 낮습니다. 예약을 전환할 수 있으면 리소스 사용량과 일치하지 않는 예약으로 끝날 위험이 줄어듭니다. 리소스가 업데이트되어 예약한 인스턴스와 일치하지 않으면 일치하는 리소스로 예약 인스턴스를 전환할 수 있습니다. 일반적으로 예약을 교환하거나 전환하는 기능은 원래 예약을 구입한 지역으로 제한됩니다.

일반적으로 전환을 하려면 바꾸려는 예약의 값이 동일하거나 더 커야 합니다. 따라서 클라우드 서비스 제공 업체의 사용량을 줄여서 전반적인 약정이 줄어들면 예약을 전환할 수 없습니다. 전환과 별도로 일부 클라우드 서비스 공급자(예를 들면 애저)는 수수료를 내면 일부 예약을 취소할 수 있는 기능을 제공합니다.

---

2   옮긴이_ 애저에서는 예약 인스턴스에 윈도우 소프트웨어 라이선스 비용은 포함하지 않습니다(*https://docs.microsoft.com/ko-kr/azure/cost-management-billing/reservations/reserved-instance-windows-software-costs*).

3   옮긴이_ GCP에서는 리소스 기반으로 가격을 책정합니다. Compute Engine의 요금은 단일 머신 유형을 기준으로 합산되지 않고 vCPU 1개 및 메모리 1GB를 기준으로 개별 청구됩니다. 사전 정의된 머신 유형을 사용하여 인스턴스를 생성하더라도 청구서에는 시간당 사용된 vCPU 수와 메모리 용량을 기준으로 요금이 표시됩니다(*https://cloud.google.com/compute/vm-instance-pricing?hl=ko*).

13.3 3대 클라우드 공급 업체가 제공하는 사용 약정 개요

[표 13-1]에서 3대 클라우드 공급 업체와 각 서비스를 비교하겠습니다.

표 **13-1** 상위 3곳 클라우드 서비스 공급 업체의 예약 상품 비교

	AWS	구글	애저
프로그램 이름	예약 인스턴스/Savings Plans	약정 사용 할인	예약 VM 인스턴스
결제 모델	모두 선결제, 부분 선결제, 선결제 없음	선결제 없음	모두 선결제
기간	1년 또는 3년	1년 또는 3년	1년 또는 3년
인스턴스 크기 유연성	예	해당사항 없음	예
전환 또는 교환	표준 인스턴스: 불가능 전환가능 인스턴스: 가능	해당사항 없음	가능
예약 취소가능 여부	불가능. 다만 예약 인스턴스를 마켓플레이스에서 판매 가능	불가능	가능. 다만 연간 가능 한도 존재
지속 사용 할인	없음	있음	없음

3대 클라우드 서비스 제공 업체의 예약 상품은 매우 유사합니다. 특히 기간이나 크기 유연성은 동일하다는 것을 알 수 있습니다. 보통은 할인된 클라우드 리소스에 대한 예약, 개별 결제 모델에 따라 가능한 할인 상품이 달라집니다.

13.4 아마존 웹 서비스

AWS는 2009년에 처음으로 예약 인스턴스를 제공했습니다. 그래서 지금까지 가장 복잡한 예약 프로그램을 가지고 있습니다. 그러나 이것은 AWS가 가장 유연한 구성이 가능하다는 것을 의미하기도 합니다. EC2 인스턴스, RDS 데이터베이스, Redshift 노드, ElastiCache 노드, 일래스틱서치Elasticsearch 노드, DynamoDB 용량에 대해 예약이 가능합니다.

DynamoDB 예약 용량은 다른 예약과 다릅니다. DynamoDB를 사용하면 이 서비스에 대해 정해진 양의 읽기와 쓰기를 예약할 수 있습니다. 나머지 예약 유형은 각각 기능이 조금씩 다르지만 공통적인 것은 1년이나 3년 단위로 구매한다는 것입니다. 선불로 지불하지 않거나, 부분

적으로 선불 지불하거나, 예약에 대해 모두 선불로 지불할 수 있으며, 선불 결제가 증가할 때마다 할인률을 더 늘릴 수 있습니다. 예약 인스턴스를 구입할 때는 AWS에서 lease라고 부르는 매개변수가 동일한 예약 인스턴스를 하나나 그 이상을 구매합니다.

실제로 인스턴스를 예약한 것은 아니기 때문에 예약 인스턴스라는 이름은 혼란을 일으킬 수 있습니다. 예약을 특정 리소스에 적용할 수도 없습니다. 다시 이야기하지만 예약 인스턴스는 구매한 쿠폰과 비슷하며 유연하게 관련 리소스에 적용됩니다.

예약 인스턴스는 종종 리소스 비용에 적용되는 할인 비율로 간주됩니다. 하지만 예약 인스턴스는 구매시 온디맨드 요금보다 일정 금액이 더 저렴한 고정형 요금이다라고 하는 것이 맞습니다. 중요한 것은 AWS가 온디맨드 요금을 낮추더라도 기존 예약 인스턴스 요금이 1년이나 3년 동안 동일하게 유지된다는 점입니다.

가격 인하는 구입할 예약 인스턴스 구성에 대한 결정에 영향을 미칠 수 있습니다. 이에 대한 자세한 내용은 13장의 뒷부분에서 설명하겠습니다. 그동안 AWS 가격 하락을 분석한 결과 AWS는 일반적으로 3년 예약으로 인스턴스 가격이 낮춰진 만큼 온디맨드 요금을 낮추지는 않는다는 사실을 알 수 있었습니다.

13.4.1 예약 인스턴스는 무엇을 제공할까

AWS 예약은 두 부분으로 나뉘는 데 청구 혜택을 보거나 구매한 리소스 유형의 용량 예약입니다. 대부분의 예약 인스턴스 구매는 청구 혜택을 보기 위해 이루어집니다. 경우에 따라 회사는 특정 유형의 리소스에 대한 용량이 부족할 것으로 예상할 때 용량 예약을 할 수도 있습니다.

지난 수년 동안 용량 예약은 AWS가 인프라를 확장함에 따라 예약 인스턴스 구매에서 덜 중요했습니다. 그러나 대규모의 탄력적인 인프라를 운영하는 일부 고객은 여전히 용량에 맞게 최적화합니다. 최근에 AWS는 예약 인스턴스와 별도로 용량 예약을 수행할 수 있는 온디맨드 용량 예약을 제공했습니다. 예약 인스턴스와 함께 온디맨드 용량 예약을 사용하는 경우 예약 인스턴스로 용량 예약이 할인될 수 있도록 예약 인스턴스를 지역에 맞게 설정하는 것이 중요합니다.

13.4.2 AWS 예약 인스턴스의 매개변수

특정 지역의 특정 리소스 유형을 위한 AWS 예약 인스턴스를 구입할 수 있습니다. AWS는 청구서를 만들 때 이러한 기준에 따라 구매하는 예약 인스턴스 쿠폰을 관련 리소스에 연결합니다.

주요 매개변수는 다음과 같습니다.

지역

리소스는 어디에 있나요(예를 들어 us-west-1 또는 eu-west-1).

범위

예약이 영역^{zone}인가요, 지역^{region}인가요.[4] 영역인 경우 특정 가용 영역(예를 들면 US-West-1A)의 사용량에 연결됩니다. 지역인 경우 예약 인스턴스는 지역의 모든 가용 영역(예를 들면 us-west-1a이나 us-west-1b)에 적용됩니다. 오직 영역 예약 인스턴스만 용량 예약이 가능하지만 지역 예약 인스턴스도 구매할 수 있습니다.[5]

가용 영역^{availability zone}(AZ)

영역 예약 인스턴스인 경우 예약 인스턴스를 적용해야 하는 특정 가용 영역(예를 들어 us-west-1a)은 어디인가요.

인스턴스 특성

- **유형**: 인스턴스 패밀리(예를 들어 m5, c4, t3)와 크기의 조합으로 구성됩니다. 인스턴스 크기는 패밀리별로 다르지만 일반적으로 large, xlarge, 2xlarge 등의 크기 유형이 있습니다.

- **테넌시**^{tenancy}: 인스턴스를 공유된 하드웨어에서 실행할지 전용으로 제공되는 하드웨어에서 실행할지 결정할 수 있습니다.

---

4 옮긴이_ 지역은 리소스를 호스팅할 수 있는 특정한 지리적 위치입니다. 각 지역에는 영역이 한 개 이상 있으며, 대부분의 지역에는 영역이 3개 이상 있습니다. 예를 들어 us-west1 지역은 us-west1-a, us-west1-b, us-west1-c 3개의 영역이 있는 미국 서해안 지역을 나타냅니다(https://cloud.google.com/compute/docs/regions-zones?hl=ko#choosing_a_region_and_zone).

5 옮긴이_ 영역 예약 인스턴스와 지역 예약 인스턴스의 주요 차이점입니다(https://docs.aws.amazon.com/ko_kr/AWSEC2/latest/UserGuide/reserved-instances-scope.html).

- **운영 체제**: 인스턴스에 포함되는 운영 체제와 소프트웨어 라이선스(레드햇 엔터프라이즈 리눅스, 마이크로소프트 윈도우, 리눅스 등)를 지정합니다.

예약 인스턴스 매개변수가 실행 중인 인스턴스의 사용량의 매개변수와 정확히 일치하지 않으면 예약 인스턴스를 통해 할인이 적용되지 않습니다. 따라서 알맞은 매개변수로 예약을 구매하는 것이 중요합니다.

AWS는 관련 리소스에 적용되는 쿠폰과 같이 임의로 선택된 리소스에 할인을 유연하게 적용합니다. 인스턴스 크기 유연성은 가장 작은 인스턴스부터 가장 큰 인스턴스까지도 모두 적용되지만 일치하는 리소스 대신 다른 특정 리소스에 할인을 적용할 수 있는 방법은 현재 없습니다.

13.4.3 연결된 계정 선호

AWS Organizations는 통합 결제 기능을 통해 계정들을 연결하고 비용을 단일 마스터 지불 계정single master payer account으로 합칠 수 있습니다. AWS Organizations에 마스터 지불 계정은 단 하나만 있을 수 있으며, 계정들은 하나의 AWS Organizations에만 연결될 수 있습니다.

예약을 구입하고 싶다면 마스터 지불 계정이나 연결된 계정에서 예약 인스턴스를 구매할 수 있습니다. 동일한 AWS 조직 내 여러 계정 간에 예약 인스턴스 할인을 공유할 수 있습니다. 그러나 각 계정은 자신이 속한 로컬 계정에 대해 우선순위가 높아서 특정 계정에서 구매한 예약 인스턴스는 해당 계정의 리소스에서 먼저 사용할 수 있게 됩니다.

예약 인스턴스와 일치하는 로컬 계정의 사용량이 없으면 예약은 동일한 AWS Organizations에 속한 다른 AWS 계정이 발생시킨 매개변수가 일치하는 사용량에 대해 할인을 적용합니다.

예약 인스턴스 공유RI sharing는 AWS 계정별로 비활성화할 수 있습니다. 예약 인스턴스 공유가 비활성화되면 해당 계정 내 모든 예약 인스턴스는 계정 외부를 통해 할인을 적용받지 못합니다. 또한 예약 인스턴스가 계정 내 사용량과 일치하지 않으면 할인이 적용되지 않습니다. 예약을 공유하지 않는 것이 예산 목적으로 중요한 경우 공유를 비활성화하면 예약 인스턴스를 연결된 계정에 효과적으로 고정할 수 있습니다. 하지만 사용하지 않을 때는 할인이 조직 내 다른 사람에게 공유되지 않기 때문에 낭비가 발생할 수도 있습니다. 또한 동일한 AWS Organizations의 다른 계정에 있는 예약 인스턴스로 예약 인스턴스 공유가 비활성화된 계정에 할인을 적용하지 않습니다.

사람들은 일반적으로 예약 인스턴스 공유가 어떻게 작동하는지 혼란스러워합니다. 제대로 이해하려면 [그림 13-2]의 예를 살펴보기 바랍니다.

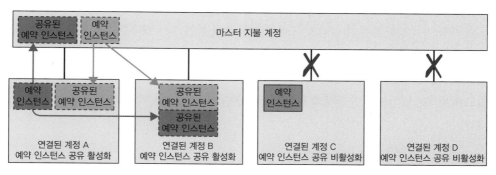

그림 13-2 예약 인스턴스 공유를 통한 할인 상호 작용

[그림 13-2]는 일반적인 계정 구조로 몇 개의 연결된 계정이 있는 마스터 지불 계정을 보여줍니다. 그림을 살펴보면 마스터 지불 계정, 연결된 계정 A, 연결된 계정 C에서 3개의 예약 인스턴스 구매를 했음을 알 수 있습니다. 계정 우선순위로 인해 계정 내의 예약 인스턴스는 먼저 로컬 계정에 할인을 적용합니다. 동일한 계정 내에서 예약 인스턴스와 일치하는 사용량이 없으면 예약 인스턴스는 예약 인스턴스 공유를 통해 다른 연결된 계정의 사용량에 할인을 적용할 수 있습니다.

[그림 13-2]의 예제에서는 다음과 같은 상황이 발생할 수 있습니다.

- 계정 A, B 모두 다 예약 인스턴스 공유가 활성화되어 있으므로 마스터 지불 계정에 있는 예약 인스턴스는 계정 A나 B에 적용할 수 있습니다.

- 계정 A는 계정 내에서 구매한 예약 인스턴스와 마스터 지불 계정의 예약 인스턴스 모두로부터 혜택을 받을 수 있지만 계정 내 예약 인스턴스를 우선합니다.

- 계정 B는 계정 A와 마스터 지불 계정 모두에서 예약 인스턴스의 혜택을 받을 수 있습니다.

- 계정 C에는 예약 인스턴스 공유가 비활성화되어 있기 때문에 해당 계정 내의 예약 인스턴

스는 계정 C 외부에서 할인이 적용되지 않으며 일치하는 사용량이 없으면 사용되지 않습니다.

- 계정 D는 예약 인스턴스 공유가 비활성화되어 있고 계정 내에서 구매한 예약 인스턴스가 없기 때문에 예약 인스턴스 할인을 받지 못합니다.

위의 다섯 가지 상황을 다시 읽어 보기 바랍니다. 수년 동안 만난 대다수의 사람은 일반적으로 예약 인스턴스를 약간씩 잘못 알고 있었으며 이로 인해 예상과 달리 예약 인스턴스를 통해 할인을 적용받지 못했을 수도 있습니다. 예약 인스턴스가 적용되는 경우와 적용되지 않는 경우를 알고 제어하는 방법을 알면 최상의 전략으로 예약 인스턴스를 어떻게 구매할지 선택할 수 있습니다.

13.4.4 표준 예약 인스턴스 vs 전환형 예약 인스턴스

AWS에서 예약 인스턴스를 구매할 때 한 번 구매 시 여러 예약 인스턴스를 같이 구매할 수 있습니다. 표준 예약 인스턴스$^{Standard Reserved Instance}$(SRI)를 구입하면 처음 구매할 때 매개변수를 설정할 수 있습니다.

표준 예약 인스턴스를 활용하면 가용성 영역과 범위(지역 또는 영역)와 같은 매개변수 중 일부를 수정할 수 있습니다. 리눅스, 유닉스 예약 인스턴스의 경우 동일한 예약 인스턴스의 일부를 분할하거나 결합할 수 있습니다. 예를 들어 두 개의 인스턴스가 하나의 큰 인스턴스가 되기도 합니다. 그러나 기간, 운영 체제, 인스턴스 패밀리(m5, c5), 테넌시(공유 또는 전용)와 같은 다른 많은 매개변수는 수정할 수 없습니다. 표준 예약 인스턴스를 구매하면 예약 인스턴스 기간(1년이나 3년) 내에 이러한 매개변수와 일치하는 리소스를 실행해야 합니다.

EC2 인스턴스의 경우 더 유연한 옵션인 전환형 예약 인스턴스$^{Convertible Reserved Instance}$(CRI)를 사용할 수 있습니다. 할인율이 더 낮지만 기간 내에 기존 예약을 다른 예약으로 전환할 수 있습니다. 전환에는 일부 제한은 있습니다.

어쨌든 AWS에 대한 전반적인 약정을 줄일 수는 없습니다. 예를 들어 전환으로 인해 약정 금액이 낮아지면 비싼 예약 인스턴스를 저렴한 예약 인스턴스로 바꿀 수 없습니다. 이 경우 예약 인스턴스를 더 많이 구매하거나 더 비싼 매개변수가 포함되도록 하여 전반적인 비용이 상승하도록 수정해야 합니다. 예약 인스턴스 교환으로 인해 더 많은 비용이 발생하면 AWS는 선결제 금액에 비례하여 차액을 청구합니다.

한 번의 예약 인스턴스 구매에서 구매한 모든 예약 인스턴스 대신 일부만 전환할 수 있도록 전환형 예약 인스턴스를 분할할 수 있는 프로세스가 있습니다. 마찬가지로 여러 전환형 예약 인스턴스를 함께 결합하여 하나의 새로운 전환형 예약 인스턴스로 바꿀 수 있는 프로세스도 있습니다. 그러나 다음 경우에는 전환형 예약 인스턴스의 매개변수를 수정할 수 없습니다.

- 전환형 예약 인스턴스를 구입시에는 특정 지역에 대해 구매할 수 있으며 다른 지역으로 전환할 수 없습니다.

- 전환형 예약 인스턴스를 구입시에는 EC2 인스턴스 전용이며 다른 서비스로 전환할 수 없습니다. 예를 들어 데이터베이스를 EC2 인스턴스에서 아마존 관계형 데이터베이스 서비스로 이동하는 경우 전환형 예약 인스턴스를 관계형 데이터베이스 서비스의 예약 인스턴스로 전환할 수 없습니다.

- 전환형 예약 인스턴스를 구입 시 때때로 기간을 1년에서 3년으로 연장할 수 있는 경우를 제외하고는 전환형 예약 인스턴스의 기간을 변경할 수 없습니다.

이러한 제한 사항 외에도 전체 전환형 예약 인스턴스는 조직에게 있어 위험률이 훨씬 낮습니다. 약정 기간에 EC2의 총 사용량을 줄일 가능성이 없는 경우 EC2 사용에 대한 매개변수를 변경하고 변경한 매개변수와 일치하도록 전환형 예약 인스턴스를 전환할 수 있습니다.

EC2 예약 인스턴스에는 용량 예약이라는 기능도 포함되어 있습니다. 영역 예약 인스턴스(특정 가용 영역에 적용되는 예약 인스턴스)를 활용하면 서버 용량을 확보하고 사용 가능하도록 유지할 수 있습니다. 이 용량은 예약 인스턴스와 동일한 AWS 계정에서만 사용할 수 있으며 선택한 가용 영역에만 적용됩니다. 계정에서 예약 인스턴스를 활용하지 않았고 해당 예약과 일치하는 EC2 인스턴스를 AWS에 요청하는 경우 용량 가용성을 보장할 수 있습니다. 예약 인스턴스 할인과 마찬가지로 특정 인스턴스에 용량 예약을 할당할 수 없으므로 해당 계정 내에서 실행되고 매개변수가 일치하는 첫 번째 인스턴스가 이 용량 예약을 사용하게 됩니다.

지역 EC2 예약 인스턴스는 동일한 지역의 모든 가용 영역에 할인을 적용할 수 있지만 용량 예약은 포함하지 않습니다. 그러나 지역 예약 인스턴스를 온디맨드 용량 예약과 결합하면 지역 전체에서 예약 인스턴스를 할인 받으면서도 용량 예약이 가능합니다. 그렇다고 하더라도 특정 가용 영역에서 용량을 예약한 다음 해당 지역의 예약 인스턴스 할인을 통해 용량 예약에 할인을 적용하도록 합니다.[6]

13.4.5 인스턴스 크기 유연성

EC2 예약 인스턴스는 특정 인스턴스 크기(소형, 중형, 대형, 초대형 등)로 구매하게 됩니다. 예약 인스턴스는 해당 크기에 맞는 리소스에 할인을 적용합니다. 그러나 지역 예약 인스턴스 중 리눅스, 유닉스의 경우 앞에서 언급한 인스턴스 크기 유연성instance size flexibility(ISF)이라는 옵션을 활용할 수 있습니다. 현재 소유하고 있거나 구매할 예정에 있는 리눅스, 지역 예약 인스턴스, 공유 테넌시 속성의 예약은 자동으로 인스턴스 크기 유연성을 가지는 예약 인스턴스가 됩니다.

인스턴스 크기 유연성을 통해 예약 인스턴스는 동일한 패밀리의 서로 다른 크기 인스턴스(m5, c5, r4 등)에 할인을 적용할 수 있습니다. 하나의 대형 예약 인스턴스는 여러 작은 인스턴스에 할인을 적용할 수 있고 하나의 작은 예약 인스턴스는 큰 인스턴스에 대해 부분 할인을 적용할 수 있습니다. 인스턴스 크기 유연성은 예약 인스턴스로 가능한 할인을 그대로 유지하면서 인스턴스 크기를 변경할 수 있습니다. 크기가 다양한 모든 인스턴스를 처리하기 위해 예약 인스턴스의 정확한 크기를 구체적으로 지정할 필요는 없기 때문에 예약 인스턴스의 구매 시 매개변수를 조금씩 바꿔가면서 묶어서 구매하면 됩니다.

[그림 13-3]은 인스턴스 크기 유연성이 어떻게 적용되는지 보여줍니다. 각 열은 지정된 시간에 실행된 인스턴스를 나타냅니다. 인스턴스 유형 r5s와 c5s에서는 대형 크기(L)가 가장 작은 인스턴스 크기입니다. 이 예제에서 예약 인스턴스 사용률을 100%로 목표한다면 29개의 대형 예약 인스턴스를 구매하면 됩니다. 패밀리 내에서 가장 작은 크기의 쿠폰을 구매하는 것으로 생각하기 바랍니다. 즉 실제 예약 인스턴스 구매를 한 번만 해도 사용량에 잘 부합한다는 의미입니다. 인스턴스 크기가 바뀌더라도 정규화된 사용량이 동일하게 유지되거나 전체적으로 증가한다면 예약 인스턴스는 완벽하게 활용됩니다.

---

6 옮긴이_ 이해를 돕기 위해 온디맨드 용량 예약, 영역 예약 인스턴스, 지역 예약 인스턴스, Savings Plans에 대한 비교 자료 링크를 남깁니다(https://docs.aws.amazon.com/ko_kr/AWSEC2/latest/UserGuide/ec2-capacity-reservations.html#capacity-reservations-differences).

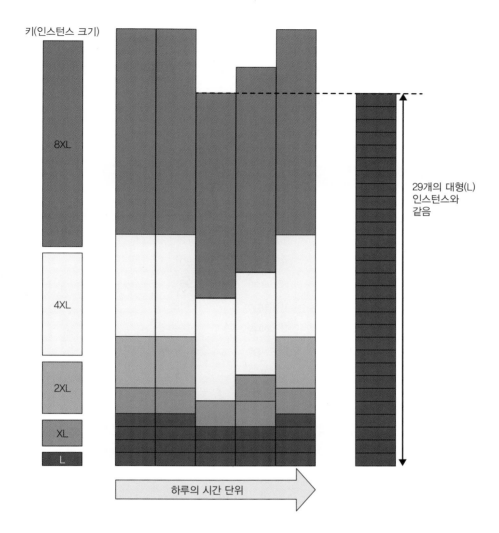

그림 13-3 AWS 인스턴스 크기를 크기 유연성을 갖춘 정규화된 크기로 변환

AWS는 정규화된 수치를 활용하여 특정 예약 인스턴스가 인스턴스 크기 유연성에 적용되는 방식을 결정합니다. 이를 사용하면 특정 크기 인스턴스별로 정규화된 단위수가 얼마나 되는지 계산할 수 있습니다. 예약 인스턴스는 동일한 정규화 수치를 사용하여 시간당 적용할 수 있는 정규화된 할인 단위로 할인을 적용하게 됩니다.

[표 13-2]의 정규화 수치는 패밀리 내에서 인스턴스 크기를 변환하는 방법을 보여줍니다. 예

를 들어 2xlarge(16개 단위)의 예약 인스턴스를 소유하는 경우 해당 예약 인스턴스는 2개의 xlarge(각 8개 단위)나 4개의 large(각 4개 단위) 인스턴스에 적용할 수 있습니다. 또한 2xlarge(16개 단위)인 예약 인스턴스를 사용하여 1개의 xlarge(8개 단위)와 2개의 대형(각 4개 단위 단위) 인스턴스에 적용할 수 있습니다.

표 13-2 AWS 예약의 정규화 수치

인스턴스 크기	정규화 수치	인스턴스 크기	정규화 수치
nano	0.25	6xlarge	48
micro	0.5	8xlarge	64
small	1	9xlarge	72
medium	2	10xlarge	80
large	4	12xlarge	96
xlarge	8	16xlarge	128
2xlarge	16	18xlarge	144
3xlarge	24	24xlarge	192
4xlarge	32	32xlarge	256

인스턴스 크기 유연성이 있는 예약 인스턴스에 대한 청구는 소유한 예약 인스턴스에 맞춰 실행하는 인스턴스 크기에 따라 다릅니다. [그림 13-4]에는 4개의 Small 인스턴스를 처리할 수 있는 4개의 Small 예약이 있습니다(음영 부분). 인스턴스 크기 유연성이 있는데 Small 크기의 인스턴스가 없는 경우 예약은 2개의 Medium 인스턴스에 적용됩니다. 만약 Medium 인스턴스가 없다면 1개의 Large나 xLarge의 절반 또는 2XLarge 인스턴스의 1/4을 처리할 수 있습니다. 더 큰 인스턴스는 더 작은 크기의 예약 인스턴스로 할인 처리할 수 있으며 처리되지 않은 해당 인스턴스 크기의 나머지 단위에 대해 일할 계산된 온디맨드 요금이 부과됩니다.

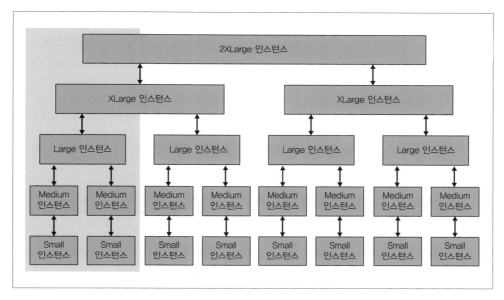

그림 13-4 인스턴스 크기 유연성이 있는 예약의 적용

13.4.6 Savings Plans

이 책을 집필하던 중 막바지 단계에서 AWS는 Savings Plans라는 새로운 약정 상품을 출시했습니다. 예약 인스턴스에 대해 배운 내용은 Savings Plans에도 적용됩니다. AWS는 모두 선결제, 부분 선결제, 선불 없음의 3가지 결제 방식과 1년이나 3년의 기간 옵션을 계속 유지했습니다.

Savings Plans는 두 가지 유형으로 제공됩니다.

컴퓨팅 Savings Plans

EC2나 파게이트^Fargate 컴퓨팅에 광범위하게 적용될 수 있고 전환가능 예약 인스턴스에 버금가는 절감 효과를 제공합니다. 이 유형은 전환가능 예약 인스턴스보다 더 광범위하게 적용되고 지역 간에도 적용되기 때문에 활용도가 높습니다.

EC2 인스턴스 Savings Plans

단순히 컴퓨팅 사용량보다도 더 구체적으로 일치하는 컴퓨팅에 적용하는 할인 혜택입니다. 지역 내의 특정 인스턴스 패밀리에 적용됩니다. 이 유형은 제한적이지만 표준 예약 인스턴스보다는 더 높은 할인율을 제공하고 덜 제한적입니다.

그러나 예약 인스턴스와 Savings Plans 사이에는 몇 가지 주요 차이점이 있습니다.

- 두 Savings Plans 유형 모두 할인을 적용하는 컴퓨팅에 더 많은 유연성을 제공하여 테넌시, 운영 체제, 인스턴스 패밀리, 인스턴스 크기를 고려할 필요가 없습니다. 가장 중요한 점은 컴퓨팅 Savings Plans가 모든 지역에 적용될 수 있다는 점입니다. 이 Plans는 적용 가능한 사용량을 크게 향상시킵니다.

- 예약 인스턴스를 사용하면 계정의 인스턴스와 일치하는 예약을 여러 개 구입할 수 있습니다. Savings Plans는 시간당 약속된 가격으로 구매하는 방식입니다.[7] 중요한 것은 약속하는 가격은 할인 후의 금액이라는 것입니다. 예를 들어 온디맨드 EC2를 시간당 100달러로 실행하고 있고 Savings Plans가 50% 할인을 제공하는 경우 시간당 50달러 Savings Plans를 구매해야 합니다.

- 예약 인스턴스와 달리 Savings Plans는 AWS 파게이트 사용량에도 할인을 적용합니다. 이것은 여러 서비스 제품에서 사용량을 할인하는 최초의 AWS 약정 상품입니다.

13장에 나오는 많은 예약 인스턴스 기술이 Savings Plans 결정을 평가하는 데 도움이 되지만 Savings Plans에 대한 구체적인 모범 사례가 있기에는 아직 이릅니다. 이는 대화를 계속하고, 최신 모범 사례를 공식화하고, 모든 실무자에게 지식을 공유하는 차원에서 핀옵스 재단이 필요한 이유를 보여주는 좋은 사례입니다.

---

7 옮긴이_ 예약 인스턴스는 인스턴스 개수로 약정하고 Savings Plans는 시간당 사용 금액을 미리 약정한다고 이해하시면 쉽습니다 (*https://aws.amazon.com/ko/savingsplans/pricing/*).

13.5 구글 클라우드 플랫폼

GCP 인프라와 서비스는 클라우드 비용을 단순화하기 위해 다른 공급 업체와 다르게 두 가지의 구글만의 고유한 청구 구성이 있습니다.

GCP의 지속 사용 할인을 살펴보고 약정 사용 할인을 살펴보겠습니다. 지속 사용 할인은 기본적으로 시간 기반 대량 구매 할인입니다. 12장에서 살펴보았듯이 컴퓨팅 인스턴스가 매월 얼마나 실행되었는지에 따라 할인이 적용됩니다. 컴퓨팅 인스턴스가 월별 특정 비율로 실행되면 청구되는 요금이 줄어듭니다. 이 모델의 장점은 특별한 노력없이 없어 공수가 들어가지 않는다는 것입니다. 필요에 따라 서버를 실행하기만 하고 더 저렴한 요금이 해당되면 자동으로 적절하게 적용됩니다. 이 모델의 유일한 단점은 다른 요금 인하 옵션보다 할인률이 크지 않다는 것입니다.

최대의 비용 절감을 위해 GCP는 대폭 할인된 약정 사용 할인도 제공합니다. 계약은 1년이나 3년 단위로 가능하며 맞춤형을 포함한 대부분의 머신유형이나 GPU와 같은 리소스 유형은 최대 57%, 메모리 최적화 머신 유형의 할인은 최대 70% 할인이 적용됩니다.[8]

지속 사용 할인과 달리 약정 사용 할인에는 노력이 필요하며 클라우드 청구서에 자동으로 적용되지도 않습니다. 컴퓨팅 인스턴스를 실행하기 전에 vCPU와 메모리 양에 대한 구매 약정을 해야 합니다. 이 할인은 계정의 특정 컴퓨팅 인스턴스에 적용되는 것이 아니라 월말 청구서 전체에 적용된다는 것을 이해하는 것이 매우 중요합니다.

약정은 특정 지역과 특정 프로젝트에 대해서 하게 됩니다. 11장에서 모든 GCP 리소스를 논리적 그룹으로 구성하는 프로젝트에 대해 살펴봤습니다. GCP의 지역 내 영역 할당 개념은 다른 클라우드 제공 업체와는 다른 개념입니다. 또한 할인은 특정 머신이나 머신 유형이 아닌 총 vCPU 수와 메모리 양에 적용됩니다.

---

8 *https://oreil.ly/1H-3K*

13.5.1 VM 인스턴스 사용 시간에 대해 지불하지 않는다

당연해 보일 수 있는데 GCP에서 가상머신^{virtual machine}(VM) 인스턴스 시간에 대해 비용을 청구하지 않는 것은 다른 클라우드 공급 업체와는 큰 차이이며 많은 의미가 있습니다. 구글의 VM 제품은 Google Compute Engine(GCE)라고 하며 개별 상품 재고 단위는 CPU 코어, RAM, 각 개별 디스크로 구분됩니다. 이는 GCP에서 CPU 코어와 메모리의 비율을 원하는 대로 완전히 맞춤형 시스템을 만들 수 있습니다. 다음은 몇 가지 시사점입니다.

- 구글이 리소스 단위의 정보를 청구 데이터에 보여줄 때는 인스턴스가 시간마다 서로 다른 부분에 해당하는 여러 행이 있을 것으로 예상해야 합니다. 이를 활용하면 인스턴스 단위 수준의 비용으로 묶을 수 있습니다.⁹

- 약정 사용 할인을 구매한다는 것은 CPU 코어나 메모리를 약정하는 것입니다(로컬 스토리지는 아닙니다). 범위 내에서 사용자가 선택한 비율로 구매가 이루어지기 때문에 짝수 개의 기본 인스턴스로 적용할 필요가 없습니다. 예를 들어 5개의 인스턴스에 해당하는 CPU 코어를 구매하면서 4개의 인스턴스에 해당하는 메모리를 구매할 수 있습니다. 결과적으로 약정 사용 할인을 구매할 때는 CPU 코어와 메모리에 대해 별도로 계획해야 합니다.

기본 구성 요소가 이미 분리되어 있으므로 명확한 구분을 통해 컨테이너 리소스와 비용 할당이 더 간단해집니다. 반대로 AWS의 경우와 같이 기본 비용 단위가 VM 인스턴스인 경우 비용을 따져보기 위해서는 별도로 계산해야 합니다.

13.5.2 약정 사용 할인의 청구와 공유

구글의 조직, 폴더, 프로젝트라는 개념 내에서 약정 사용 할인을 활용하면 어떻게 청구되고 애플리케이션이 작동하는지 살펴보겠습니다. [그림 13-5]는 계층 구조를 보여줍니다.

---

9 옮긴이_ AWS나 애저에서는 인스턴스 단위로 구매하기 때문에 CPU 2Core 4GB짜리 인스턴스 1개를 1시간 썼다고 합니다. GCP에서는 CPU 2Core 1시간, 4GB 1시간처럼 리소스 단위로 쪼개서 행이 나뉩니다. 따라서 청구서에 여러 행으로 표현됩니다.

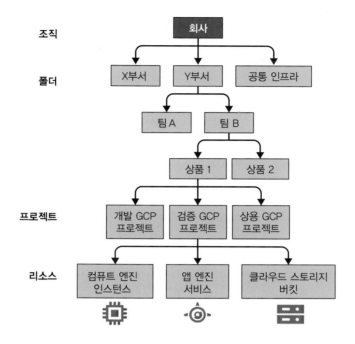

그림 13-5 구글 프로젝트와 폴더 계층

이 개념은 AWS의 마스터 지불 계정 구조와 유사합니다. 그러나 조직 계정이 약정 사용 할인을 소유할 수 있더라도 결제와 구매는 결제 계정에서 이루어집니다. 약정 사용 할인은 다양한 머신 유형에 적용할 수 있는 유연성은 있지만, 단일 프로젝트에만 적용됩니다.

예약 인스턴스가 여러 연결된 계정에서 자동으로 공유되는 AWS와 달리, 약정 사용 할인은 프로젝트 간 공유될 수 없습니다. 이것은 장점이자 단점으로 볼 수 있습니다. 특정 프로젝트에서 비용을 할당하여 약정하려면 AWS가 예약 인스턴스를 처리하는 방식보다는 GCP에서 더 확실한 차지백 옵션을 제공합니다. 그러나 약정 사용 할인에서는 사용하지 않는 약정을 여러 프로젝트에서 공유할 수 없기 때문에 더 많은 낭비를 초래할 수 있습니다. 약정 사용 할인은 기본적으로 구매한 프로젝트에만 고정됩니다.

프로젝트가 많은 조직에게 이러한 공유 불가 사항은 약정할 때 전체 조직 규모의 경제를 활용할 수 없다는 것을 의미합니다. 각 프로젝트 수준에서 코어의 수를 결정해야 합니다.

13.5.3 조직과 결제 계정의 관계

소유권과 결제 연결이라는 두 가지 관계 유형이 있습니다. 이 관계 유형들은 청구 계정, 조직, 프로젝트 간 상호 작용을 제어합니다.

[그림 13-6]은 프로젝트의 소유권과 결제 연결 관계를 보여줍니다. 소유권은 주 조직으로부터 IAM 권한 상속을 의미합니다. 결제 연결은 특정 프로젝트에 비용을 지불하는 결제 계정을 정의합니다. [그림 13-6]에서 조직은 프로젝트 A, B, C에 대한 소유권을 가지며 결제 계정은 세 프로젝트에서 발생한 비용을 지불할 책임이 있습니다.

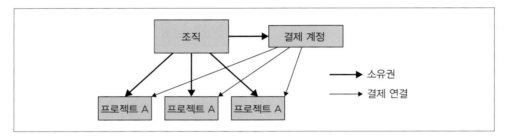

그림 13-6 구글 결제 계정 및 소유권 관계

13.5.4 프로젝트 내에서 약정 사용 할인 적용

약정 사용 할인은 단기적인 사용량 급증을 처리하는 데 사용할 수 없습니다. vCPU 50개용 약정 사용 할인을 구매한 것으로 보름 동안 vCPU 100개를 실행할 수 없으며 전체 할인을 받을 수 없습니다. 쿠폰으로 비유하면 하나의 '쿠폰'을 동시에 여러 리소스에 적용할 수 없습니다.

약정 사용 할인은 범용이나 메모리에 최적화된 약정으로 구매할 수 있으며 한 유형의 약정 사용 할인은 다른 리소스 사용 유형에 적용할 수 없습니다. 범용의 약정 사용 할인을 구입하면 메모리 최적화 인스턴스에는 할인이 적용되지 않으며 그 반대의 경우도 마찬가지입니다. 그리고 모든 GCP 인스턴스 유형에 대해 약정 사용 할인이 되는 것은 아닙니다.

1년이나 3년 단위로 약정 사용 할인을 구매할 수 있으나 자동으로 갱신되지 않습니다. 기존 약정이 만료되면 약정을 교체하여 갱신합니다. 지속 사용 할인과 같은 다른 할인 프로그램은 약정 사용 할인가로 적용되는 vCPU, 메모리에 중복으로 할인되지 않습니다.

약정 사용 할인은 vCPU와 메모리의 총 사용량에 적용됩니다. vCPU 4개에 대한 약정은 더 많은 vCPU의 인스턴스에 부분 할인을 적용할 수 있습니다. 예를 들어 16개의 vCPU로 실행되는 인스턴스에서 4개의 vCPU 요금은 약정 사용 할인이 되고 나머지 12개의 vCPU 요금은 정상가로 청구됩니다. 나머지 12개의 vCPU에는 약정 사용 할인이 적용되지 않았기 때문에 지속 사용 할인을 적용할 수 있습니다.

마지막으로 약정 사용 할인은 다음과 같이 매우 구체적인 순서로 가장 비싼 머신 유형부터 적용됩니다.

1. 고객 맞춤형 머신 유형

2. 유일한 테넌트 노드 그룹

3. 사전 정의된 머신 유형

즉 약정 사용 할인으로 신청할 때 가능한 최대 할인을 받을 수 있습니다.

13.6 마이크로소프트 애저

AWS 리인벤트 컨퍼런스 직전에 마이크로소프트는 예약 인스턴스를 제공하기로 발표했습니다. 마이크로소프트가 제공하는 예약 인스턴스는 2017년 AWS의 예약 인스턴스 개선 사항과 상당수 일치하는데 인스턴스 크기 유연성과 더 많은 전환 가능 교환 옵션 같은 기능들을 포함했습니다.

애저 예약 인스턴스는 애저 지역, 가상 머신 유형, 기간(1년이나 3년)을 선택하여 구매할 수 있습니다. 이게 전부입니다. 운영 체제와 가용 영역은 AWS처럼 구체적이지 않습니다.

워크로드나 애플리케이션을 변경해야 할 때 애저 예약 인스턴스는 어떤 지역이든 종류든 교환이 가능합니다. 하지만 이러한 변경은 아직 프로그래밍 방식이 아니며 콘솔의 지원 양식을 통해 요청해야 합니다. 이는 콘솔(웹페이지)에서 직접 변경하는 것이 불가능하고 웹페이지의 게시글을 해당 직원에게 전달해 변경해야 한다는 의미입니다. 변경 시 예약 인스턴스의 남은 시간을 기준으로 일할 비용 계산되어 새 예약 인스턴스로 바뀌게 됩니다.

애저 예약 인스턴스의 교환 대상은 원본 예약 인스턴스와 동일하거나 더 비싸야 합니다. '충전'과 같은 개념은 없지만 새로 예약하는 인스턴스의 가치가 더 크다면 그 차이만큼 추가 투자가 필요합니다. 추가로 '변경'은 수수료를 추가로 내고 전체 예약 인스턴스 구매를 취소하는 것일 수도 있습니다.

구매한 용량이 더 이상 필요하지 않으면 애저 예약 인스턴스를 취소해서 일부를 환불할 수도 있습니다. 환불 규정으로는 취소 시 중도 해지 수수료가 12%입니다(2019년 초 기준). 취소는 연간 최대 50,000달러로 제한됩니다.

리소스 제공 우선순위는 있지만 보장되지는 않습니다. 애저에 용량이 부족하여 리소스 요청을 충족시킬 수 없으면 예약하지 않은 사람보다 예약한 사람부터 리소스가 먼저 제공됩니다. 그러나 보장 옵션을 선택하지 않는 이상 애저에 특정 리소스 유형의 용량이 초과된다면 요청이 거부될 수 있습니다.

애저 예약 인스턴스를 등록, 계정 또는 구독 수준에서 할당할 수 있으므로 조직이나 개별 부서 수준에서 예약 인스턴스 사용량을 관리할 수 있습니다. 이를 통해 예약 인스턴스를 적용하는 방법과 혜택을 받을 수 있는 사람에 대해 더 많이 제어할 수 있으며 예약 인스턴스가 적용되는 위치를 거의 제어할 수 없는 AWS의 '예약 인스턴스 자동 적용'이라는 딜레마를 해결할 수 있습니다. 조직 전체에 걸쳐 비용을 절감하는 것이 목표라면 등록, 계정 수준에서 예약 인스턴스를 할당할 수 있습니다.

특정 사업부에서만 사용할 목적으로 예약 인스턴스를 구매하려는 경우 예약 인스턴스를 해당 그룹만 절감 효과를 활용할 수 있는 구독에 할당할 수 있습니다. 이 기능의 단점은 구독에 포함되지 않은 경우 사용하지 않는 예약 인스턴스를 활용할 수 없다는 것입니다. 이로 인해 MS에서는 AWS보다 더 많은 낭비가 발생할 수 있습니다. AWS에서는 구매 계정이 사용하지 않으면 예약 인스턴스가 다른 연결된 계정으로 자동으로 변경되어 활용이 가능합니다. 구매 후 필요에 따라 등록이나 구독 수준에서 예약 인스턴스 지정을 변경할 수 있습니다.

기본적으로 예약 인스턴스는 리눅스 기반이지만 윈도우를 사용하고 싶다면 애저 하이브리드 사용 혜택Hybrid Use Benefit(HUB)[10]을 활용하거나 AWS 모델과 유사하게 실행 중인 코어 수에 따라 시간당 요금 형태로 윈도우를 추가할 수 있습니다.

---

10 옮긴이_ 인스턴스에 온프레미스 라이선스를 할당합니다.

애저 예약 인스턴스는 A- 시리즈, A_v2 시리즈, G- 시리즈를 제외한 모든 VM 제품군에서 사용할 수 있습니다(단 일부 지역에서는 제공되지 않습니다). 구입하려는 예약 인스턴스를 VM에서 사용할 수 있는지 확인하려면 마이크로소프트 설명서를 확인하세요.

애저 예약 인스턴스는 '모두 선결제'로만 가능하고 처음에는 전체 사용 기간에 대한 비용을 지불해야 합니다. AWS처럼 '부분 선결제'나 '선결제 없음' 예약으로 선택할 수 있는 옵션이 없습니다. 위에서 언급했듯이 이 두 가지 옵션은 모두 초기 현금 지출을 줄이면서 절감 효과를 누릴 수 있는 옵션입니다.

13.6.1 인스턴스 크기 유연성

애저에서 인스턴스 크기 유연성은 AWS와 거의 동일합니다. 애저에서의 '크기 그룹'[11]을 '인스턴스 패밀리'로, 애저에서의 '비율 단위'를 '정규화된 단위'로 대체하면 됩니다.

동일한 크기 그룹 내의 인스턴스라면 예약한 크기에 관계없이 예약이 적용될 수 있습니다.[12] 더 작은 예약 크기라면 더 큰 인스턴스에 부분 할인을 적용할 수 있고 더 큰 예약이라면 작은 인스턴스 여러 개를 할인할 수 있습니다. 각 크기 그룹에는 각 특정 크기 인스턴스에 대한 비율 표가 있습니다. 다시 말하면 AWS의 정규화된 단위와 정확히 동일합니다. 이러한 비율 단위를 사용하여 VM 인스턴스를 처리하는 데 필요한 단위수를 결정할 수 있습니다.

어떤 원리인지 명확히 설명하는 예를 살펴보겠습니다(표 13-3).

표 13-3 DSv3 시리즈 인스턴스에 대한 비율 표

크기	비율 단위	크기	비율 단위
Standard_D2s_v3	1	Standard_D16s_v3	8
Standard_D4s_v3	2	Standard_D32s_v3	16
Standard_D8s_v3	4	Standard_D64s_v3	32

---

11 옮긴이_ 인스턴스 크기 유연성 그룹
12 옮긴이_ https://docs.microsoft.com/ko-kr/azure/virtual-machines/reserved-vm-instance-size-flexibility

특정 크기들에 대한 특정 기간의 VM 인스턴스 사용량을 살펴보면 이 기간에 사용 중인 비율 단위가 어느 정도인지 확인할 수 있습니다(그림 13-7).

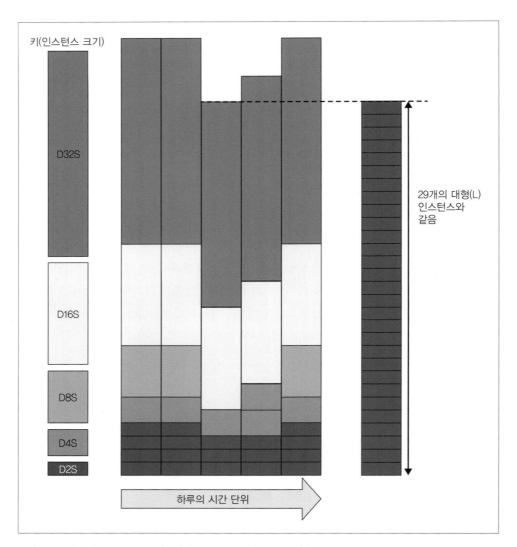

그림 13-7 애저 인스턴스 크기를 정규화된 크기로 유연성을 갖추어 변환

[그림 13-7]에서 VM 인스턴스의 비율 단위 29개는 100% 사용하고 있음을 알 수 있으며 이 단위수를 기반으로 어느 정도 예약해야 할지 결정할 수 있습니다.

13.7 마치며

예약 인스턴스와 약정 사용 할인은 클라우드 사용자가 사용할 수 있는 가장 복잡한 최적화 중 하나입니다. 성공적인 예약 프로그램을 운영하면 큰 할인을 받을 수 있습니다.

요약하면 다음과 같습니다.

- 세 가지 주요 클라우드 서비스 제공 업체 모두 대규모 할인에 대한 조건으로 약정할 수 있는 기능을 제공합니다. 각 기능, 작동 방식, 제공되는 할인 혜택에 차이가 있습니다.

- 예약의 혜택을 최대한 활용하려면 크기 유연성과 구매 후 적용할 수 있는 변경 사항을 포함한 모든 기능을 이해해야 합니다.

- 이러한 모든 복잡성으로 예약 인스턴스와 약정 사용 할인 관리는 중앙집중화하여 실무팀이 요금에 대해 걱정하지 않고 사용량을 줄이는 데 집중할 수 있도록 해야 합니다.

- 예약 인스턴스에 대해 자주 오해를 하기 때문에 엔지니어링과 재무와 같은 다양한 이해 관계자 팀을 교육하는 것도 이 과정에서 중요한 단계입니다.

이제 예약이 어떤 원리인지 알았으므로 조직 내에서 예약을 올바르게 구현하기 위한 전략과 고려 사항으로 넘어가겠습니다.

CHAPTER 14

예약 인스턴스와 약정 사용 할인 전략

13장에서 예약의 기본 원리를 이해했으므로 어렵지만 중요한 몇 가지 질문을 하겠습니다.

- 얼마를 예약해야 하나요?

- 무엇을 예약해야 하나요?

- 언제 예약해야 하나요?

- 이 과정에 누가 참여해야 하나요?

- 예약 인스턴스와 약정 사용 할인이 충분히 활용되고 있는지 어떻게 알 수 있나요?

- 언제 재구매해야 하는지 어떻게 알 수 있나요?

- 누가 비용을 지불해야 하나요?

- 예약 기간에 비용과 절감액을 어떻게 할당하나요?

안타깝지만 확실한 답은 없습니다. 특정 시점에 각 회사에 적절한 답변만 있습니다. 그리고 이러한 답변은 클라우드 제공 업체가 끊임없이 바뀌가는 약정 모델에 따라, 회사의 현금 보유액에 따라, 핀옵스 성숙도 곡선을 거치면서 바뀌는 회사 상태에 따라 크게 달라질 수 있습니다.

14.1 흔한 실수

회사에서 예약 인스턴스와 약정 사용 할인을 구매할 때 다음과 같이 실수가 많이 발생합니다.

- 예약 인스턴스 구매가 너무 오래 지연

- 너무 보수적인 구매

- 워터라인waterline 대신 고유한 인스턴스 수를 기준으로 구매

- 구매 후 예약 인스턴스와 약정 사용 할인을 관리하지 않음

- 예약 인스턴스나 약정 사용 할인을 너무 많거나 적게 구입

- 잘못된 예약 인스턴스나 약정 사용 할인을 구매

거의 모든 사람이 초기 전략의 일부를 잘못 알고 있습니다. 괜찮습니다. 이것이 기는 단계입니다. 이 단계는 자전거 타는 법을 배우거나 첫 코딩을 하는 것처럼 생각하면 됩니다. 제대로 하기 위해서는 몇 번의 시도가 필요한 학습 과정입니다.

> 실패는 괴롭지만 많은 것을 가르칩니다. 잘 작동하는 동작 원리를 발견하기까지 엉뚱한 동작도 자주 발견하게 됩니다.
>
> 밥 서튼Bob Sutton (스탠포드 경영 과학 교수)

14.2 예약 인스턴스 전략 수립 단계

예약 인스턴스 전략을 처음 수립할 때 주요 5가지 단계가 있습니다.

1. 기본부터 탄탄히

2. 반복 가능한 예약 인스턴스 프로세스 구축

3. 정기적으로 자주 구입

4. 측정과 반복

5. 예약 인스턴스 비용을 적절하게 할당

14.2절에서는 각 단계를 차례로 살펴보겠습니다.

14.2.1 기본부터 탄탄히

13장을 읽었다면 예약 인스턴스의 대부분 기본적인 원리에 대해 이미 익숙해졌을 겁니다.

그러나 다루지 않은 몇 가지 개념이 있습니다. 첫 번째는 예약 인스턴스의 손익분기점입니다. 다른 내용들을 기억하지 못해도 최소한 다음은 기억하기 바랍니다.

예약 인스턴스의 약정에서 1년은 1년이 아니며 3년은 3년이 아닙니다.

예약할 때는 해당 기간에 대해 비용을 지불하기로 약속한 것이지만 합리적인 재정 상태를 만들기 위해서 그 기간 실제로 예약 인스턴스를 굳이 사용할 필요는 없습니다.

3년 약정은 가장 적극적인 클라우드 사용자에게도 부담스러울 수 있습니다. 어떤 면에서는 클라우드의 장점인 적시성과 확장 가능한 온디맨드 사용과 같은 모든 것에 역행하기도 합니다. 그러나 클라우드 제공 업체에 대한 1년이나 3년 약정은 막대한 비용을 절감하고 클라우드의 경제성을 완전히 바꿀 수 있습니다.

1년 예약 인스턴스는 4~6개월 만에 중단될 수도 있고 3년 예약 인스턴스는 9~12개월 만에 중단될 수도 있습니다. 조직에서 이러한 손익분기점에 대한 데이터를 공유하면 선택한 클라우드의 약정에 대한 부담감을 덜어내는 데 도움이 됩니다. 예약 손익분기점의 다양한 구성 요소를 분석해보겠습니다.

예약 손익분기점의 구성 요소

[그림 14-1]은 1년 동안 온디맨드와 예약 모두에 대한 리소스의 누적 비용을 보여줍니다. 예시에는 예약 비용이 300달러 이상이므로 예약 그래프가 300달러에서 시작합니다. '선결제 없음' 예약 옵션을 선택했다면 온디맨드 그래프 아래에서 시작합니다. 그리고 '모든 선결제' 예약을 사용한 경우 선결제 비용의 값이 평평한 선으로 그려집니다.

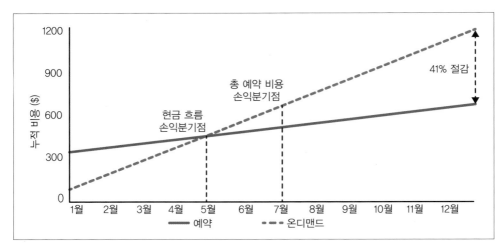

그림 14-1 예약과 현금 흐름

현금 흐름 손익분기점^{cash flow break-even point}은 온디맨드 요금을 사용했던 것과 동일한 금액을 예약 비용으로 활용한 지점입니다. 어떤 사람들은 명확한 근거들을 가지고 현금 흐름 손익분기점을 교차점^{crossover point}이라고도 부릅니다. 현금 흐름 손익분기점까지는 예약을 활용하는 데 추가 비용은 들지 않습니다. 한편 예약 용도의 시간당 비용은 계속 지불하게 됩니다.[1] 만약 현금 흐름 손익분기점에서 리소스 사용을 중지하면 온디맨드 요율에 비해 손해입니다.

총 예약 비용 손익분기점^{total reserved cost break-even point}은 온디맨드 리소스 사용 비용이 약정의 총비용과 동일한 경우입니다. 이 지점이 실제 손익분기점입니다. 예약에 맞는 리소스 사용을 중지할 수도 있고 예약을 약정하지 않은 것보다 손해가 되지 않는 지점이기 때문입니다. 미리 약정을 하던 온디맨드로 구매하던 동일한 금액을 지불했을 겁니다. 손익분기점 이후에는 약정을 통해 비용을 절감할 수 있습니다.

온디맨드 그래프와 총 예약 비용 손익분기점 간의 차이는 예약으로 인한 절감액(또는 손실액)입니다. 이 그래프를 사용하면 전체 12개월 동안 예약에 맞는 하나의 리소스를 실행하든 서로 다른 다양한 여러 리소스를 실행하든 상관이 없습니다.

예약에 할인이 적용되는 모든 사용량을 합산하면 동일한 사용량에 대해 예약의 총비용과 온디맨드 요금으로 지불했을 비용을 비교할 수 있습니다. 이 비교를 통해 손익분기점을 달성한 시

---

1 옮긴이_ 모두 선결제하는 예약 옵션을 선택했다면 처음 지불 후에는 추가적인 비용이 없습니다.

점과 실현한 절감액을 알 수 있습니다.

요점은 다음과 같습니다. 대부분의 경우 잘 계획된 예약은 예상보다 빨리 끝납니다. 예약 인스턴스 전략과 관련한 실제 문제는 일반적으로 무엇을 먼저 구매할지 결정하는 것보다 조직이 구매하는 예약 인스턴스나 약정 사용 할인 방식에 맞추는 것입니다.

예약 인스턴스 워터라인

우리가 지난 13장에서 다루지 않은 기본 개념으로 예약 인스턴스 워터라인이 있습니다. 아시다시피 예약 인스턴스를 구매할 때 특정 인스턴스에 대해 구매하는 것은 아니며 예약 인스턴스나 약정 사용 할인이 적용될 위치를 결정할 수도 없습니다. 예약은 예약 기준과 일치하는 리소스에 임의로 적용됩니다.

클라우드의 탄력성을 성공적으로 적용하고 있다면 하루, 주, 월간 리소스 사용량이 다양해집니다. 비수기에는 사용량이 적고 성수기에는 사용량이 늘어납니다.

[그림 14-2]는 시간 흐름에 따른 일부 리소스 사용량을 보여줍니다. 4개의 예약 인스턴스를 구입했다면 각각 100% 활용률이 됩니다. 5번째 예약 인스턴스는 사용률이 90%입니다. 6번째 예약 인스턴스는 활용률이 80%입니다. 예약으로 25%를 절감할 수 있다면 온디맨드 비용보다 비용을 절감하기 위해 예약 시간의 75% 이상을 활용해야 합니다.

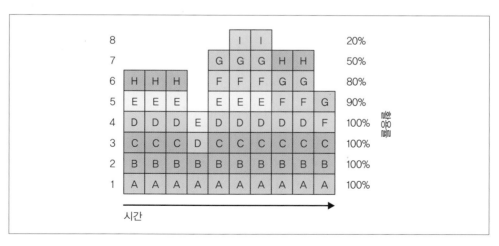

그림 14-2 예약 활용률

7개의 예약을 약정하면 7번째 예약에 대해서는 활용률이 75% 미만이므로 온디맨드 요금보다 더 많은 비용을 지불하게 되어 6개 이상의 예약은 적용되지 않습니다.

세 번째 행부터는 하나의 예약이 다른 리소스에 적용되었습니다.[2] 이러한 리소스는 클라우드 내의 다른 계정에서 가져올 수 있습니다. 이렇게 리소스 공유를 통해 제공되는 규모의 경제는 중앙집중식 예약 인스턴스 구입이 핀옵스 모범 사례의 핵심임을 다시 일깨워 줍니다. 팀 수준에서만 예약 인스턴스 구매를 유도하면 약정을 제대로 못 할 수 있습니다. 물론 프로젝트 간에 약정 사용 할인이 공유되지 않는 구글의 경우에는 효과가 덜 합니다. 어쨌든 핀옵스 담당자는 팀이 리소스 활용도를 최적화하는 데에만 집중할 수 있고 요율 최적화에 대해서는 신경 쓰지 않도록 하는 것이 가장 좋습니다.

조달의 새로운 역할은 전략적인 구매 부서가 되어 약정과 협상된 가격을 기반으로 소비한 리소스에 대해 회사가 가능한 최상의 요율을 얻을 수 있도록 하는 것입니다.

14.2.2 반복 가능한 예약 인스턴스 프로세스 구축

예약 인스턴스 전략을 수립하는 두 번째 단계는 가능한 빨리 올바른 구매 결정을 내릴 수 있도록 정기적이고 반복적으로 실행할 수 있는 프로세스를 구축하는 것입니다. 이것이 왜 중요할까요? 클라우드는 적시 구매에 관한 것이기 때문입니다. 클라우드에서는 필요할 때 바로 리소스를 쓸 수 있습니다. 마찬가지로 예약 인스턴스가 필요할 때 구입해야 합니다. 너무 일찍 구입하거나 너무 늦게 구입해서는 안 됩니다.

이렇게 하려면 핀옵스 담당자는 프로세스에 참여할 사람, 실행하기 전에 고려해야 할 결정 기준, 끝내는 프로세스는 어떻게 할지 모두 알아야 합니다. 이를 회사 정책에 적용하면 예약 인스턴스 규모에 따라 누가 책임지고, 승인은 어떻게 할지, 이상적으로는 사전 승인 프로세스까지도 고민해볼 수 있습니다.

클라우드의 인프라는 유동적이어서 빠르게 변화하는 인스턴스 유형, 마이그레이션, 탄력성, 사용량 급증 등을 지원해야 합니다. 예약 인스턴스와 약정 사용 할인도 신속하게 조정해서 이러한 변화를 지원해야 합니다. 변화 속도를 따라잡으려면 매월 예약 인스턴스를 구매해야 할 수도 있으며 포트폴리오에 대한 예약 인스턴스 교환, 수정, 조정을 더 자주 하게 될 것입니다.

---

2 옮긴이_ 9개의 C 중에 1개의 D가 포함되어 있는 등 섞여서 활용됩니다.

따라서 핀옵스팀에는 예약 인스턴스 약정 프로세스를 담당하는 전담 직원이 있어야 합니다. 때때로 이 직원을 예약 인스턴스, 약정 사용 할인의 달인이라고 부릅니다. 이 직원은 예약 인스턴스의 원리(13장 참조)와 약정된 리소스를 활용하는 각 팀의 동기에 대해 깊이 이해해야 합니다. 이들은 재무, 기술, 경영진과 상호 연락하여 팀 간 역할 경계를 허물며 약정을 수행해야 합니다. 일반적으로 이 직원은 핀옵스팀의 기술에도 관심이 많은 비즈니스 분석가입니다.

왜 전담 직원을 채용해야 할까요? 쉽게 대답하면 클라우드 비용을 10~40% 절약할 수 있다는 것입니다. 좀 더 생각해보면 기술팀이나 운영팀은 일반적으로 효율적인 리소스 운용에 집중하다 보니 예약 인스턴스를 구매할 시기와 개수를 결정하는 일에 대해서는 잘 수행하지 않는다는 것입니다. 책임 분할을 위해 핀옵스팀은 요율 인하 최적화를 담당하고 제품이나 애플리케이션 팀은 사용량 감소 최적화를 담당하도록 업무 분담을 하는 것이 좋습니다.

14.2.3 정기적으로 자주 구입

클라우드는 적시 구매를 위해 설계되었습니다. 데이터 센터에서 설계되고 구축하는 방식으로 인프라를 실행하거나 예약 인스턴스 같은 용량을 구매해서는 안 됩니다.

몇 년 전 AWS 홈페이지에 [그림 14-3]과 같은 그래프가 있었습니다. 왼쪽의 그래프에는 하드웨어에 대한 제약과 긴 리드 타임이 필요한 데이터 센터와 하드웨어 세계에서 용량을 구입하는 방식을 보여줍니다. 오른쪽의 그래프에는 클라우드에서 인프라를 실행하는 이상적인 방법을 보여줍니다. 필요할 때 바로 인프라를 사용할 수 있습니다. 예약 인스턴스 구매도 마찬가지입니다.

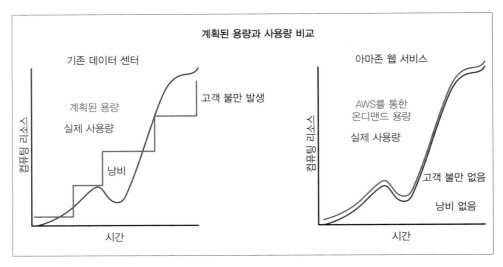

그림 14-3 AWS가 웹사이트에 올려놓았던 그래프

14.2.4 측정과 반복

우리는 예약 인스턴스를 잘못 구매한 회사들의 심각한 이야기를 많이 들었습니다. 이러한 일반적인 실수를 방지하려면 초기 예약 인스턴스 구매량이 적어야 합니다. 임계값 메트릭을 신중하게 설정해야 합니다. 예약해야 하는 리소스의 비율과 같은 간단한 방법으로 설정을 시작할 수 있습니다. 반대로 기존 예약 중 낭비된 양을 추적하여 최대한 활용되도록 해야 합니다. 예약 인스턴스 관리에 사용할 메트릭에 대한 자세한 내용은 16장에서 다루겠습니다.

프로세스에 대한 신뢰가 높아지면 구매 빈도와 규모를 모두 늘릴 수 있습니다.

14.2.5 예약 인스턴스 비용을 적절하게 할당

4장에서는 가치를 받은 기간에 비용을 기록해야 한다는 수익비용대응의 원칙이 있었습니다. 약정을 부분적으로라도 선불로 지불하면 장기간(1년이나 3년)에 걸쳐 사용량에 대한 할인이 적용되며 선불금을 해당 기간 분배하게 됩니다. 선불금을 분배하는 것을 상각이나 상환이라고 합니다. AWS와 같은 일부 클라우드 서비스 공급자의 경우 선불로 지불하거나, 일부만 선불로 지불하거나, 선불이 전혀 없는 옵션이 있습니다. 선불로 더 많이 지불할수록 예약에 대한 더 높은 할인을 받습니다.

선불 여부를 결정하려면 두 가지 주요 고려 사항이 필요합니다.

회계

첫 번째는 회계 프로세스에 미치는 영향입니다. 13장에서는 예약 인스턴스가 클라우드 사용량 전체에 걸쳐 무작위로 적용된다는 점을 강조했습니다. 선불금의 일부를 한 팀에 할당하고 다른 일부를 다른 팀에 할당해야 하는 경우 예약으로 할인이 적용된 위치를 정확히 파악한 후 그에 따라 상각해야 합니다.

세분성

예약을 월별로 똑같이 나눌 수는 없습니다. 모든 예약이 매월 1일 첫 시간에 시작되는 것도 아니고 2월은 3월보다 10% 짧기 때문에 상각에는 좀 더 세분화된 접근 방식이 필요합니다.

14장의 뒷부분에서 누가 예약 비용을 지불하는지 다룹니다.

14.3 중앙집중식 예약 모델

성공적인 핀옵스 실무자는 예약 구매 프로세스를 중앙집중화합니다. 예약은 복잡하고 앞서 언급한 예약의 달인 같은 통제 전문가가 필요합니다. 조직 내 모든 예약의 분석, 승인, 구매, 관리를 한 팀이 담당하면 효율성과 정확성이 보장되어 최고 수준의 비용 절감이 가능합니다. 각 팀이 개별적으로 클라우드 사용을 분석하는 경우 종종 클라우드를 엉뚱하게 분석하는 사람이 생기거나 구입한 예약을 두 배로 늘려 놓을 수도 있습니다.

개별 팀에서 관리하는 예약은 해당 팀의 사용량만 고려하게 됩니다. 개별 팀이 예약을 구입할 때 고려하는 사용량의 최고점과 최저점은 회사 전체적인 예약과 사용량은 고려하지 않은 값입니다. 어떤 한 팀이 리소스 사용량을 줄이는 반면 다른 팀은 동시에 사용량을 늘려 전체적으로 균일한 사용량이 될 수 있습니다. 리소스를 줄인 팀에서는 예약이 필요할 정도로의 사용량은 아닌 것 같습니다. 그러나 여러 팀에 걸친 사용량은 일관되며 예약을 통해 조직의 비용을 절약할 수 있습니다. 중앙집중식 관점은 모든 팀의 사용량을 고려하여 조직의 전반적인 절감률을 높입니다.

이제 예약은 복잡하다는 것이 확실해졌습니다. 각 클라우드 서비스 제공 업체가 제공하는 서비스를 계속해서 발전시키면서 예약은 훨씬 더 복잡해질 가능성이 높습니다. 조직의 개별 팀이 제품과 서비스의 변경 사항을 고려하고 자체 분석과 구매 프로세스를 업데이트하는 것은 비효율적입니다. 이렇게 하면 팀들이 예약을 잘못 수행하게 되고 궁극적으로 회사에 비용이 더 많이 듭니다.

개별 팀이 자체 예약을 관리해야 하는 수요를 줄이려면 핀옵스팀이 각 팀의 리소스에 적용되는 할인과 달성한 전체 절감액에 대한 가시성을 확보하는 것이 중요합니다. 이러한 가시성이 없으면 팀은 비용을 절감하기 위해 각 팀의 사용량만큼 예약하고 싶어집니다. 중앙집중식 예약 모델로 운영할 때 개별로 분산된 팀이 예약을 구매하도록 하는 것은 과도하게 할당될 가능성이 있으므로 위험합니다.

중앙집중식 예약 모델이 반드시 개별 팀의 업무를 방해하는 것은 아닙니다. 핀옵스팀은 운영팀이 수행할 로드맵 계획 특히 변경으로 인해 클라우드 사용에 영향을 미치게 되는 경우는 파악해야 합니다. 예약을 교환할 수 있는 경우 핀옵스팀은 필요할 때 예약을 교환할 수 있으므로 개별 팀의 업무가 줄어듭니다. 예약을 수정할 수 없는 경우 해당 리소스 사용량을 소유한 개별 팀에게 약정에 대한 의견을 제시할 기회가 주어져야 합니다. 책임있는 팀이 약정과 그 사용에 대한 의미를 이해하게 되면 향후 리소스 사용량에 대한 변경을 계획할 때 예약을 고려할 수 있습니다.

14.4 예약 시기

각 회사가 예약 구매 시기를 어떻게 정해야 하는지 많은 의견을 들었습니다. 너무 일찍 구매하는 것과 너무 늦게 구매하는 것의 영향력을 이해하는 것이 중요합니다. 필요한 것보다 일찍 예약하면 계정에 할인이 적용된 것은 없고 예약에 대한 요금만 지불하게 됩니다. 필요한 것보다 더 많은 사용량을 예약한다면 비용 절감은 전혀 없고 전체 기간(1년이나 3년)의 예약 비용을 지불하게 됩니다. 그러나 너무 오래 기다리면 사용량에 대해 온디맨드 요금을 지불하게 되고 만약 더 빨리 약정하면 받을 수 있었던 절감 효과를 놓칠 수 있습니다.

이를 더 잘 이해할 수 있도록 [그림 14-4]는 클라우드 청구서의 일부 리소스 사용량을 보여줍니다. 1월에 1년짜리 예약을 구매하면 할인 없이 3개월 동안 예약 비용을 지불하게 되어 예약 인스턴스의 25%(3개월/12개월)를 낭비하게 됩니다. 4월에 사용이 시작되면 연말까지 이 사용에 대해 즉시 할인된 요금을 받게 됩니다. 만약 이 예약으로 25% 이상 절약되지 않으면 예약을 전혀 하지 않았을 때보다 더 많은 금액을 지불하고 한 해를 마감하게 될 것입니다.

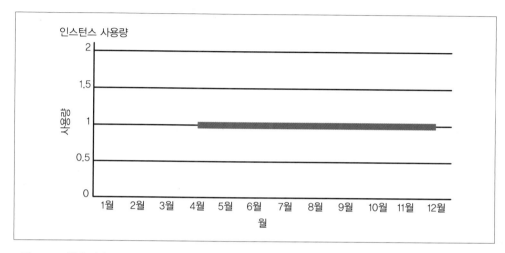

그림 14-4 4월에 시작하여 9개월 동안 실행되는 리소스 사용량

반대로 예약하기 위해 9월까지 기다렸다면 5개월 동안 온디맨드 요금으로 지불하게 되어 실현할 수 있는 절감 효과를 놓치게 됩니다.

16장에서는 필요할 때만 예약을 수행하는 더 성숙한 모델을 다루겠습니다. 대부분의 회사는 연간, 분기별, 월별과 같은 정해진 일정에 따라 예약을 시작합니다. 일정이 정해지면 회사는 각 주기 동안 최대한의 비용 절감을 달성하기 위해 과도하게 노력하게 됩니다.

예를 들어 매년 예약을 하는 회사는 필요한 것보다 30% 더 많은 예약을 약정할 수 있습니다. 이러한 아이디어는 매해가 지나면서 클라우드 지출이 증가하고 예비 예약 분량이 즉시 할인으로 적용이 된다는 것입니다. 그러나 올해 상반기에 회사는 할인이 적용되지 않는 추가 예약에 대해 초과 지불을 하고 있습니다. 앞의 예에서 볼 수 있었듯이 이러한 예약은 미사용 예약 비용보다 더 많은 할인을 적용하지 못할 위험이 있습니다.

예약을 수행하는 빈도를 늘리면 온디맨드 요금으로 청구되는 시간이 줄어들고 예약을 과도하게 주문하려는 유혹도 사라집니다. 그러나 더 높은 요율로 예약을 수행하는 데에는 몇 가지 장애물이 있습니다. 보유하고 있는 예약의 양, 필요한 예약의 양을 분석하는 데 걸리는 시간은 예약 수행 빈도를 낮출 수 있습니다. 클라우드 서비스 제공 업체가 약정 항목에 대해 권장 사항을 제공하는 기본 제공 서비스[3]가 있다면 이 서비스부터 활용하는 것이 좋습니다. 핀옵스팀이 성숙해져서 타사 도구와 분석 기능을 모두 직접 구축하고 사용하면 핀옵스팀의 권장 수준이 개선되고 분석 프로세스의 속도가 빨라질 수 있습니다.

14.5 라이트사이징과 예약 수행 시기 비교

11장에서 라이트사이징이 예약에 어떤 영향을 미치는지 살펴봤습니다. 이러한 이유로 많은 사람이 가장 좋은 접근 방식은 먼저 라이트사이징을 하고 나중에 예약하는 것이라고 생각합니다. 이 접근 방식이 옳은 것처럼 보일 수 있지만 올바른 접근 방법이 아닙니다. 이는 불필요한 온디맨드 지출을 유발시켜서 항상 절감 기회를 놓치게 합니다.

라이트사이징은 어렵고 시간이 오래 걸릴 수 있습니다. 이를 위해서는 엔지니어링팀이 참여하고, 비용에 대해 교육을 받고, 변화를 위해 투자해야 합니다. 하룻밤 사이에 일어나지 않습니다. 보통 기술팀은 기능 제공에 초점을 맞추고 사용 최적화 단계로 바로 이동할 수 없습니다. 비용이 엔지니어의 효율성 지표로 간주되도록 문화를 바꾸는 데 6개월 이상이 걸리는 경우가 많았습니다. 그동안 아무것도 예약하지 않으면 꽤히 오랜 시간 동안 온디맨드 방식으로 돈을 지불하게 됩니다. 또한 라이트사이징이 발생할 때는 엔지니어가 서비스를 제공 중인 프로세스에 최적화를 적용하기 때문에 일반적으로는 갑작스러운 변화가 아니라 점진적인 과정으로 시작하게 됩니다.

핀옵스 관행이 미숙할 때 회사가 저지르는 가장 큰 실수 중 하나는 어떤 것을 예약하기 전 라이트사이징이 '완료'될 때까지 기다리는 것입니다. 다시 언급하지만 가장 중요한 최적화가 수행될 때마다 핀옵스 수명 주기를 여러 차례 반복하게 됩니다.

기는 단계에서 사용량 절감에 초점을 맞추면 연결되지 않은 스토리지 볼륨을 제거하거나 개발,

---

3 옮긴이_ AWS의 경우 비용 탐색기가 구매 추천 서비스를 제공합니다(https://aws.amazon.com/ko/about-aws/whats-new/2017/11/identify-opportunities-for-cost-savings-using-aws-cost-explorers-new-amazon-ec2-reserved-instance-purchase-recommendations/).

스테이징[4] 계정 내에서의 100% 유휴 시스템을 끌 수 있습니다. 기는 단계에서 요율 인하에 초점을 맞추면 처음에는 전체 사용량 대비 10% 정도만 구매할 수 있습니다(AWS를 사용하는 경우 '선결제 없음' 예약 인스턴스를 사용합니다). 향후 걷고, 뛰려면 부서와 팀 간의 협업과 많은 교육이 필요합니다.

가장 좋은 전략은 사용량 절감, 요율 인하 모두에 대해 보수적인 목표를 설정하고 처음부터 병렬적으로 프로세스를 같이 진행하는 것입니다. 아마 회사의 전체 클라우드 컴퓨팅 지출 대부분이 낭비되고 있어서 바로 크기를 조정해야 하는 상태는 아닐 겁니다. 그러니 사용 중인 인프라의 50% 정도 예약은 안전하게 적용할 수 있을 것입니다. 특히 클라우드로의 마이그레이션이나 새로운 애플리케이션이 도입되어 클라우드 사용량이 늘면 더욱 그렇습니다.

시작할 때는 25~30% 정도로 예약 목표 수준을 낮게 설정하고 클라우드 리소스의 일부만 예약하여 조기에 절감을 달성해야 합니다. 낭비를 줄일수록 새로 구매한 예약은 남은 사용량의 더 큰 비율로 할인이 적용됩니다. 인스턴스 크기 유연성, AWS의 전환형 예약 인스턴스, 애저의 예약 인스턴스 취소 기능과 같은 비용 프로그램을 활용하면 예약을 약정한 후에도 인프라 사용을 최적화할 수 있습니다.

계정 내에서 낭비된 양은 측정 가능하기 때문에 최적화로 세운 목표를 스스로 평가해볼 수 있고 이상적인 목표를 더 크게 세워볼 수도 있습니다. 걷는 단계에서는 정기적으로 예약 인스턴스를 구매하는 동시에 엔지니어링팀이 사용하지 않는 리소스를 정리하고 사용량이 적은 리소스의 크기를 적절히 조정할 수 있습니다. 뛰는 단계에서는 메트릭 기반의 비용 최적화를 할 수 있는 단계입니다(16장).

14.6 전략 수립

어떤 클라우드 서비스 공급자를 사용하든 예약, 약정의 목표는 가능한 한 비용을 많이 아끼는 것입니다. 예약 전략을 수립하기 전에 고려해야 할 몇 가지 사항이 있습니다. 회사의 방침은 예약 전략에 영향을 미치는 사항입니다. 또한 클라우드 서비스 제공 업체에 대한 약정 수준, 구매

---

4 옮긴이_ 스테이징(Staging)은 운용 환경과 동일하게 만들어 놓고 소프트웨어의 기능적인 부분 외 연동, 보안, 성능, 용량, 장애 대응을 확인하는 장비와 환경을 의미합니다.

결정에 필요한 협상 요율, 결제 프로세스, 비용 할당에 미치는 영향, 선불 결제를 위한 전체적인 현금 유동성도 전략 수립에 고려해야 할 사항들입니다.

14.6.1 클라우드에 대한 약정 수준

클라우드 서비스 제공 업체를 통해 예약하면 해당 제공 업체에 일정 금액을 지출해야 합니다. 해당 약정 사항에는 선불 요금과 시간당 요금이 있을 수 있습니다. 전체 약정 기간의 모든 요금을 합산하면 총 예약 비용인 클라우드 서비스 제공 업체에 주기로 한 약정 비용을 계산할 수 있습니다.

대형 클라우드 서비스 제공 업체 3곳 모두 1년이나 3년 예약을 약정할 수 있으며 약정 기간이 길수록 비용을 더 많이 절감할 수 있습니다. 두 가지 옵션 중 하나를 선택할 때는 클라우드 서비스 공급자에 대한 약정 사항이라는 것을 염두에 두어야 합니다. 이 기간에 사용량을 줄일 가능성은 어느 정도나 될까요?

향후 12개월 이내에 현재 클라우드 서비스 제공 업체에서 다른 업체로 이전할 가능성은 매우 적지만 향후 3년의 약정에 대해서 확신이 없다고 가정하겠습니다. 이 경우 3년 예약을 약속해서는 안 됩니다. 3년의 기간이 끝나기 전에 사용을 중단하면 추가 절감 효과를 얻을 수 없습니다.

14.6.2 자본비용

예약은 비용을 절약하지만 선불 요금으로 적용하려면 사용 가능한 현금이 먼저 필요합니다. 어떤 조직에서는 이것이 문제가 되지 않지만 어떤 조직에서는 문제가 됩니다. 또 다른 조직은 회계 연도가 끝나기 전에 예산을 소비해야 하는 것처럼 특정 기간 내에 돈을 지출해야 합니다.

자금을 사용할 수 있는 곳에서는 숙련된 핀옵스 전문가들이 가중평균자본비용과 현금의 순현재가치^net present value(NPV)를 고려합니다. 이러한 계산은 초기 예약에 자본을 투입하는 것이 다른 가능한 투자에 비해 좋은 투자인지 여부를 결정합니다. 선불로 지불하지 않으면 할인 폭은 적지만 다른 사업에 돈을 투자하여 더 나은 재정적 결과를 얻을 수도 있습니다.

AWS가 '선불 없음'이나 '부분 선불' 구매 옵션 각각에 대해 부과하는 프리미엄은 선불 금액에 비례하는 AWS의 이자 금액과 동일한 값이며 이자는 연간 이자율로 합니다. 이를 '선불 없음'이나 '부분 선불' 구매 옵션의 내재이자율$^{implied interest rate}$이라고 합니다.

클라우드 리소스 사용자가 '모두 선결제'나 대체 결제 옵션을 선택해야 하는지 여부는 사용자의 가중평균자본비용이 예약 인스턴스 지불을 연기하기 위해 서비스 제공 업체가 부과하는 내재 이자율보다 낮은지 높은지에 따라 달라집니다.

리소스 사용자의 가중평균자본비용은 회사의 부채에 대한 이자 비용으로 클라우드 사용자에 대한 자본비용이며 회사의 자기 자본입니다. 어떤 비용이 더 큰지 결정하기 위해서 각각의 '모두 선결제'와 '선불 없음' 시나리오에 대한 구매 현금 흐름의 순현재가치를 계산해야 합니다.

이 과정은 사용자의 가중평균자본비용을 결정하는 것부터 시작합니다. 대부분의 기업은 이러한 유형의 결정을 위해 재무 부서에서 표준 가중평균자본비용을 사용하며 일반적으로 이 수치를 주어진 것으로 간주하게 됩니다.

목푯값 찾기[5]를 사용하여 계산한 할인율 즉 필요한 절감액을 달성하기 위해 투입비를 조정하는 비율이 사용자의 가중평균자본비용보다 큰 경우 사용자는 '모두 선결제' 예약을 구매해야 합니다. 이 수치가 사용자의 가중평균자본비용보다 낮으면 '선불 없음'의 예약 인스턴스 구매 옵션의 내재 이율이 '모두 선결제' 옵션보다 사용자에게 더 저렴합니다.

14.6.3 경고 구역과 안전 구역 접근 방식

대부분 약정한 예약 인스턴스는 전 세계, 전 지역의 사용량에 할인이 적용되지 않습니다. 동일한 지역(어떤 경우에는 동일한 가용 영역)에만 적용됩니다. 또한 13장에 자세히 설명한 것과 같이 동일한 속성과 일치하는 리소스에만 적용됩니다. 이를 염두에 두고 사용 빈도가 낮은 지역에서는 예약을 구매하지 않는 경우가 많습니다. 사용률이 낮은 지역에서 예약을 구매하면 할인 적용이 안 될 위험이 있으므로 비용을 절감하는 것이 아니라 오히려 비용이 추가됩니다. 같은 맥락에서 이전 세대 인스턴스 유형에 대한 예약 구매도 유사하게 비용이 더 들 수 있습니다.

기술팀이 이러한 지역에 인프라를 구축하거나 예약하면 손해볼 것으로 간주되는 인스턴스 유형을 사용하는 경우 예약 할인을 받을 수 없습니다. 히어 테크놀로지의 클라우드 부문 수석 비

---

5 옮긴이_ 마이크로소프트 엑셀에는 '데이터 → 가상분석 → 목푯값 찾기' 기능이 있습니다(MS오피스 2019 버전).

즈니스 분석가인 데이브 반 호번^{Dave Van Hoven}은 이러한 예약 위험 상황에 대해 가시적으로 보여주는 접근 방식을 사용하여 엔지니어가 구축 방법에 대해 현명한 결정을 내릴 수 있도록 합니다.

경고 구역과 안전 구역에 대한 접근 방식은 핀옵스팀에 요청하지 않아도 중앙 핀옵스팀이 예약 구매에 자연스럽게 고려하는 위치와 인스턴스 유형(안전 구역), 예약에 포함되지 않는 위치와 인스턴스 유형에 대한 정보(경고 구역)를 회사 내부적으로 공지하는 것입니다.

안전 구역

안전 구역은 엔지니어가 가장 쉽게 접할 수 있는 구역입니다. 더 최신의 인스턴스 유형을 사용하여 구축하기로 선택한 후 회사 전체에서 많이 선택되는 사업 지원 지역에 배포하면 엔지니어는 일반적인 고려 사항과 예약까지 신경 쓸 필요가 없습니다. 안전 구역은 회사가 가장 지원하기를 원하는 구역으로 엔지니어링 의사결정을 유도하는 데 도움이 됩니다.

경고 구역

경고 구역에서는 엔지니어가 직접 예약을 관리하거나 핀옵스팀과 긴밀하게 협업하여 전문적인 예약으로 구매해야 합니다. 엔지니어링팀의 인프라가 변경되면 예약을 수정하고 다른 팀에서 예약 인스턴스를 사용할 수 있게 하기가 어렵습니다. 따라서 항상 예약에 대한 추가적인 별도 조건도 고려해야 합니다. 경고 구역은 추가적인 노력이 필요해서 엔지니어링팀에게 매력적이지 않습니다.

위험 구역

경고 구역의 확장 개념입니다. 조직에서 구매를 승인하지 않는 예약의 위치와 유형을 명확하게 나타내는 게 위험 구역입니다. 위험 구역은 엔지니어가 인프라를 구축해서는 안 되는 경우를 설명하는 데 활용할 수 있습니다.

경고 구역, 안전 구역 접근 방식을 통해 중앙집중식 예약 방식이 어떤 원리인지 명확하게 알 수 있게 되었습니다. 이 접근 방식은 예약이 자동으로 적용되지 않는 팀을 표시하고 모호한 사용량에 예약을 적용하는 프로세스를 정의합니다. 보고서는 중앙집중식 핀옵스 예약 프로세스(안전 구역)뿐만 아니라 경고 구역에서도 발생하는 효율성과 절감 효과를 강조하여 작성해야 합니다.

14.6.4 구매 승인

비즈니스 승인 프로세스도 가끔씩 수행되는 약정에 기여할 수 있습니다. 비즈니스 프로세스 과정에서 승인을 받는 데 몇 주가 걸리면 매월 예약을 하는 것이 번거로울 것입니다. 여기에서 핀옵스팀은 예약을 수행하는 새로운 프로세스를 만들어서 비즈니스에 도움이 될 수 있으며 프로세스를 개선하는 것이 사업을 살린다는 것을 잘 알고 있습니다.

성공적인 회사에서는 분기별 예산을 핀옵스팀에 할당하여 예약을 하고 전체 약정이 이 예산을 초과하는 경우에만 추가 승인을 필요로 합니다. 대부분 승인 프로세스와 관련된 인원수와 서류 작업량을 줄이면 예약 빈도가 잦아질 수 있습니다. 16장에서 메트릭 기반 비용 최적화에 대해 자세히 살펴보고 어떻게 사전 승인된 지출 금액이 자동 예약 구매로 이어질 수 있는지 알아보겠습니다.

14.6.5 예약 비용의 지불 주체

핀옵스팀이 예약 구매를 승인한다고 해서 반드시 예약 비용을 지불하는 것은 아닙니다. 예약 비용에는 선불 요금과 시간당 요금이라는 두 가지 주요 요소가 있습니다. 일부 예약은 '모두 선결제'와 '선결제 없음' 예약 중 하나로만 구성됩니다.

선결제를 선택하면 클라우드 청구에 예약이 적용되므로 비용은 상각됩니다. 그런 다음 예약 인스턴스 중 사용되지 않은 용량은 청구서에 직접 청구되며 초기 선결제에서 상각되지 않고 그대로 유지됩니다.

월말에 비용이 올바르게 상각되면 다음과 같은 결과를 볼 수 있습니다.

- 이번 달 상각 후 남은 예약에 해당하는 선불비가 청구
- 이번 달에 상각된 클라우드 리소스 비용(태그, 레이블, 계정을 통해 할당된 비용)
- 결제 데이터에서 청구되는 미사용 예약의 미상각 비용

핀옵스팀의 예약 구매가 승인되면 핀옵스팀은 선결제에 비용을 추가합니다. 이 돈은 매월 소요되는 사업 비용이 아닙니다. 회계적으로 비즈니스 자산이며 이 돈을 클라우드 비용으로 상각하면 비용으로 바뀝니다. 따라서 핀옵스팀은 예약 구매에 대한 예산을 사업 비용으로 보고하지 않습니다.

태그, 레이블, 계정을 사용하여 비용을 클라우드 리소스로 상각하면 예약 비용을 쇼백, 차지백 비용 할당 프로세스에 포함시킬 수 있으며 다른 모든 클라우드 비용처럼 처리할 수 있습니다.

그러나 사용되지 않은 예약의 경우 요금은 중앙에서 구매 한 계정으로 청구되며 적절하게 할당되는 프로세스가 필요합니다. 다음은 이렇게 미사용된 예약 비용을 처리하는 네 가지 전략입니다.

계정 기반 비용 귀속

할인을 적용할 사용량 정도로 팀 계정 내에서 예약을 구매했다면 예약을 구매한 계정을 기준으로 사용하지 않은 예약 비용을 귀속시킬 수 있습니다. 요금은 계정을 소유한 각 팀에 할당됩니다.

혼합된 상각

사용되지 않은 예약 비용을 상각률에 추가하는 것은 다음을 의미합니다. 미사용 비용을 해당 예약이 포함된 모든 지불액에 효과적으로 혼합하는 것입니다.[6] 이로 인해 적용되지 않은 리소스가 정상적인 온디맨드 요율로 유지됩니다. 예약이 정확한 리소스에만 적용된다는 점은 때때로 리소스에 할인이 적용되는 반면 다른 경우에는 적용되지 않음을 의미합니다. 이러한 할인 할당 차이로 인해 핀옵스팀의 비용 추적이 어려워질 수 있습니다. 쇼백, 차지백을 수행할 때 리소스 혼합 요율을 사용하는 것이 좋습니다.

리소스 혼합 요율

청구서 전체의 총 리소스 요율 비용을 혼합하여 리소스에 대한 새로운 요율을 생성합니다. 4장에서 논의한 '혼합 요금'이라는 AWS 청구 데이터 개념을 언급하는 것이 아닙니다. 이 개념은

---

6 옮긴이_ 사용되지 않은 남은 예약이 있는데 이 수치를 상각률에 포함하면 상각 적중률이 낮아질 것입니다. 예를 들어 어떤 쿠폰왕이 소셜 커머스에서 A 쿠폰을 싸게 샀지만 쓰지 못하고 있다고 합시다. A 쿠폰 금액을 B, C 등 여러 쿠폰으로 절감한 계산식(할인 받은 금액/실제 구매 금액)의 분모에 넣으면 A를 잘못 산 것은 눈에 띄지 않고 전체적인 할인 적용률이 낮아질 것입니다.

예약(온디맨드 및 예약)과 일치하는 모든 사용량을 활용하며 선불을 상각하고 미사용 예약을 할인 적용합니다. 그리고 모든 사용량에 대해 새로운 요율을 생성합니다. 즉 해당 유형을 사용하는 모든 사람은 결제 데이터에 예약이 적용되었는지 여부와 관계없이 동일한 요금을 받게 됩니다. 이는 본질적으로 예약 적용 범위에 따라 변경되는 각 리소스 유형에 대해 온디맨드 가격과 예약된 가격 사이에 회사 자체의 평균 요율을 생성합니다. 예약이 적용될 때마다 '임의의 승자와 패자'가 발생하지 않습니다.

모든 절감액

재무팀과 함께 온디맨드 요율을 활용하여 모든 보고, 예산, 예측을 중앙집중화식으로 처리하는 프로세스를 구축하기 바랍니다. 엔지니어링팀은 사용에 따른 정확한 예약 요금을 고려할 필요가 없으며 예측할 수 없는 애플리케이션에 대한 사용량 예약은 더 이상 문제가 되지 않습니다. 모든 절감액은 중앙 핀옵스팀에 보고되며 핀옵스팀에서는 사용되지 않은 예약 비용을 절감액에 포함하지 않습니다. 이 모든 절감 금액은 핀옵스팀이 예상하는 절감액으로 일종의 역 예산으로써 활용되기도 합니다. 이 금액에 얼마나 근접하게 절감 금액을 달성했는지에 따라 성과가 측정됩니다. 그리고 중앙에서 관리하는 모든 절감액은 더 적절한 방식과 통제된 방식으로 사업 영역에 배포됩니다.

예약 비용을 할당하는 방법은 비즈니스 프로세스에 따라 달라지며 핀옵스 업무가 성숙해지고 시간이 흐르면 일부 바뀔 수도 있습니다.

14.6.6 전략 수립에 대한 조언

예약에 대한 전략을 수립할 때 다음과 같은 사항들이 유용할 수 있습니다.

우선 가시적으로 만들기

반복해서 들었던 이야기가 있습니다. 이는 '예약 인스턴스를 구매했지만 청구서 대금은 오르기만 했어요'와 같은 이야기입니다. 클라우드 비용 증가를 막기 위해 예약을 구매하는 경우가 많으며 예약은 보통 조직 내 클라우드의 성장 단계때부터 구입하게 됩니다. 대부분 클라우드 사용이 많아지면 예약으로 얻을 수 있는 절감액보다 사용량이 커집니다. 예약으로 인해 얼마나 절약되는지 가시적으로 파악할 수 없다면 클라우드 지출이 증가하는 사실만 알 수 있습니다.

예약 작동 방식 이해

13장에서 예약이 얼마나 복잡한지 이해하셨길 바랍니다. 사람들이 예약을 구매할 때 가장 흔히 저지르는 실수는 예약을 올바르게 이해하지 못하고 잘못된 유형의 예약을 구매하거나 잘못된 지역에서 구매하는 것입니다. 예약이 예상한 사용량과 일치하지 않으면 비용이 크게 증가할 수 있습니다.

도움 받기

핀옵스 담당자들이 모든 일을 혼자서 해내지는 못합니다. 핀옵스 재단에서 가장 성공한 실무자는 어떤 형태로든 일종의 외부 지원을 받습니다. 핀옵스 재단도 여러분을 지원하는 외부 리소스입니다.

동료로부터 배우고, 교육 과정에 참석하고, 인증을 받고, 클라우드 서비스 제공 업체의 지원 채널에 참여하다 보면 예약 프로그램이 성공할 가능성이 커집니다. 조직에서 예약을 처음 구매해보는 경우 숙련된 계약자를 통해 시작하는 것이 좋습니다.

한 사람이 모든 결제 데이터 처리, 예약에 대한 권고 제공, 보고서 작성을 하려고 하면 예약 구매를 지연시키게 됩니다. 대부분의 경우 이러한 권장 사항과 보고서 작성으로 인해 업무가 지연되면 핀옵스 플랫폼 비용보다 많은 비용을 절감할 수 없게 됩니다. 한편 이러한 타사 플랫폼은 수년간 관련 경험을 가진 사람들로 구성된 팀이기에 수십억 달러의 클라우드 지출에 대한 검증된 보고서를 만들 수 있습니다.

뱁새가 황새를 따라가면 다리가 찢어진다

기는 단계를 처음 시작할 때는 하나의 예약만 구입하는 것이 좋습니다. 이렇게 하면 위험부담이 적은 구매로 배울 수 있는 사항들이 있습니다. 더 실질적인 구매를 하기 전에 일반적인 실수가 잘 방지되었는지도 확인할 수 있습니다. '뱁새가 황새만큼' 따라가려는 시도는 종종 실패하는 경우가 많습니다. 앞서 논의한 경고 구역과 안전 구역 접근 방식을 고려하고 예약의 혜택을 받을 수 있으면서 위험이 적은 사용량을 파악합니다. 그리고 더 큰 금액으로 구매하면 됩니다. 이는 예약 전략 수립에 대한 자신감을 키울 수 있는 좋은 방법입니다.

그리고 지체해서는 안 됩니다. 천천히 시작하는 것이 좋지만 전혀 시작하지 않으면 안 됩니다. 구매하지 않고 실수를 피하려고 하면 클라우드 서비스 제공 업체가 계속해서 과다 청구를 하게 됩니다. 다시 한번 위험이 적은 예약을 찾아서 구매한 다음 이러한 절감 효과를 보고 보고서 작성을 해보면서 계속 학습하고 성장하시길 바랍니다.

시작할 때 예약 목표를 낮게 설정하는 것이 좋습니다. 안전 구역에서 25~30%의 예약 혜택을 고려해보기 바랍니다. 자신감이 커지면 목표를 상향 조정해볼 수 있습니다. 일반적으로 조직이 바라는 보장 금액은 80% 예약 적용 보장입니다.

전반적인 영향 고려

클라우드 청구서에는 예약이 다소 임의로 적용됩니다. 따라서 기존에 비용에 대한 보고와 지출을 면밀히 분석하는 팀이 있는 경우 한 지역에서 지출이 감소하는 데 다른 지역에서는 지출이 늘어날 때 예약 구매로 인한 혼란이 발생할 수 있습니다. 비즈니스에서 발생하는 절감 효과를 정확하게 반영하기 위해 보고서에 반복해서 기입하고 예약을 구입한 사항에 대해서 이야기하면 향후 혼란을 막을 수 있습니다.

이러한 조언들은 기억해야 할 중요한 사항들입니다. 다만 가장 많은 지원을 받으려면 동종 업계의 동료에게 연락해보고, 숙련된 계약 업체를 활용하고, 핀옵스 플랫폼을 활용해서 예약에 대한 첫 발을 내딛도록 추진하기 바랍니다.

14.7 마치며

예약 관리에 대한 핀옵스 전략은 조직마다 다릅니다. 그러나 효율적이고 잘 관리되는 예약이 될 방법이 몇 가지 있습니다. 이 중 핀옵스팀의 중앙집중식 관리가 가장 중요합니다.

요약하면 다음과 같습니다.

- 전략을 수립할 때는 사용할 수 있는 모든 조언을 구하고 단독으로 전략을 수립하는 것은 피해야 합니다.
- 예약을 구입하기 전에 예약이 작동하는 원리를 이해하고 가시성이 있게 만드는 데 시간을 투자해야 합니다.

- 예약 구매를 지연해서는 안 됩니다. 위험이 적은 예약을 먼저 구매한 다음 프로세스를 기반으로 적용 범위를 늘리기 바랍니다.

- 누가 무엇을 하고 있는지에 대한 혼동을 피하기 위해서는 조직 전체에 대한 소통이 중요합니다.

올바르게 수립된 예약 전략은 핀옵스와 함께 발전하고 성숙해지면서 조직의 많은 비용을 절감할 수 있습니다. 이상적으로는 모든 핀옵스 프로세스에서 메트릭이 사용되는 것이 가장 좋습니다.

이것으로 최적화 단계를 마칩니다. 이 시점에는 조직에서 어떤 최적화를 활용할 수 있는지 알아야 하며 달성하려는 목표를 설정해야 합니다. 4부에서는 수명 주기의 운영 단계로 이어지며 목표를 달성할 수 있는 프로세스를 만들게 됩니다.

Part **IV**

운영 단계

마지막 부에서는 핀옵스에서 자동화가 수행하는 역할에 대해 알아보고, 성공에 한 걸음 더 다가가는 운영 프로세스를 살펴보고, 최종 핀옵스 모델에 대해서 논의해보겠습니다. 최종 핀옵스 모델에서는 단위 메트릭 리포팅 모델을 활용하여 비즈니스에 대한 비용을 파악할 수 있습니다.

Part IV

운영 단계

CHAPTER 15

사업 목표에 맞춘 협력

실행 프로세스가 없으면 실제 목표를 달성할 수 없습니다. 핀옵스의 운영 단계로 이동하면 이전 두 단계에서 확인된 요소를 지원하고 강화하기 위해 노력하게 됩니다.

15장에서는 자동화를 가능하게 하고 조직이 핀옵스 목표를 달성하는 데 도움이 되는 광범위한 프로세스를 살펴보겠습니다.

15.1 목표 달성

최적화 단계가 목표를 설정한다면 운영 단계는 실제 행동을 합니다. 여기에 새로운 목표가 설정되지는 않습니다. 운영 단계에서는 개별 사업에 맞춰 세워놓은 목표를 달성하기 위해 의사결정을 내리고 계획을 수립합니다.

필요 없는 시간에 리소스를 종료하는 개념을 도입하고 이에 대한 올바른 작업 순서를 적용하겠습니다. 정보 제공 단계에서는 종료하게 되면 이익이 되는 리소스를 확인합니다. 최적화 단계에서는 잠재적인 절감 효과를 측정하고 이러한 메트릭을 기반으로 절감할 목표 금액을 세웁니다. 운영 단계에서는 리소스를 켜고 끄는 프로세스를 정의하고 자동화를 수행하여 켜고 끄는 프로세스가 적용되는 리소스가 늘어날 수 있도록 합니다. 이러한 운영 단계부터는 확장과 복제에 대한 개념이 도입되어 전체 조직에서 수행하는 완결적인 프로세스를 정의하게 됩니다.

운영 단계에서 항상 행동으로 이어지는 것은 아닙니다. 최적화 단계를 최적화할 수 있는 경우를 찾아보고 작은 비즈니스 사례를 만들어 보는 정도로 생각한다면 운영 단계는 실행을 하거나 하지 않을 결정도 해야 하는 단계입니다.

수명 주기를 반복하면 또 다른 목표들이 생기며 이러한 목표를 달성하기 위해 새로운 프로세스와 자동화가 만들어지게 됩니다. 그리고 프로세스를 세우는 동안 더 많은 목표를 달성하고 싶을 수 있습니다. 이 경우 정보 제공 단계와 최적화 단계로 돌아가서 새 프로세스의 목표를 올바르게 파악하고 설정하세요. 수명 주기의 반복을 작고 빠르게 유지하면 바뀌는 프로세스의 변경사항을 올바르게 파악할 수 있습니다.

클라우드 재무관리 문제를 해결하는 데 도움이 되는 숙련된 핀옵스 실무자를 조직에서 고용하는 것이 보편화되고 있습니다. 혹은 컨설팅 파트너와 시스템 통합업체(예를 들어 프라이스워터하우스쿠퍼스PricewaterhouseCoopers(PwC), 딜로이트Deloitte, KPMG와 같이 현재 각 지역에서 컨설팅 서비스를 제공하는 업체)부터 클라우드 재무관리 플랫폼(특히 핀옵스 업무 관리 전문)과 같은 많은 조직과 함께 일해 본 경력 프리랜서까지 다양한 핀옵스 컨설턴트가 있습니다. 핀옵스 재단에는 숙련되고 지식이 풍부한 파트너를 확인할 수 있고 신입 사원을 교육할 수 있는 인증 프로세스가 있습니다.

수년에 걸쳐 많은 조직이 핀옵스 업무을 중심으로 프로세스를 만들었습니다. 조직마다 업무 처리 방식은 다르지만 성공적인 핀옵스 담당자가 따르는 프로세스에는 공통 요소들이 있습니다. 우리는 핀옵스 실무자들이 성공적인 방안을 공유할 수 있도록 핀옵스 재단을 만들었습니다.

처음에 대부분의 조직은 수명 주기를 반복하면서 현재 비용을 파악하는 데 집중합니다. 여기에는 보유한 계정에 대한 프로세스 구축, 청구서 구성 방식 파악, 클라우드 서비스 제공 업체에서 직접 또는 타사 핀옵스 플랫폼에서 제공하는 특정 형태의 지출 분석 도구를 활용하여 완전한 차지백이나 컨테이너 보고와 같이 상위 수준까지 파악하는 것이 포함됩니다.

그 후 핀옵스 조직에서 가장 중요한 목표는 구축 프로세스를 주도해야 합니다. 비용에 민감한 조직은 가장 중요한 목표로 비용 효율성에 중점을 두지만 빠른 혁신에 중점을 둔 조직은 속도 향상에 중점을 두게 됩니다.

15.2 프로세스

많은 프로세스가 함께 협력하여 성공적인 핀옵스 방식을 수립합니다. 자동화는 다음 프로세스를 따르게 됩니다.

자동화를 하고 싶다면 자동화가 필요한 프로세스를 먼저 만들어야 합니다.

프로세스를 담당하는 사람(소유자), 프로세스를 따라야하는 조직, 프로세스가 추구하는 목표를 정의하는 것이 중요합니다. 직원들은 명확하게 정의된 프로세스를 바라고 있습니다.

17장에서 다룰 타사 자동화 도구를 채택하면 종종 프로세스가 어떻게 작동되어야 할지가 결정됩니다. 이러한 도구를 사용하면 기존에 정의된 프로세스를 적절하게 조정해야 할 수도 있습니다.

새 프로세스에 항목을 추가하는 방법(도입), 팀에서 기대하는 사항(책임), 프로세스를 따라야 하는 시기와 프로세스를 따른 결과를 팀에 알리는 방법(가시성과 알림), 마지막으로 따라야 할 프로세스(행동)를 파악하기 바랍니다.

15.2.1 도입

특히 클라우드를 사용하는 경우 상황이 바뀝니다. 조직은 기존 클라우드 배포에 새로운 것들을 추가하거나 회사 간 합병도 진행할 수 있습니다. 모든 프로세스는 클라우드가 성장함에 따라 생기는 일들을 미리 명확하게 정의해야 합니다. 그렇지 않으면 지금은 작동하지만 향후에는 작동하지 않을 수 있습니다.

아틀라시안에는 새 계정을 만들기 위한 구체적인 프로세스가 있습니다. 이러한 프로세스에는 기존 결제 구조에 계정을 추가하는 방법과 새 계정에 핀옵스 도구를 추가하는 것들이 포함됩니다. 거버넌스 도구가 계정에 추가되면 유휴 리소스 관리와 권장하는 라이트사이징이 가능합니다. 계정의 기존 예약 인스턴스는 핀옵스팀에서 관리하는 중앙집중식 관리로 합쳐지게 됩니다.

15.2.2 책임

각 프로세스에는 주인이 있어야 합니다. 효과적인 프로세스에서는 누가, 무엇을, 언제, 어떻게 수행하는지 명확하게 정의합니다. 팀에서 매일, 매주, 매월, 다른 빈도로 프로세스를 따르나요? 일부 프로세스는 핀옵스 담당이 주도하는 반면(예를 들어 예약 구매), 다른 프로세스는 각 실무자가 주도하게 됩니다(예를 들어 라이트사이징).

프로세스가 성숙해지면 팀에 할당된 책임이 커집니다. 주기적으로 관심을 가지고 이야기해보면 각 팀이 어떤 일을 언제까지 해야 하는지 몰랐다고 발뺌할 가능성이 줄어듭니다.

핀옵스 수명 주기를 반복하면 이러한 프로세스를 만들 수 있습니다. 예를 들어 비용 가시성에 대한 일을 처음 시작할 때 비용 보고서를 작성하는 팀에게 유일하게 기대할 수 있는 것은 그냥 보고서를 읽는 것일 수 있습니다. 이후에 이런 팀은 특정 임계값을 초과하는 모든 비용을 조사하게 되고 설명하게 됩니다. 더 이후에 목표를 달성하지 못할 것 같을 때는 예산과 예측값을 고쳐야 할 수도 있습니다.

핀옵스팀은 기고, 걷고, 뛰는 단계를 수행하고 있습니다. 제대로 수립한 비용 할당 전략과 정확하게 예측된 예산이 먼저 선행되지 않고 핀옵스팀의 수명 주기를 통해 처음으로 비용을 조사하도록 만드는 것은 불가능합니다. 다만 모든 프로세스를 한 번에 만들려고 하면 각 프로세스 단계에서의 영향을 분석할 수 없기 때문에 각 단계를 반복하여 소요 시간을 가능한 최소화시키도록 합니다. 극장 조명 디자인 분야에서 조명 기술자에게 '한 번에 하나의 조명만 움직이라'는 격언이 있습니다. 하나씩 바꾸어보면 각각 어떻게 바뀌는지 명확히 알 수 있습니다.

15.2.3 가시성

프로세스 실행 전과 후 모두를 비교할 수 있도록 가시성을 확보해야 합니다. 운영 단계에서 가시성을 확보한 프로세스는 모두가 어떤 사항에 대해 변경이 필요한지, 어떤 사항이 변경되었는지를 알 수 있도록 만들어 줍니다. 가시성을 확보하기 위한 가장 일반적인 운영 프로세스는 자동으로 생성된 보고서나 경고를 팀에게 보내서 이벤트가 발생할 때 이를 알 수 있도록 하는 것입니다.

보고서는 4장에서 정의한 핀옵스 공통 용어로 작성하여 명확하고 이해하기 쉬워야 합니다. 사전에 교육하고 문서를 제공해서 모든 직원이 이 핀옵스 공통 용어에 익숙해지도록 해야 합니다. 이상 감지와 알람은 현재 메트릭을 기반으로 한 예측값으로 알려주어서 실제로 문제가 발생하기 전에 직원이 대응할 수 있어야 합니다. 목표 수준에 이르기까지 기다리는 대신 조금 빨리 예측하여 조치가 필요한 시기를 파악하기 바랍니다. 이에 대한 좋은 예로는 예상되는 월말 지출을 기반으로 경고를 구성할 수 있는 'AWS 예산' 기능입니다.

시간이 흐르면 프로세스와 커뮤니케이션 채널의 중요성과 정교함이 점점 커질 것입니다. 핀옵스팀이 개발팀, 재무팀, 사업부를 소집하면 향후 계획에 대한 정보를 받을 수 있고 더 효과적으로 계획하고 의사결정을 내리는 데 도움이 되는 정보들을 파악할 수 있습니다. 자주 만나면 제공받는 정보의 양과 다양성이 증가하고 핀옵스 실무자가 의사소통 방법을 지속적으로 개선하는 것이 중요해질 것입니다.

많은 핀옵스팀은 이러한 만남을 위해 애플리케이션을 구축하고 실행하는 IT팀과 월별이나 분기별 회의를 잡는 것부터 시작합니다. 첫 번째 회의는 어색하고, 불편하며 다소 경계심이 있을 수도 있고, 어느 쪽도 상대방이 원하는 것을 이해하지 못할 것입니다. 시간이 흐르고 이러한 논의를 계속하면 핀옵스팀은 IT팀과 협력하여 IT팀의 관점을 이해하고, 비용을 이해하고 제어하기 위해 하는 좋은 사례를 전파하며, 비즈니스 목표와 재무 요구 사항을 IT팀이 더 잘 이해할 수 있도록 지원하게 됩니다. 핀옵스팀과의 회의록을 살펴보면 각 팀이 고려하고 있는 복잡한 클라우드 의사결정에 대한 깊은 대화도 있었고 회의 참석자들은 각자의 비용 데이터를 이야기하기보다 비용 절감을 위한 아이디어에 대해 이야기할 준비를 하고 회의에 참석했습니다.

가시적인 환경을 만들고 명확한 책임과 역할을 정의해두면 믿음이 형성되고 동반자 관계로 이루어집니다. 조직의 다양한 팀과 협력하는 것은 핀옵스팀이 만들어야 하는 프로세스 중 하나입니다. 클라우드 제공 업체에 더 초점을 맞춘 라이트사이징과 예약 계획 같은 프로세스를 구축할 때 핀옵스팀을 성공적으로 운영하는 것과 관련된 프로세스를 간과하지 않도록 주의하기 바랍니다.

15.2.4 행동

행동 단계는 새로운 보고서 작성부터 실제 클라우드 리소스 켜기와 *끄기*에 이르기까지 조직이 핀옵스 목표를 달성할 수 있도록 하는 실행 활동을 포함하는 프로세스입니다. 작업 프로세스는 종종 자동화가 가능한 좋은 후보입니다. 11장에서 라이트사이징을 배울 때 중앙집중식 핀옵스팀에서 권장 사항을 만든 다음 엔지니어링팀에 배포하여 적절한 경우 리소스를 확인하고 조정할 수 있음을 확인했습니다. 라이트사이징 권장 사항을 만드는 방법에 대한 명확한 프로세스나 엔지니어로부터 예상되는 내용에 대한 의사소통이 없으면 라이트사이징이 성공하지 못하는 경우가 많습니다.

중앙 핀옵스 그룹은 다양한 핀옵스 기능을 점점 더 정교하게 활용하는 방법을 알려주는 훌륭한 정보통이 될 수 있습니다. 내부 지식 공유, 프로세스 관리와 도구들도 큰 이점이 될 수 있습니다. 특히 대규모나 복잡한 조직에 더욱 도움이 됩니다. 스크립트, 프로세스 문서, 매뉴얼 자료, 수행된 작업이나 결정에 대한 기록, 로그들이 모든 사람들이 활용할 수 있도록 모아질 수 있습니다. 다시 말하면 어떤 조직에서든 각 그룹은 핀옵스 수명 주기에 있어서 서로 다른 발달 수준과 단계에 있습니다. 각 조직에게 효과가 있는 프로세스를 찾기 위해서 어디서부터 시작해야 할지 알 수 있어야 합니다.

결정 사항이 항상 직접적인 행동이 아닐 수도 있습니다. 라이트사이징에 대한 좋은 비즈니스 사례가 있어도 핵심 직원이 다른 전략적 과제에 집중해야 한다면 실현이 불가능할 수도 있습니다. 클라우드 아키텍처에 대한 보류 결정을 따르기 위해서는 예약 인스턴스 구매를 2주까지 연기할 수도 있고 이로 인해 고려하는 서비스에 대한 요청 사항도 근본적으로 바뀌게 됩니다. 모든 최적화 기회가 직접적인 행동이나 구체적인 절감으로 이어지지는 않습니다.

그럼에도 불구하고 결정, 결정에 대한 근거, 결정에 따른 수행 이력, 향후 결정 사항을 문서화하는 것은 중요합니다.

15.3 책임감이 조직 문화에 끼치는 영향

어떤 팀이 조치를 취할 책임이 있는지 정의하는 프로세스는 서로 다른 팀이 함께 일하는 방식에 대한 문화를 형성하는 데 도움이 됩니다. 각 팀의 기여가 조직의 목표 달성에 어떻게 도움되는지 각자 이해해야 합니다. 각 실무팀은 각자의 노력이 어떻게 기여되는지 알지 못하면 종종 프로세스를 따르지 않습니다.

15.3.1 당근과 채찍 접근법

다음과 같이 프로세스의 긍정적인 면을 강조하는 보고가 있다면 팀은 이러한 이점을 실현하기 위해 최선을 다할 수 있습니다. 팀이 프로세스를 따르지 않은 경우를 파악하고 그 영향을 확인하는 것도 중요합니다. 최고의 성과자와 비성과자 명단을 작성하면 조직이 목표를 달성하는 데 도움이 될 수도 있습니다. 이러한 보고서가 조직 내에서 어떻게 배포되는지는 각 회사의 문화에 달려 있습니다. 어떤 사람은 성공에 대해서는 공개적으로 보상하고 충분히 노력하지 않은 팀에 대해서는 비공개로 다루는 것을 선호하는 반면 다른 사람들은 '최악의 성과자' 게시판에 공개하는 것을 선호합니다.

기존 IT 조직은 일반적으로 부정적 지표가 아닌 긍정적 지표를 활용하여 일하지만 퍼블릭 클라우드와 핀옵스의 세계에서는 한 가지 큰 차이점이 있습니다. 핀옵스팀은 데이터 센터에서는 그동안 하지 않았던 방식으로 낭비와 부정적 행동을 방지할 수 있습니다. 오래전에 감가상각되어 가치가 없는 스토리지 에어리어 네트워크$^{storage\ area\ network}$(SAN)[1]에서 스토리지 용량을 낭비한 팀을 징계하는 것은 별로 의미가 없습니다. 하지만 클릭 몇 번으로 종료될 수 있음에도 불구하고 시간당 비용이 많이 들고 잘 사용하지 않는 리소스를 낭비하는 팀을 징계하는 것은 타당합니다.

어떤 팀은 평균보다 훨씬 더 많은 비용을 지출할 것으로 예상됩니다. 총지출액을 기준으로 한 '최악의 비성과자' 명단을 만드는 것은 생산적이지 않습니다. A팀이 B팀보다 더 많이 지출하는 것이 논의 주제가 될 수는 있지만 A팀이 목표를 달성하는 동안 B팀이 예산보다 더 많이 지출하는지 아는 것이 더 중요합니다. 중요하지 않은 것에 시간을 낭비하지 않고 중요한 것에 대화를 집중하는 것이 핀옵스 활동이기도 합니다.

사용량 최적화에서 일반적인 이슈는 여러 팀이 필요한 변경 사항을 실행하도록 추진하는 것입니다. 팀이 달성할 수 있는 전반적인 절감 효과와 다른 팀이 달성한 절감 효과를 보여주는 기능은 여러 팀이 프로세스에 참여하도록 설득하는 데 도움이 됩니다.

---

1 옮긴이_ 실무에서는 주로 '샌 스토리지'나 '샌'으로 부릅니다.

15.3.2 나쁜 직원들과의 협업

경영진은 전체 조직의 성공을 위해서 목표 달성이 중요하다는 메시지를 전파하는 것이 중요합니다. 팀이 이를 이해하면 전체 성과 보고 시에 더 많은 관심을 둡니다. 기술팀이 사업화 속도를 위해 지출을 늘리고자 한다면 경영진이 승인해야 합니다. 그런 다음이 예외 사항을 예산에 반영해야 합니다.

조직의 과도한 지출을 전혀 신경 쓰지 않는 직원은 거의 없습니다. 즉 어떤 팀이 핀옵스팀의 조언을 따르지 않으면 분명 그 팀은 다른 우선순위가 있을 것입니다. 이러한 우선순위를 이해하게 되면 의견 충돌을 피할 수 있습니다.

사업팀 입장에서는 비용보다 실행 속도에 더 집중할 수 있습니다. 프로젝트를 일찍 완료하면 비즈니스 전반의 시장 우위를 확보할 수 있기 때문입니다. 만약 기술팀이 구축한 항목에 문제가 있는데 비용을 절감하자고 문제 해결을 하지 못하게 방해하면 사업에 도움이 되지 않을 수 있습니다.

만약 팀원이 다른 프로젝트 일정으로 인해 절감 목표 달성에 시간을 투입하기 꺼린다면 로드맵 계획을 담당하는 경영진도 특별히 최적화에 시간을 할당하거나 최적화에 시간을 할당하지 않아서 증가하는 지출액을 예산 담당자가 파악해야 합니다.

지출 목표를 초과할만한 타당한 이유가 있다면 목표 설정 단계에서 세부 정보가 누락될 수 있습니다. 목표 설정하는 데 더 많은 시간을 투입하여 팀이 '최악의 비성과자' 명단에 나타나지 않도록 방지하기 바랍니다.

협업해야 하는 팀이 절감 목표 달성에 우선순위를 두지 않고 필요한 변경 작업을 하지 않으려고 하면 어떻게 하는 것이 좋겠습니까? 이럴 때는 핀옵스 실무자가 사업부 단위의 예산 책임자에게 지금 어떤 목표를 놓치고 있는지 팀이 정상으로 돌아가기 위해 어떤 방안이 있는지 조언하는 것이 좋습니다.

15.4 운영 실행

유휴 리소스를 제거하여 사용량을 최적화하는 경우를 살펴보겠습니다. 핀옵스팀은 유휴 리소스를 감지하고 잠재적인 절감 효과를 추정하는 프로세스를 정의합니다. 핀옵스 실무자는 핀옵스 수명 주기의 최적화 단계에서 유휴 리소스의 양을 측정합니다.

잠재적인 비용 회피 금액으로 150,000달러가 있고 그중 50,000달러의 절감 목표가 설정되어 있다고 가정하겠습니다. 우선 책임과 역할에 대해 프로세스를 만들게 됩니다. 엔지니어링팀이 권장 사항에 맞춰 얼마나 빨리 응답할 것으로 예상되는지 프로세스에서 리소스를 제외하기 위해 수행해야 하는 작업과 주체는 무엇인지 명확하게 설명하는 프로세스를 정의하게 됩니다. 그리고 이러한 유휴 리소스에 대한 보고서를 작성하고 리소스를 담당하는 팀에 공식적으로 알려 주게 됩니다.

관련 팀이 유휴 리소스를 제거하면서 피할 수 있는 비용은 초기 150,000달러에서 줄어듭니다. 엔지니어링팀도 자신에게 할당된 권장 사항의 수가 줄어드는 것을 볼 수 있습니다. 두 결과는 많은 노력의 결실입니다.

관련 팀이 프로세스를 따르지 않으면 권장 사항과 잠재적 절감 효과는 변하지 않거나 더 나빠질 것입니다. 경영진은 프로세스를 적용하지 않는 팀에 압력을 가하고 유휴 리소스를 제거하기 위해 프로세스를 따르는 것이 중요하다고 반복해서 강조해야 합니다.

비용 절감 목표인 50,000달러를 달성하면 더 새로운 목표를 세울 수 있습니다.

15.5 마치며

목표를 달성하기 위해 모든 조직에는 누가, 언제, 무엇을 해야 하는지 명확하게 정의하는 프로세스가 필요합니다.

요약하면 다음과 같습니다.

- 최적화 단계에서 목표를 설정하고 이를 달성하기 위해 운영 단계에서 프로세스를 구축합니다.

- 기고, 걷고, 뛰는 단계를 프로세스에 적용하기 바랍니다. 모든 것을 한꺼번에 이루려고 욕심부리지 마세요.

- 프로세스를 조금씩 개선해나가면서 목표에 대한 진행 상황을 측정할 수 있습니다.

- 경영진이 동의하면 필요한 작업을 하지 않는 상황을 개선할 수 있습니다.

- 조직 외부의 핀옵스 실무자와 협력하여 이미 다른 조직에서 효과가 입증된 프로세스를 채택합니다. 핀옵스 재단에 가입하거나, 핀옵스 계약 업체를 활용하거나, 숙련된 실무자를 고용하는 것이 좋습니다.

명확하게 정의된 프로세스에 대해서만 핀옵스의 자동화가 이루어져야 합니다. 16장에서는 지표와 경고를 활용하여 즉각적으로 최적화를 지원하는 고급(뛰는 단계) 핀옵스 프로세스에 대해 알아보겠습니다.

CHAPTER 16

메트릭 기반 비용 최적화

메트릭 기반 비용 최적화^{metric-driven cost optimization}(MDCO)는 잠재적인 최적화 가능 수준을 파악한 다음 목표를 설정하여 운영 프로세스를 시작하게 만들어주는 최적화 방법입니다. 예약 인스턴스를 구매할 때는 운영 단계에 있는 것입니다. 메트릭 기반 비용 최적화를 활용하면 메트릭을 기반으로 운영하고 구매할 수 있습니다.

메트릭 기반 비용 최적화는 '클라우드 비용 관리에 대한 게으른 사람의 접근 방식'이라고도 할 수 있습니다. 메트릭 기반 비용 최적화의 기본 원칙은 아무것도 하지 않는 것입니다. 즉 작업의 영향을 측정하는 메트릭을 확보할 때까지 아무것도 하지 않습니다. 최적화를 수행했지만 지출에 대해 긍정적인지 부정적인지를 알려주는 메트릭이 없다면 메트릭 기반 비용 최적화 방식으로 수행한 것이라고 볼 수 없습니다.

이번 16장을 마치면 메트릭을 사용하여 비용 최적화를 올바르게 추진하는 방법을 알게 될 것입니다.

16.1 핵심 원칙

메트릭 기반 비용 최적화 방법을 정의하는 몇 가지 핵심 원칙이 있습니다.

자동화된 측정

사람이 아닌 컴퓨터가 측정을 수행합니다.

목표

목표가 없는 메트릭은 단지 예쁜 그래프일 뿐입니다.

달성 가능한 목표

현실적인 결과를 알아보려면 데이터를 제대로 이해해야 합니다.

데이터 기반

작업과 행동이 데이터를 주도하는 것이 아닙니다. 데이터가 작업을 하도록 주도하는 것입니다.

16.1절에서는 이러한 원칙에 대해 다루겠습니다.

16.1.1 자동화된 측정

청구 데이터를 불러오고, 보고서를 생성하고, 최적화에 대한 권장 사항을 만드는 일들은 모두 자동화나 핀옵스 플랫폼을 통해 수행해야 하는 작업입니다. 클라우드 서비스 제공 업체가 대규모 청구 파일을 제공하면 모든 활동이 자동으로 시작되어야 합니다. 핀옵스 실무자가 직접 임시 데이터를 처리하고 보고서를 작성하면 메트릭 기반 비용 최적화 속도가 느려지고 이상 징후에 대한 대응이 느려집니다.

반복 가능하고 안정적인 데이터 처리를 통해 실제 비용 절감에 집중할 수 있습니다. 그런 다음 따라야 할 프로세스를 구체화하고 비용 최적화 프로그램과 데이터, 메트릭에 반영되는 방식을 더 깊이 이해하는 데 시간을 할애할 수 있습니다.

16.1.2 목표

메트릭 기반 비용 최적화의 경우 목표선이 핵심입니다. 10장에서 목표선이 그래프에 어떻게 더 많은 정보를 보여주는지 확인했습니다. 항상 모든 그래프에는 목표선이 있어야 합니다. 목표선 없이는 그래프가 조직에 의미하는 것은 확인할 수 없고 그래프 자체에 대한 기본적인 정보만 확인할 수 있습니다. 목표선은 언제 경보와 작업을 시작할 수 있을지 임계값을 보여줍니다.

16.1.3 달성 가능한 목표

비용 최적화 프로그램 전반에 걸쳐 모니터링할 수 있는 몇 가지 메트릭이 있습니다. 각 메트릭을 올바르게 파악하면 비용 최적화를 위한 운영 전략을 세울 수 있습니다. 각 개별 최적화는 실현된 절감 효과에 서로 다른 영향을 미치기 때문에 모든 최적화를 동일하게 취급해서는 안 됩니다. 메트릭을 결합할 때는 최적화를 통한 잠재적인 절감 효과를 기반으로 데이터를 정규화해야 합니다.

'예약 적용률' 메트릭은 일반적으로 잘못 측정되곤 하는 메트릭이기도 하지만 메트릭 기반 비용 최적화에서 달성 가능한 목표를 이해하는 데 도움이 되는 메트릭입니다.

비용 최적화 성능을 측정하는 방법에는 여러 가지가 있으며 각 성능 측정 방법들은 효율성에 대한 각기 다른 관점이 있습니다. 사용하는 방법에 따라 100% 최적화를 달성하지 못할 수도 있습니다. 메트릭 기반 비용 최적화에서 작업을 수행할 적절한 시간을 정하기 위해서는 알맞은 측정 방법을 선택해야 합니다.

이에 대해 더 자세히 설명하기 위해 예약 적용률을 구체적으로 살펴보겠습니다.

예약 적용률

예약 적용률은 온디맨드 요금과 예약 요금으로 청구되는 사용량을 보여주는 지표입니다. 일반적으로 조직은 예약 적중 목표 범위를 설정합니다. 일반적으로 80%입니다. 다양한 방법을 비교해보겠습니다.

기존 모델에서는 보유한 모든 예약 시간을 계산한 후 예약 시간을 해당 기간에 실행한 총 시간으로 나누어 적용 범위를 측정합니다(그림 16-1).

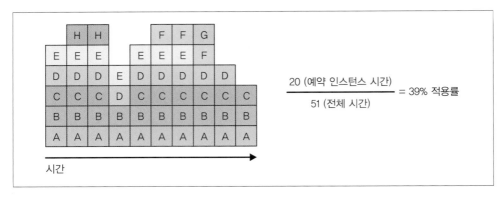

그림 16-1 원시 시간을 통해 계산된 예약 보장

[그림 16-1]의 적용률을 측정하는 방법이 정확하더라도 올바른 방법은 아닐 수 있습니다. 탄력적인 인프라를 사용하면 리소스를 자주 생성했다 지웠다 하다 보니 단위 기간에 사용량이 부족하여 예약으로 처리할 수 없는 시간들이 있습니다. 이상적으로는 손익분기점 아래에 있는 모든 컴퓨팅 시간은 포함하지 않는 것이 좋습니다. 손익분기점보다 낮다는 것은 예약 비용이 절약되는 것보다 더 비싸다는 의미입니다. 따라서 이렇게 예약으로 처리할 수 없는 시간을 제외하면 적용 가능한 시간 동안의 적용률을 측정할 수 있습니다(그림 16-2).

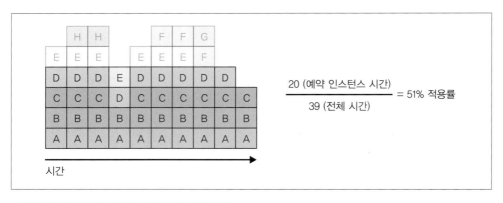

그림 16-2 보장 가능한 시간을 통해 계산된 예약 보장

[그림 16-2]에서 H, F, G, E로 표시된 사용량에 포함되지 않아야 하는 적용 불가능한 시간을 제거하면 실제 예약 적용률을 더 명확하게 파악할 수 있습니다. A와 B는 예약으로 처리되며

리소스 C, D, E는 온디맨드 요금으로 처리 되도록 남겨 둡니다. 추가로 2개의 예약을 구매하면 100% 적용 가능하며 비용을 절약할 수 있습니다.[1]

지금까지 그래프의 사각형을 모두 똑같은 크기로 다루었습니다. A와 B와 C의 크기는 모두 동일했습니다. 그러나 실제로는 각 사각형(또는 시간이나 초)은 서로 다른 크기의 인스턴스일 수 있습니다. A로 표시된 인스턴스의 비용은 시간당 1달러이고 B는 시간당 0.25달러입니다. 그러면 각 예약을 활용하여 절감되는 금액이 크게 달라집니다. 보통 절감하기 위해 예약을 구매하므로 서로 다른 크기일 때 일관된 사각형으로 측정하면 잘못된 결과를 초래할 수 있습니다. 다음 적용률 계산의 목표는 실제로 얼마나 비용을 절감하고 있는지 파악하는 것입니다.

시간 사각형을 예약으로 적용하여 절감 가능한 금액으로 바꿔서 생각해보면 예약이 클라우드 청구서에 미치는 영향을 명확하게 보여줍니다. 각 인스턴스 유형의 상대적 절감액에 맞춰 그래프를 바꾸어놓으면 매우 다른 그림을 볼 수 있습니다(그림 16-3).

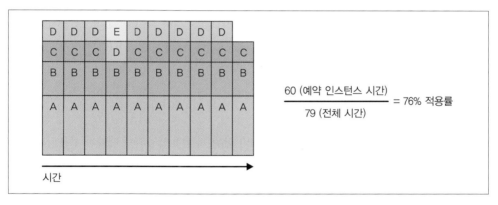

그림 16-3 가중 보장 가능 시간을 통해 계산된 예약 보장

[그림 16-3]에서는 예약 적용률이 실제로 달성 가능한 절감액의 76%에 가깝다는 것을 보여줍니다. [그림 16-1]의 적용률에서는 매우 낮은 수준의 상황에 있는 것으로 나타났습니다. 그러나 실제로 예약해서는 안 되는 시간을 제거하는 새로운 가중치 적용 방식으로 이번 예약이 그렇게 나쁘지 않았다는 것을 알 수 있었습니다.

----

1 옮긴이_ [그림 16-2]의 맨 오른쪽 위, D옆 한칸 만큼 사용량이 적어서 예약을 통한 할인 혜택 적용 시 꽉차게 할인을 받을 수 없어 약간 아쉽지만 온디맨드와 비용을 따져보면 예약의 할인의 폭이 더 커서 예약으로 할인을 받는 것이 더 저렴할 수 있습니다.

중요한 점은 서로 다른 리소스를 예약하면 절감되는 효과가 그만큼 달라진다는 것입니다. 모든 사용량이 예약으로 적용되는 것은 아니기 때문에 예약 적용률을 모든 사용량에 대해 계산하면 목표를 설정하기 더 어려운 메트릭이 됩니다. 다만 달성 가능한 적용률의 관점에서 생각해보면 어떻게 개선할지 더 정확하게 정할 수 있습니다.

모두에게 의미 있는 절감 지표

예약해야 하는 모든 항목에 대해 절감액도 같이 따지다보면 총 잠재적 절감 효과에 대한 감을 잡을 수 있습니다. 예를 들어 [그림 16-3]의 모든 사각형이 예약으로 적용된다면 총 잠재적 절감액으로 연간 102,000달러를 절약한다고 가정하겠습니다. 그렇다면 102,000달러의 적용률 76%는 현재 실현되고 있는 절감액(혹은 실현된 절감액)이며 나머지 24%는 예약이 적용되지 않고 온디맨드 요금(실현되지 않은 잠재적 절감액)으로 유지됩니다.

이를 핀옵스팀의 목소리로 다시 바꿔볼 수 있습니다. 인스턴스 시간과 예약된 적용 비율에 대해 이야기하지 않고 '현재 총 102,000달러의 76%를 절감하고 있습니다'라고 이야기를 하면 조직의 모든 사람은 핀옵스팀의 역할에 대해 알 수 있습니다. 또한 예약 인스턴스의 복잡성에 대해 이해할 필요 없이 조직 내에서 논의할 수 있게 됩니다. 이렇게 많은 사람들이 상호 이해할 수 있는 공통 용어도 하나 더 추가해봅시다.

메트릭 결합

예약에 대한 성과 수준을 메트릭으로 확인하려면 단위 기간에 사용되는 예약과 사용되지 않는 예약의 양을 측정합니다. 이 값을 예약 사용률이라고 합니다. 개별 예약 수준에서는 리소스 사용량에 예약으로 할인을 적용한 시간(또는 초)과 예약을 사용하지 않은 시간(초)의 비율을 측정하여 시간별로 측정합니다.

한편 전체 성과 메트릭을 하나의 수치로 간단히 표시하기 위해 예약 사용률을 묶어보면 개별 성과가 저조한 예약이 숨겨질 수 있습니다. 이런 경우 개별 예약을 건건이 측정하고 개별적으로 성과가 저조할 때 경고하면 됩니다. [그림 16-4]에서 예를 살펴보겠습니다.

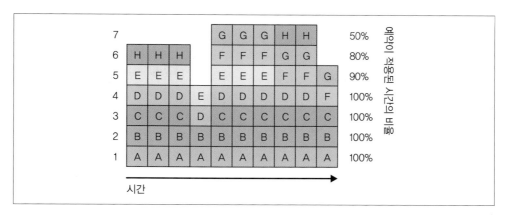

그림 16-4 시간 경과에 따른 예약 사용량

[그림 16-4]의 사용률에서는 7개의 예약을 기준으로 예약 사용률을 계산합니다. 처음 4개의 예약은 100% 활용되었음을 알 수 있습니다. 5번째 예약은 90%이고, 6번째 예약은 80%가 사용되며, 마지막 예약은 50% 사용에 불과합니다.

사용률을 (100% + 100% + 100% + 100% + 90% + 80% + 50%)/7 로 계산하여 평균을 구하면 88.5의 사용률을 얻게 됩니다. 표면적으로 88%의 전체 사용률은 꽤 괜찮은 것처럼 보이며 우려하지 않아도 됩니다. 목표 사용률을 80%로 설정했다면 메트릭 기반 비용 최적화 차원에서는 변경이 필요하지 않습니다. 하지만 사용률이 50%에 불과한 개별 예약이 있으므로 주의를 기울이고 수정해야 합니다.

16.1.4 데이터 기반

여러 해를 걸쳐 팀들은 서비스 성능, 리소스 사용량, 요청^request 메시지 비율과 같은 항목을 조기 경고 시스템으로 모니터링하는 메트릭을 사용하여 서비스를 운영해 왔으며 임계값을 넘거나 이벤트가 트리거되거나 그에 따른 조정이 필요할 때 팀에 알립니다.

메트릭 없이 핀옵스 최적화를 하다 보면 언제가 최적화 목표를 달성했는지를 알 수 있는 실질적인 방법이 없습니다. 실제로 측정 기준이 없다면 목표를 설정할 수도 없습니다. 해당 메트릭은 6장에서 논의한 피드백 루프를 기반으로 만들어집니다. 메트릭은 최적화되지 않았거나 효과가 낮은 부분을 확인하여 개선할 수 있도록 도와주는 역할을 합니다. 즉 메트릭은 비용 최적화로 얼마나 절감되고 있는지 확인하는 데 도움이 됩니다.

메트릭 기반 비용 최적화 방법을 핀옵스에 적용하면 비용 최적화에서의 원하는 결과가 확인될 수 있습니다. 변경 사항이 성공적이지 않은 것으로 메트릭에 나타나면 변경 사항은 추가적으로 조정해야 한다는 조기 경고로 사용될 수도 있고 변경 사항을 완전히 되돌릴 수도 있습니다.

16.2 메트릭 기반 프로세스와 규칙적인 프로세스

14장에서는 예약 인스턴스에 대한 전략을 논의했습니다. 대부분의 회사는 예약 구매를 시작할 때 일정에 따라(월별, 분기별, 연간) 예약 인스턴스를 구매합니다. 예약 구매를 일정 기반의 비용 최적화나 규칙적인 비용 최적화라고 합니다.

느린 주기로 가끔씩 구매하면 결국 많은 사용량에 대해 예약이 적용되지 않습니다. [그림 16-5]에서는 시간 경과에 따른 사용량을 볼 수 있으며 그래프 내부를 통해 예약이 적용된 정도를 확인할 수 있습니다. 그래프를 살펴보면 예약 인스턴스 구매가 비교적 규칙적인 주기로 발생하고 이러한 구매 사이에도 리소스 사용량은 계속 증가하고 있음을 알 수 있습니다. 따라서 예약 인스턴스를 더 자주 구매하면 더 많은 비용을 절감할 수 있습니다.

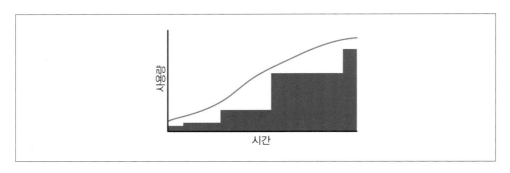

그림 16-5 가끔씩 구매가 이루어질 때 예약 적용률

[그림 16-6]은 훨씬 더 빈번한 예약 인스턴스 구매 사례를 보여줍니다. 아주 규칙적으로 동일한 기간마다 구매한 것은 아니지만 결과적으로 예약 적용률은 리소스 사용량 증가에 맞춰 밀접하게 따라갑니다.

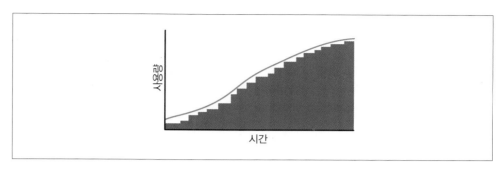

그림 16-6 자주 구매할 때 예약 적용률

규칙적인 비용 최적화는 처음 시작할 때는 좋지만 당분간 천천히 구매하는 것으로 유지하기 바랍니다. 예약을 너무 자주 구입하다 보면 시간이 낭비되기 때문에 균형을 맞춰야 합니다.

　메트릭이 적용될 대상을 설정하면 목표 수준과 멀어졌을 때 재빠르게 알아차릴 수 있습니다.

필요한 경우에만 최적화하도록 메트릭을 설정하여 경고를 보낼 수 있습니다. 메트릭 기반 비용 최적화는 할 수 있는 최적화라면 어디든지 적용될 수 있습니다. 최적화를 적시에 수행할 수 있도록 메트릭을 올바르게 측정하는 것이 중요합니다. 달성 가능한 목표를 설정하는 것도 중요합니다.

16.3 목표 설정

예약 적용률과 같은 일부 메트릭의 경우 처음에는 보수적으로 목표를 설정한 후 80%와 같은 높은 목표를 설정하는 것이 좋습니다. 그렇다고 낮은 목표로 설정하는 것은 적합하지 않습니다. 예약 사용률이 '낮은 수준으로 시작' 모델로 적용되면 절감하는 것보다 더 많은 비용이 듭니다.

메트릭을 적용한 사용량 절감 방법을 살펴보겠습니다. 사용하지 않는 리소스를 제거하고 사용률이 낮은 리소스의 크기를 조정하면 비용이 절감됩니다. 전체 비용 대비 잠재적 절감액을 낭비율이라고 합니다. 한 달에 100,000달러를 지출하고 잠재적으로 5,000달러를 절약할 수 있는 팀은 5%의 낭비율이 있다고 할 수 있습니다. 동일하게 한 달에 10,000달러를 지출하고 잠재적으로 2,000달러를 절약할 수 있는 팀은 20%의 낭비율이 있다고 할 수 있습니다. 이러한 방식으로 측정하면 팀들을 비교할 수 있으며 낭비에 대한 일반화된 목표를 설정할 수 있습니다. 낭비율이 설정된 수치를 초과하면 이를 줄이는 데 집중할 수 있습니다.

16.4 조치 작업

그동안 메트릭 기반 비용 최적화는 핀옵스의 세 단계를 모두 포함한다고 확인했습니다. 이 메트릭 데이터를 사용하여 가시성을 확보하고, 잠재적인 최적화를 계산하고, 이러한 수치를 기반으로 목표를 설정하는 방법을 확인했습니다. 모두 정보 제공과 최적화 단계에 필요한 작업입니다. 하지만 이 내용을 이 책의 운영 단계 부분에 배치했습니다. 메트릭 기반 비용 최적화의 성공 여부는 메트릭 기반 비용 최적화에 대한 보고와 경고를 설정한 후 수행하는 조치 작업에 따라 달라지기 때문입니다. 경고메시지가 발생하면 최적화 성능에 필요한 변경 사항에 대응해야 합니다.

앞서 언급했듯이 명확하게 정의된 프로세스와 업무처리 방식이 없으면 조직의 핀옵스팀 목표를 달성할 수 있는 가능성이 별로 없습니다. 메트릭 기반 비용 최적화에 대한 경고메시지를 처리할 책임이 있는 사람, 새 예약 인스턴스 구매와 같은 작업에 대한 올바른 승인 프로세스, 기존 예약을 수정하고 교환하기 위한 올바른 작업 순서가 어떻게 되는지 지정하는 것이 중요합니다.

조직 내에서 사전 승인된 예약 인스턴스 구매 프로그램도 있어야 합니다. 핀옵스팀이 필요에 따라 매월 일정 금액까지 예약을 자유롭게 구매할 수 있도록 함으로써 예약 인스턴스 적용률 경고와 부족한 예약 인스턴스 보충 구매 사이의 지연 시간을 줄일 수 있습니다. 프로세스를 개선하면 조치 작업 지연 시간을 줄이는 데 도움이 됩니다.

16.5 마치며

메트릭 기반 비용 최적화는 비용 최적화 프로세스를 주도하는 가시성 확보 및 목표와 더불어 핀옵스 수명 주기의 세 단계를 모두 포함하는 최적화 방식입니다. 그리고 자동화는 반복 가능하며 일관된 프로세스를 제공하는 데 중요한 역할을 합니다.

요약하면 다음과 같습니다.

- 모든 비용 최적화는 메트릭에 의해 이루어지며 모든 메트릭에는 달성 가능한 목표가 필요합니다.

- 컴퓨터는 반복적인 데이터 분석을 수행하고 메트릭이 목표 수치를 벗어났을 때 경고해야 합니다.

- 수행 중인 모든 변경 사항은 메트릭에 반영되어야 합니다. 궁극적으로 절감액은 증가하고 비용 최적화 효율성은 높게 유지되어야 합니다.

- 메트릭 기반 비용 최적화는 최적화 프로세스를 수행하는 데 가장 최적의 시기를 정확히 파악할 수 있는 방법입니다.

메트릭 기반 비용 최적화 내부에는 자동화가 필요한 많은 프로세스들이 있습니다. 보고서 생성과 경고메시지는 주요 자동화 필요 항목입니다. 핀옵스 내에는 자동화할 수 있는 다른 작업이 많이 있습니다. 이에 대해서는 다음 17장에서 논의하도록 하겠습니다.

CHAPTER 17

비용 관리 자동화

자주 수행해야 하는 반복적인 작업이 있는 경우 자동화를 통해 공수를 줄이고 일관성을 유지할 수 있습니다. 핀옵스 내에는 자동화할 수 있는 것들이 많이 있습니다. 17장에서는 자동화된 일반적인 핀옵스 작업, 자동화의 이점, 자동화를 하기 위해 필요한 과제들을 살펴보겠습니다.

17.1 자동화 목표

자동화를 할까요? 말까요? 이것이 중요합니다. 조직의 두 가지 측면을 살펴보고 답을 내릴 수 있습니다. 첫 번째, 자동화를 통해 달성하려는 결과를 그려봐야 합니다. 두 번째, 조직 내에서 자동화 과정을 수동의 프로세스와 비교하고 원하는 결과를 달성하는 데 자동화가 더 나은 방법인지 판단해야 합니다.

17.1.1 달성하고자 하는 결과

자동화를 통해 산출물을 만들어내는 과정도 중요하지만 산출물의 의미를 실질적으로 파악하는 것이 더 중요합니다. 예를 들어 유휴 리소스에 대한 전략과 체계에 대해 다시 떠올렸을 때 클라우드 환경에서 유휴 리소스를 제거하는 것만이 목표라면 자동화만으로도 충분합니다. 하지만 실제는 비용이 들기 때문에 비용을 줄이려는 목표를 가지고 유휴 리소스를 제거하는 것입니다.

이러한 목표를 사용하여 자동화에 대한 성과를 판단하기 때문에 달성하고자 하는 결과가 중요합니다. 유휴 상태로 파악되어 종료되는 리소스 개수를 파악하는 것은 실제 클라우드 청구서에 직접적인 관련이 없습니다. 리소스를 종료함으로 인해 줄일 수 있는 비용을 파악하는 것이 청구서와 직접적인 관련이 있습니다. 낭비하는 사용량에 대한 자동화 규칙을 만들어놓으면 예상 외의 많은 비용을 청구받을 확률이 낮아집니다. 또한 조직은 새로운 클라우드 낭비가 발생할 수 있는 경우를 사전에 고려해보는 건전한 문화로 거듭나게 됩니다.

또 다른 예로 태그 체계에서도 태깅에 대한 표준을 준수하는 것을 목표로 합니다. 표준 준수를 위해 리소스를 제거하거나 태그가 표준과 일치하지 않을 때 경고메시지를 만듭니다. 시간이 흐르면서 태깅 표준을 지키지 않는 리소스의 수를 파악하여 자동화의 영향을 확인할 수 있습니다.

그리고 예상 리소스 사용 일정을 등록하면 근무 외 시간에도 자동으로 리소스 사용량이 줄어들어 비용을 절감할 수 있습니다.

17.1.2 자동화 작업과 수동 작업 비교

겉으로 보기에 이런 비교는 의미가 없어 보일 수 있습니다. 결국 어떤 누구든 모든 것을 자동화하고 싶기 때문입니다.

하지만 달성하려는 목표에서 한발 물러서서 자동화가 올바른 솔루션이라는 것을 구체적으로 검증하는 것은 유익한 면이 있습니다. 만약 조직의 목표가 비용을 절감하는 것이라면 기획 중인 자동화가 창출할 수 있는 잠재적인 절감액을 자동화를 구축하거나 구매하는 비용과 비교해야 합니다. 타사 플랫폼을 활용하여 작업을 자동화하려는 경우 지속적인 비용이 검토되어야 합니다. 계획된 자동화가 적절한 기간 내에 조직의 비용을 절약하지 못하거나 자동화 유지 비용이 잠재적인 절감 효과를 초과하는 경우 해당 자동화를 추진하기에는 눈에 띄는 사업적 이점이 없는 것입니다.

때로는 자동화의 목표가 비용 절감이 아니라는 점도 기억하기 바랍니다. 태깅 표준을 추진하려는 태그 체계에서는 비용 절감이 목표가 아닙니다. 태그 체계에서는 자동화가 목표를 달성하는 데 도움이 되는지 검증해야 합니다. 예를 들어 태그가 지정된 잘못된 리소스에 대한 경고메시지가 이러한 경고메시지를 대처하는 회사 내의 규칙과 연결되지 않는다면 자동화를 통해 규정 준수 향상이라는 목표를 달성하는 것이 아니라 자동화로 인해 시끄러운 소음만 발생시킨다고 볼 수 있습니다.

작은 규모나 느리게 변화하는 클라우드 사용 환경이라면 경고메시지를 자동화하는 도구를 배포하고 관리하는 것이 누군가가 수동 프로세스를 따르도록 하는 것보다 더 많은 노력이 필요할 수 있습니다. 그러나 클라우드 사용량이 많아지거나 더 빠르고 동적인 환경이 되면 자동화가 무척 중요해집니다. 팀에서 해야 할 일들이 점점 더 많아지면 수동 프로세스는 해야 할 일에 포함되지 않거나 완전히 잊혀지는 경향이 있습니다. 이러한 경우 자동화를 통해 작업이 동일한 방식으로 일정에 따라 완료되도록 할 수 있습니다.

수동 작업에 필요한 업무량을 초과할 수도 있지만 자동화에 필요한 공수는 때때로 그만한 가치가 있습니다. 인간은 실수를 저지르고 자동화를 사용하면 이를 바로잡을 수 있습니다. 예를 들어 사람은 태그의 대소 문자 키와 값 쌍을 잘못 입력할 수 있습니다. 자동화는 그러한 실수를 하지 않으며 팀의 노력을 줄이는 추가적인 이점이 있습니다. 핀옵스 자동화를 사용하여 실수와 노력을 줄이는 좋은 예로는 보조 태그 데이터를 추가하는 사례가 있습니다. 팀은 리소스 태그를 하나의 리소스 식별자로 지정한 후 자동화로 보조 태그를 추가하여 명확하게 구분하는 것입니다. 예를 들어 팀은 코스트 센터나 환경 유형에 알맞은 프로젝트 식별자를 붙일 수 있습니다. 이후 자동화 과정에서 해당 프로젝트 식별자를 찾은 다음 리소스에 보조 태그를 추가하는 일이 자동으로 됩니다. 이를 통해 사람이 붙여야 하는 태그 수를 줄이고 인적 오류를 방지하며 추가 보조 태그 데이터가 일관된 방식으로 적용되도록 할 수 있습니다.

사업 부서와 만날 때 자동화는 비용 절감과 같은 목표를 달성하는 것뿐 아니라 문제를 해결하는 올바른 방법이라는 것도 이야기할 수 있으므로 향후 구현과 유지 관리 비용을 포함해서 보다 완전하게 이야기를 할 수 있습니다.

시간이 지나다 보면 자동화의 이점을 재평가하는 것도 중요합니다. 클라우드 사용이 증가하다 보면 무료 오픈 소스 도구를 더 많이 사용하게 될 수도 있고 다른 이유로 인해 패키지의 일환으로 자동화를 제공하는 도구를 만들고 사용할 수도 있는데 이러한 도구를 통해 비용 대비 이점을 분석 후 자동화를 하는 것이 유리한 것인지를 평가할 수 있습니다.

17.2 자동화 도구

사업적인 도구에 관해서 이야기하면 구매와 개발[1]사이에서 피할 수 없는 논쟁이 시작됩니다. 핀옵스의 경우 타사 도구로 시작하는 것이 좋습니다. 핀옵스 자동화로 전환하기 시작하면 많은 사람들이 따라했던 것과 동일한 학습 과정을 반복할 가능성이 높습니다. 시행착오를 잘 반영한 타사 도구를 사용하면 일반적인 문제를 사전에 방지하고, 자동화에 필요한 시간을 단축하고, 조직에 적합한 것과 그렇지 않은 것을 파악할 수 있습니다.

17.2.1 비용

'너는 너가 모르는 것을 모른다'라는 오래된 격언은 비용과 이점을 고려할 때 딱 알맞은 말입니다. 핀옵스 자동화와 관련하여 정해야 하는 작업 방식과 프로세스에 대한 통찰력을 공유할 수 있는 풍부한 지식을 갖춘 회사와 계약 업체들이 업계에 있습니다. 실제로 이 회사들은 조직 전체에 그들이 제공하는 도구의 가장 큰 이점을 최대한 이끌어 내도록 설명할 수 있습니다.

구매할 수 있는 도구와 만들 수 있는 도구를 비교할 때는 현실적으로 생각하는 것도 중요합니다. 일을 끝내기 위해 필요한 최소량만 비교하는 함정에 빠지기 쉽습니다. 이렇게 하면 만드는 도구가 어떻게 실행되는지 예상대로 작동하지 않을 때 어떤 영향을 미칠지에 대한 정보 같은 것들은 고려하지 않게 됩니다. 타사 도구는 그 이점과 가치를 보여줄 준비가 되어있을 가능성이 높으며 타사에 도구를 유지하고 개선하는 업무를 하는 팀이 있으므로 굳이 소속 조직에서 도구 유지와 개선을 할 필요가 없습니다.

17.2.2 기타 고려 사항

구매와 개발 중 선택시 고려해야 할 사항은 비용만 있는 것이 아닙니다. 보안에 대해서도 고려해야 합니다. 또한 도구에서 제공하는 기능이 사용자 환경과 호환되지 않거나 경고메시지나 알람메시지에 사용하는 채팅과 티켓 신청 애플리케이션과 같이 이미 사용 중인 기능과 통합할 수 없는 경우도 있습니다. 일부 산업에서는 HIPAA, SOC2, PCI와 같은 특정 규정 준수 요구 사항이 있으며 타사 도구 제공 업체는 현재 올바른 인증을 보유하지 않을 수도 있습니다.

---

1 옮긴이_ 다른 회사에서 만든 도구를 단순히 구매할 것인지, 직접 개발 요건을 만들거나 개발을 수행하여 도구를 만들 것인지를 의미합니다.

특히 자동화가 상용 환경과 상호 작용한다면 자동화된 작업을 확인할 수 있는 것도 중요합니다. 이렇게 확인 가능하면 투명성을 확보할 수 있습니다.

타사 자동화 도구는 일반적으로 잘 문서화되어 있으며 직원이 배울 수 있는 교육 자료를 제공하기 때문에 새 직원을 채용할 때에도 해당 직원이 이미 도구에 익숙해 있을 가능성이 높습니다. 자동화 도구를 직접 만드는 경우 기존 구성원이나 새 팀 구성원에게 지속적인 교육을 제공할 수 있어야 하며 도구 구축과 유지 관리 담당자가 조직을 떠날 수 있는 위험을 감수해야 합니다. 도구에 대해 잘 아는 직원이 적다면 '핵심 인력 위험'에 직면하게 됩니다.

기성품의 도구를 구매하는 대신 자동화 도구를 직접 만들기로 결정한다면 잘 알려진 방식으로 개발을 수행해야 합니다. 도구의 효율성을 측정하는 방법, 지속적인 유지 관리 체계, 구현해야 할 업데이트를 포함하여 필요한 모든 기능을 개발하기 위해 필요한 노력 등도 선택한 솔루션에서 항상 따져봐야 합니다. 또한 타사 공급 업체 도구와 비교하여 누락된 기능이나 규정 준수 요구 사항도 신경 쓰고 있어야 합니다.

17.2.3 도구 배포 옵션

대부분의 소프트웨어와 마찬가지로 선택하는 프로세스에 영향을 미칠 자동화 도구 배포 방법에 대한 몇 가지 고려 사항이 있습니다.

클라우드 네이티브

클라우드 계정 내에서 실행되는 자동화라면 클라우드 서비스 공급자나 더 광범위한 커뮤니티에서 스크립트를 받을 수 있습니다. 이러한 스크립트는 AWS의 람다와 같이 서비스로서의 함수function as a service(FaaS) 플랫폼의 클라우드 계정 내에서 실행할 수 있습니다.

자체 제작

자체 제작이라는 의미는 직접 개발하고 실행하는 소프트웨어입니다. 기능 개발을 조직의 내부 팀에서 수행합니다. 조직에 여러 데브옵스팀이 있는 경우 각 팀은 자체적인 자동화를 사용하여 동일한 문제를 해결할 수 있습니다. 하지만 중앙집중식 팀이 전체 클라우드 환경을 지원하는 자동화 도구를 제공하는 것이 가장 좋습니다. 도구를 중앙집중식으로 관리하면 조직 전체에서 중복적인 노력이 줄어들게 되며 이는 모든 경우에 적합 가능한 하나의 솔루션이 필요함을 의미합니다.

타사 솔루션이면서 자체 호스팅

사전 구축된 자동화 솔루션으로는 무료이면서 오픈 소스인 도구를 사용할 수도 있고 유료 소프트웨어 라이선스 옵션을 사용할 수도 있습니다. 이 배포 모델에서는 팀은 타사 소프트웨어를 사용하지만 자체 환경에서 실행하여 서비스를 직접 유지하고 관리합니다. 오픈 소스 공간에서 일반적으로 권장되는 도구는 캐피탈 원^{Capital One} 팀이 만든 클라우드 커스터디언^{Cloud Custodian}[2] 애플리케이션이 있습니다. 타사 솔루션이면서 자체 호스팅 모델에서는 운영하면서 드는 비용과 잠재적으로 사용자 맞춤 과정에서 필요한 비용을 고려해야 합니다.

타사 솔루션이면서 서비스로서의 소프트웨어(SaaS)

이 옵션을 사용하면 소프트웨어를 실행하고 관리할 필요가 없습니다. 타사에서 호스팅되는 소프트웨어 솔루션은 가장 설정이 쉽고 자동화를 하기에 잠재적으로 가장 빨리 가능합니다. 종종 월별 수수료를 지불하게 되는데 도구 자체의 이점에 대해 파악하기 쉬운 월별 요금을 지불하는 경우가 많습니다. 이 모델은 보안 관점에서 영향을 미칠 수 있습니다. 이에 대해서는 잠시 후 설명하겠습니다.

17.3 함께 동작하는 자동화

두 개의 자동화 도구를 가질 수 있는데 왜 하나의 자동화 도구만 사용할까요?

17.3.1 통합

도구 간의 통합은 매우 강력하며 이러한 통합은 직접 찾아보고 활용해야 합니다. 동일한 작업을 수행하는 각기 다른 도구들을 중복해서 사용하지 않기 바랍니다. 예를 들어 조직에 기존 티켓팅 시스템이 있다면 별도의 작업 추적 시스템을 구축하는 대신 기존 시스템에서 작업 항목에 대한 티켓을 생성하는 핀옵스 도구로 개선하는 것이 이상적입니다.

선택한 자동화 도구가 다른 소프트웨어 도구와 직접 통합되지 않아도 자동화 도구가 확장 가능

---

2 옮긴이_ *https://cloudcustodian.io*

한 이벤트 처리를 지원할 수 있습니다. 그런 다음 자동화 도구 내에서 생성된 이벤트에 대한 알림을 받고 이벤트를 다른 소프트웨어 패키지에 연결하는 확장을 만들 수 있습니다. 예를 들어 특정 작업이 완료되었다는 알림을 채팅 애플리케이션에 전송하거나, 필요한 후속 작업을 위해 티켓팅 시스템에 티켓을 생성하거나, 이벤트를 감지하는 경우 자체적으로 자동화된 업데이트 적용 작업을 만드는 등 여러 기능 확장을 만들 수 있습니다.

17.3.2 자동화 간 충돌

여러 자동화 도구를 배포할 때 자동화 도구 간 서로 충돌하지 않도록 주의해야 합니다. 한 도구가 서버를 시작하려는데 다른 도구는 서버를 종료하려는 경우 서로의 자동화 작업이 충돌나게 됩니다. 만약 특정 기능을 사용하기 위해 자동화 도구를 배포했는데 해당 도구에 사용하지 않으려는 다른 기능이 있다면 사용하지 않으려는 기능에 대한 서비스 사용 권한을 제거하도록 클라우드 계정을 변경할 수 있는지 고려하기 바랍니다.

그동안 여러 회사들이 제공하는 여러 기능에 대해 서로 다른 자동화 도구를 배포하는 것을 보아왔지만 그저 그 도구들은 동일한 리소스를 제어하려고 하는 것뿐이었습니다. 심지어 어떤 팀이 개발한 자동화는 기존 자동화와 충돌하는 자체 자동화를 개발하기도 합니다.

이것은 해결하기 어려운 문제입니다. 이를 방지하려면 전체 조직에 어떤 자동화가 적용되어 있는지 교육하고 팀이 협력하여 클라우드 계정 내에서 계획된 자동화로 인해 끼칠 수 있는 영향들을 이해해야 합니다.

이상적으로는 자동화가 외부와 문제가 있을 때 이를 알려야 합니다. 예를 들어 자동화가 단시간 동안 설정된 횟수 이상의 서버 인스턴스를 중지하는 경우 경고메시지를 보내고 더 이상의 변경을 막아야 합니다.

때로는 자동화 서비스의 충돌이 다른 도구들과 충돌하는 것이 아니라 사람과 충돌합니다. 팀구성원이 해당 서버에 접속하는 동안 서버 인스턴스를 중지하는 자동화가 있을 수 있습니다. 이로 인해 팀 구성원이 인스턴스를 시작하게 되고 자동화는 인스턴스를 중지하는 것을 볼 수 있습니다. 다시 한번 더 언급하지만 자동화에서 리소스를 제외하는 방법을 포함하여 팀이 교육을 잘 받았는지 확인해야 합니다.

17.4 안전과 보안

보안은 모든 핀옵스 자동화 도구의 주요 관심사입니다. 핀옵스 자동화에서는 계정의 모든 항목이 어떻게 구성되었는지 보여주는 기능이나 리소스 자체를 시작, 중지, 삭제로 변경하는 기능처럼 클라우드 환경에 대해 매우 높은 수준의 접근 권한이 필요한 경우가 많습니다. 이러한 접근은 서비스 거부 공격, 데이터 손실, 손상, 기밀 위반으로 직접 이어질 수 있습니다.

보안은 조직 내에서 타사 도구를 사용하지 않는 주요 이유로 자주 언급됩니다. 클라우드 계정에 대한 광범위한 접근 권한이 필요한 타사 도구 사용에 대해 보안팀이 승인하기 어려운 점은 당연한 일입니다. 그러나 자신의 팀이 소프트웨어를 만든다고 해서 반드시 완벽하게 안전한 것도 아닙니다. 배포하는 모든 자동화 도구에 필요한 작업을 수행할 수있는 최소한의 권한이 있는지 확인하는 동시에 소프트웨어를 외부 위협으로부터 보호해야 합니다.

또한 성공적인 타사 공급 업체는 보안에 많은 시간과 노력을 들였을 가능성이 높습니다. 이들의 문서와 이전 보안 발표를 검토하면 해당 공급 업체가 제품에 보안을 얼마나 심각하게 받아들이는지 파악하는 데 도움이 됩니다.

기고, 걷고, 뛰는 모델의 아이디어를 활용하여 처음에는 읽기 전용 모드로 타사 서비스로서의 소프트웨어(SaaS) 도구와 통합하도록 선택할 수 있습니다. 그런 다음 해당 도구에서 알림 메시지를 받고 자체 도구를 사용하여 수정 작업을 자동화할 수 있습니다. 공급 업체에 대한 신뢰도가 높아지면 필요한 모든 기능을 활성화할 때까지 공급 업체가 사용자를 대신하여 더 많은 작업을 수행하도록 허용할 수 있습니다.

17.5 자동화 시작 방법

한 번에 너무 많은 자동화를 만들려고 해서는 안 됩니다. 욕심부리면 필연적으로 문제가 발생하고 배포하는 자동화가 효과적으로 작동하는지 확인하는 데 어려움을 겪게 됩니다. 다음은 몇 가지 조언입니다.

시작 시 정보 제공 방식 사용
첫 자동화를 정보 제공 방식으로 시작하면 변경이 발생할 때 알 수 있습니다.

자동화에 대한 신뢰 형성

자동화가 활성화되면 수행될 작업에 대해 알아봅니다. 팀과 결과를 공유하여 자동화 도입에 익숙해지도록 합니다.

많은 테스트 수행

자동화에 대한 확신을 갖게 되면 개발, 테스트 계정에서 작업을 한 후 소규모 그룹으로 테스트하고 그 이후에 더 넓은 사용자 기반으로 확장해야 합니다.

직접 개발은 줄이고 주변을 활용

상용 도구나 오픈 소스 도구를 활용하기 바랍니다. 이렇게 하면 시간이 절약되고 최근에 테스트한 솔루션을 얻을 수 있습니다.

효과 측정

원하는 효과가 있는지 확인하기 위해 자동화를 측정해야 합니다. 자동화가 비즈니스 전반에 걸쳐 확장되기 때문에 효과가 떨어지지 않는지 측정하는 것이 중요합니다.

다시 한번 더 이야기하면 숙련된 실무자를 만날 수 있는 핀옵스 재단과 같은 그룹에 가입하는 것이 좋습니다. 그들이 어떤 도구를 사용하는지 어떤 이점을 얻는지에 대해 알아보기 바랍니다.

17.6 자동화 대상

성공한 핀옵스 전문가들은 많은 자동화 도구를 자유자재로 사용할 수 있습니다. 어떤 자동화는 조직 운영 방식에 따라 매우 세부적이어야 합니다. 그렇지만 성공적인 핀옵스 관행을 가진 조직에서 반복적으로 만든 몇 가지 공통적인 자동화 솔루션도 있습니다.

17.6.1 태그 체계

조직에 태깅 표준이 정의되면 자동화를 사용하여 태깅을 준수할 수 있습니다. 우선 태그가 누락되었거나 잘못 적용된 태그가 있는 리소스를 확인한 다음 해당 리소스 담당자가 체계를 위반한 태그를 해결하도록 합니다. 그런 다음 소유자에 의해 강제로 작업을 수행할 수 있도록 리소스를 중지하거나 차단하여 리소스를 이동시켜 놓고 이러한 리소스에 대한 제거나 삭제 정책을 수행할 수 있습니다. 그러나 리소스 삭제는 매우 영향을 많이 주는 자동화기 때문에 이 수준까지 이르는 회사는 많지 않습니다. 가급적 영향이 적은 수준의 앞의 자동화도 수행하지 않고 문제가 되는 리소스도 직접 이동시키지 않는 것이 좋습니다.

17.6.2 일정에 맞추어 리소스를 시작하고 중지하기

자동화를 활용하면 리소스를 사용하지 않을 때 중지 하는 계획을 세우고 다시 사용해야 할 때 시작할 수 있습니다. 이러한 자동화의 목표는 팀에 미치는 영향을 최소화하는 동시에 리소스가 종료된 시간 동안 많은 비용을 절감하는 것입니다. 자동화는 종종 개발 환경과 테스트 환경에 활용되며 이러한 환경에서는 자동화 덕분에 리소스를 종료해도 업무시간이 아니라면 리소스가 부족하지 않습니다. 팀 구성원이 늦게까지 작업하는 동안 서버를 켜놓은 상태로 유지해야 한다면 계획된 자동화 작업을 건너뛸 수 있도록 허용해야 합니다. 또한 계획된 자동화 작업을 취소하게 되면 리소스가 제거되지 않고 단지 현재 자동화 실행만 한 번 건너뛰는 것으로 되어야 합니다.

17.6.3 사용량 감소

11장에서는 리소스 라이트사이징과 유휴 리소스 감지 항목을 다뤘습니다. 축소를 하는 자동화는 이러한 낭비를 제거하거나 최소한 더 나은 비용 최적화를 위해 담당하는 직원에게 경고메시지를 자동으로 보냅니다. 아마존의 Trusted Advisor와 같은 서비스나 타사의 비용 최적화 플랫폼 또는 리소스 메트릭으로부터 리소스 데이터를 자동으로 가져오면 리소스를 담당하는 팀원에게 쉽게 경고메시지를 보낼 수 있습니다. 그러면 이 팀원은 리소스를 살펴봐야 하며 어떤 경우엔 이 리소스가 자동으로 중지되고 시작되거나 크기가 조정되는 환경에 있기도 합니다.

17.7 마치며

자동화를 통해 프로세스의 안정성과 일관성을 높이고 핀옵스 작업 방식과 프로세스에 대해 확인하고 경고할 수 있습니다. 자동화를 통해 달성하려는 진정한 목표를 이해하고 자동화가 무료가 아니라는 것을 깨닫는 것이 중요합니다.

요약하면 다음과 같습니다.

- 자동화 비용은 소프트웨어 구매나 개발 과정에서 필요합니다. 자동화 그 자체가 소비하는 리소스에 대한 비용도 있으며 자동화를 관리, 유지, 모니터링 하면서 들어가는 모든 공수가 자동화 비용입니다.

- 자동화 작업을 통해 달성하고자 하는 명확한 목표를 설정하여 자동화 비용과 잠재적인 비즈니스 이점을 파악할 수 있습니다.

- 맨땅에서 자동화를 시작하기 전에 타사의 서비스로서의 소프트웨어(SaaS)나 소프트웨어 공급 업체로부터 적절한 솔루션을 구매하는 것을 고려해야 합니다.

- 외부 솔루션을 도입하기 전에는 클라우드 환경에 대한 보안과 기능 중심의 관점도 생각해 봐야 합니다.

핀옵스 세상을 통제하고 있다고 생각할 때 엔지니어는 컨테이너를 사용하여 클라우드 위에 완전히 새로운 세계를 혁신하고 도입하고 있습니다. 18장에서는 컨테이너를 사용한 클러스터화가 미치는 영향과 기존 핀옵스 지식을 사용하여 새로운 문제를 해결하는 방법을 살펴보겠습니다.

컨테이너 세상에서의 핀옵스

마이크로서비스^{microservice}의 도입과 함께 컨테이너가 인기를 얻었습니다. 지난 몇 년 동안 조직에서 운영하는 컨테이너 수가 급격히 증가했습니다. 하나의 컨테이너 인스턴스를 실행하고 관리하는 것은 일반적으로 매우 간단합니다. 그러나 많은 서버 인스턴스에서 수천 개의 컨테이너를 실행하게 되면 관리하기 어려워집니다. 따라서 아마존 ECS^{Elastic Container Service}와 쿠버네티스와 같은 오케스트레이션^{orchestration} 옵션이 제공되어 데브옵스팀이 구성을 유지하고 수천 개의 컨테이너를 배포하며 관리하는 오케스트레이션 작업을 할 수 있게 되었습니다.

> **NOTE_** 아마존 ECS와 쿠버네티스는 유사점이 많지만 각각 다른 용어를 사용합니다. 간단히 하기 위해(굳이 쿠버네티스에 대해 구체적으로 언급할 때를 제외하고) 쿠버네티스가 '파드'와 '노드'를 지칭하는 개념을 이 책에서는 '컨테이너'와 '서버 인스턴스'로 바꾸어 이야기하겠습니다.

컨테이너와 컨테이너 오케스트레이터^{orchestrator}가 많은 팀에게 인기있는 선택이 되고 있습니다. 따라서 이러한 컨테이너화된 워크로드가 핀옵스 업무에 미치는 근본적인 영향을 이해하는 것이 중요합니다. 컨테이너와 같은 공유 리소스는 비용 할당, 비용 가시성 확보, 리소스 최적화와 관련된 문제를 일으킵니다. 컨테이너화된 세상에서는 기존의 핀옵스의 비용 할당이 작동하지 않습니다. 하나의 리소스가 각기 다른 애플리케이션 용도의 여러 컨테이너를 실행 중일 수 있으므로 리소스 비용을 태그나 라벨에 단순히 할당할 수 없습니다. 또한 리소스 하나가 조직의 여러 코스트 센터에 연결될 수도 있습니다. 그래도 걱정하지 않으셔도 됩니다. 18장에서는 컨테이너 세상에서 핀옵스 업무를 성공적으로 운영할 수 있도록 변경과 적응해야 할 사항에 대해 살펴보겠습니다.

18.1 컨테이너 101

컨테이너에 익숙하지 않은 사용자를 위해 기본적인 사항을 빠르게 살펴보겠습니다.[1] 또한 18장을 통해 전반적인 컨테이너 구성 요소에 대해 이해하는 것도 도움이 될 것입니다.

컨테이너는 아주 간단하게 소프트웨어를 패키징할 수 있는 방법입니다. 모든 요구 사항과 설정 사항들은 배포가 가능한 이미지로 묶입니다. 쿠버네티스와 같은 컨테이너 오케스트레이션 도구를 사용하면 엔지니어가 유지 및 관리가 가능한 방식으로 컨테이너를 서버에 배포할 수 있습니다.

18장 전체에서 사용할 몇 가지 주요 용어는 다음과 같습니다.

이미지

실행해야 하는 소프트웨어가 포함된 컨테이너의 스냅샷입니다.

컨테이너

컨테이너 이미지의 인스턴스입니다. 동일한 이미지의 여러 복사본을 동시에 실행할 수 있습니다.

서버 인스턴스와 노드node

클라우드 서버(예를 들어 EC2 인스턴스, 가상 머신)입니다.

파드pod

파드는 쿠버네티스 개념입니다. 파드는 컨테이너를 모아놓은 그룹으로 구성되며 클러스터에서 예약하고 확장할 수 있는 하나의 리소스 블록으로 처리됩니다.

컨테이너 오케스트레이션

오케스트레이터는 서버 인스턴스 클러스터를 관리하고 컨테이너와 파드의 수명 주기도 유지하고 관리합니다. 컨테이너 오케스트레이터의 일부로는 스케줄러가 있는데 서버 인스턴스에서 실행되도록 컨테이너와 파드를 예약하는 역할을 합니다. 컨테이너 오케스트레이터의 예로는

---

1 옮긴이_ 컨테이너와 쿠버네티스에 대해 자세히 배우고 싶다면 『매니징 쿠버네티스』(한빛미디어, 2019)와 『쿠버네티스를 활용한 클라우드 네이티브 데브옵스』(한빛미디어, 2019)를 추천합니다.

쿠버네티스나 아마존 ECS가 있습니다.

클러스터

컨테이너 오케스트레이션으로 관리되는 서버 인스턴스 그룹입니다.

네임스페이스

네임스페이스[namespace]는 파드, 컨테이너를 다른 네임스페이스와 별도로 배포할 수 있는 가상 클러스터입니다.

[그림 18-1]의 쿠버네티스 클러스터는 여러 노드(서버 인스턴스)로 구성되며 노드에서는 파드를 포함한 컨테이너가 실행됩니다. 각 파드는 여러 컨테이너로 구성될 수 있습니다. 노드 자체는 파드 그룹을 분리하는 데 사용되는 네임스페이스를 지원합니다.

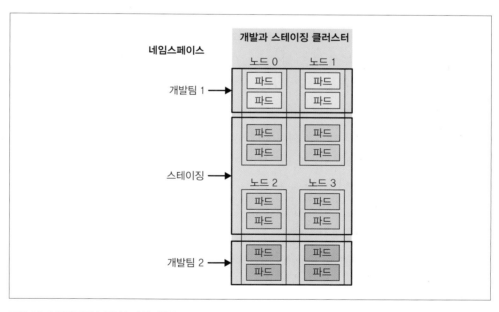

그림 18-1 쿠버네티스 클러스터의 기본 구조

18.2 컨테이너 오케스트레이션으로 이동

다시 언급하지만 핀옵스는 사업에 최선을 다하도록 하는 것입니다. 만약 실행 중인 클러스터의 총비용을 각 컨테이너를 가상 머신 인스턴스로 이동한 비용과 비교하면 비용 차이를 확인할 수 있습니다. 그러나 컨테이너 오케스트레이션의 이점이 오로지 비용 최적화라는 것은 아닙니다. 컨테이너로 마이그레이션하는 유일한 이유가 비용이 되어서는 안 됩니다. 다만 기존 서버 기반 배포와 비교하여 컨테이너화로 인한 비용을 정할 수 있으면 컨테이너화의 비즈니스 이점을 논의 시 유용한 비용 메트릭을 얻을 수 있습니다.

많은 개별 클라우드 서버 인스턴스에서 쿠버네티스나 ECS와 같은 클러스터 오케스트레이션 솔루션으로 변경하면 일반적으로 더 적지만 더 큰 서버를 사용하게 됩니다. 여러 컨테이너 워크로드를 이러한 대형 서버에 적재하면 효율성을 얻을 수 있습니다.[2]

비유를 들어보면 이 개념을 떠올리기에 도움이 될 수 있습니다. 클러스터의 각 서버 인스턴스는 테트리스 게임과 같습니다. 컨테이너는 다양한 모양과 크기의 블록이며 컨테이너 오케스트레이터는 이러한 '블록'(컨테이너)을 가능한 많이 서버에 배치하려고 합니다.

쿠버네티스와 같은 플랫폼을 사용하면 다양한 리소스를 활용할 수 있게 해주어서 서버 인스턴스에 더 많은 컨테이너를 포함시킬 수 있습니다. 이에 대해서는 다음 18.5절에서 자세히 다루겠습니다.

클라우드 서비스 공급자는 각 기본 서버 인스턴스의 사용량에 대해서만 청구 데이터를 제공하기 때문에 하나의 서버 인스턴스에서 여러 컨테이너를 실행할 때는 각 컨테이너의 개별 비용을 파악할 수 없습니다. 서버 인스턴스가 여러 컨테이너를 실행할 때 사용량에 대한 비용을 나누려면 더 많은 정보가 필요합니다.

즉 여러 워크로드에서 공유하는 각 클라우드 리소스에는 추가 데이터가 있어야 각 워크로드에서 사용한 클라우드 리소스의 양을 확인할 수 있습니다. 컨테이너는 서버를 동일하게 소비하지 않습니다. 일부 컨테이너는 다른 컨테이너보다 더 많은 서버 인스턴스를 사용하도록 구성할 수도 있습니다. 일부 컨테이너는 몇 주 동안 실행되기도 합니다. 반면 연구에 따르면 대부분의 컨

---

2 옮긴이_ 빈 패킹(Bin Packin) 문제란 서로 다른 크기를 가진 객체들과 같은 용량을 가진 상자들이 주어졌을 때 모든 객체들을 넣는 데 필요한 상자의 최소 갯수를 결정하는 문제입니다(https://en.wikipedia.org/wiki/Bin_packing_problem).

테이너는 평균 12시간 미만의 짧은 기간 동안 실행되는 경우가 많은 것으로 나타났습니다.[3] 서로 다른 크기의 컨테이너가 서로 다른 속도로 생성되고 줄어들기 때문에 클러스터 사용량에 대한 스냅샷을 자주 찍어보더라도 세부적인 비용 할당에 필요한 충분한 샘플링을 제공하지 못합니다. 한편 모든 컨테이너가 생성되고 없어지는 사항을 추적한 자세한 데이터는 개별 서버 비용을 어떻게 분할해야 할지와 서비스 A 용도의 컨테이너와 서비스 B 용도의 컨테이너에서 사용된 서버의 양을 파악하는 데 도움이 됩니다. 이 데이터는 18.4절에서 알아보겠습니다.

핀옵스 실무자는 공유 리소스로 인한 비용 가시성 확보와 비용 할당 프로세스에 미치는 영향에 대해 알아보기 위해 팀을 짜야 합니다. 컨테이너 세상에서도 성공적인 핀옵스를 유지하기 위해 필요한 요구 사항을 명확하게 이해한 다음 데브옵스팀에서 이를 개발하도록 하는 것이 중요합니다.

18.3 컨테이너 핀옵스 수명 주기

비용 가시성 확보, 쇼백과 차지백, 비용 최적화처럼 컨테이너화가 핀옵스에 미치는 문제들을 살펴보면 클라우드로 전환할 때 직면한 동일한 문제에 다시 마주쳤다는 것을 금방 깨닫게 됩니다. 컨테이너는 클라우드 가상화 위에 또 다른 가상화 계층을 나타냅니다. 이런 구조가 어려워서 스스로 퇴보하는 것처럼 느껴질 수도 있지만 그동안 이러한 문제를 해결하는 데 필요한 모든 지식, 프로세스, 업무 처리 방식을 이미 배웠다는 점을 떠올리기 바랍니다. 우선 클라우드 문제를 해결했었던 접근 방식을 기반으로 시작하면 됩니다.

따라서 더 광범위한 클라우드 핀옵스에 적용했던 것처럼 컨테이너화 핀옵스 과제도 동일하게 정보 제공 단계, 최적화 단계, 운영 단계의 수명 주기로 나눌 수 있습니다.

---

3 *https://oreil.ly/Nek9-*

18.4 컨테이너 정보 제공 단계

첫 번째로 확인할 사항은 운영하는 클러스터의 개별 컨테이너 비용을 정할 수 있는 보고서를 만드는 것입니다. 즉 컨테이너 지출에 대한 가시성을 확보해야 합니다.

18.4.1 비용 할당

클러스터를 구성하는 모든 서버 인스턴스에 대해 클라우드 서비스 공급자가 비용을 청구합니다. 컨테이너가 클러스터에 배포되면 컨테이너는 클러스터의 리소스 용량을 어느 정도 소비합니다. 컨테이너 내부의 프로세스가 해당 컨테이너에서 확보된 모든 리소스를 소비하지 않더라도 경우에 따라 다른 컨테이너가 이 용량을 사용하지 못하도록 차단하므로 비용을 지불해야 합니다. 클라우드 서비스 제공 업체를 통해 서버를 배포하는 것과 같습니다. 서버 배포 시에도 사용 여부에 관계없이 해당 서버 리소스에 대한 비용을 지불합니다.

클러스터에서 실행되는 컨테이너의 개별 비용을 할당하려면 개별 컨테이너가 사용한 서버의 용량을 정할 수 있는 방법이 필요합니다. 이에 대해서는 다음 절에서 더 자세히 다루겠습니다.

또한 실행 중인 클러스터의 기타 비용도 고려해야 합니다. 예를 들어 비용 할당 전략에는 관리 노드, 클러스터 상태를 파악하는 데 사용하는 데이터 저장소, 소프트웨어 라이선스, 백업, 재해 복구 비용 등이 포함되어야 합니다. 이러한 비용은 모두 활용 중인 클러스터에 필요한 것들이며 비용 할당 전략에 고려해야 합니다.

18.4.2 컨테이너 비율

클러스터 관리에 있어서 가장 큰 문제는 기본 리소스를 공유하기 때문에 클라우드 청구서만으로는 할당에 대한 완전한 가시성을 확보할 수 없다는 것입니다. 클라우드 서비스 제공 업체에서는 추가적인 관리용 서비스제품을 사용하지 않는 한 운영체제나 프로세스에 대해서는 알 수 없고 VM 하이퍼바이저에서 제공하는 측정 항목만 확인할 수 있습니다. 이러한 정보 부족은 클라우드 서비스 제공 업체가 컨테이너와 컨테이너가 사용하는 서버의 양을 파악할 수 없음을 의미합니다. 따라서 핀옵스팀이 기본 서버 비용을 적절하게 관련 팀과 서비스로 나누려면 컨테이너 클러스터를 운영하는 팀이 각 서버 인스턴스에서 실행 중인 컨테이너를 보고해야 합니다.

각 컨테이너가 각 서버에서 사용하고 있는 비율을 기록하여 클라우드 청구 데이터를 강화할 수 있습니다.

맞춤형 컨테이너 비율

클라우드 서버 인스턴스의 각 컨테이너에서 소비하는 비율을 측정하는 것은 복잡한 프로세스입니다. 그렇지만 사용된 vCPU와 메모리 양을 기준으로 시작해보겠습니다.

[표 18-1]은 이 데이터를 이해하는 데 도움이 되는 예를 보여줍니다. 표에는 vCPU 4개와 8GB 메모리가 있는 시간당 비용이 1달러인 서버 인스턴스가 있습니다. 이 서버는 클러스터의 일부이며 특정 시간 동안 컨테이너 1~4를 실행합니다.

표 18-1 서버 인스턴스에서 컨테이너 할당 예

서버ID	컨테이너 ID	서비스 라벨	vCPU	메모리(GB)	시간(mins)	비율
i-123456	1	A	1	2	60	25%
i-123456	2	A	1	2	60	25%
i-123456	3	B	0.5	1	60	12.5%
i-123456	4	C	1	2	15	6.25%

컨테이너 1과 2를 보면 비율 계산이 매우 간단해 보입니다. 전체 청구 시간 동안 vCPU와 메모리의 1/4을 사용하므로 서버 비용의 1/4을 할당합니다. 두 컨테이너 모두 동일한 서비스(A)에 대해 실행 중이므로 서버 비용의 50 %를 서비스 A에 할당합니다.

컨테이너 3도 비슷한 구조를 가지고 있는 것 같습니다. 그러나 이번에는 서버를 더 적게 사용합니다.

컨테이너 4는 서버 인스턴스 크기의 25%만큼을 사용하고 있지만 15분 동안(60분의 25%)만 사용했습니다. 이렇게 시간 단위를 곱해서 $0.25 \times 0.25 = 6.25\%$라는 계산으로 비율 데이터가 줄어듭니다.

메트릭 비율이 기본 서버와 깔끔하게 대칭되지 않아 비율을 계산할 때 문제가 발생하는 경우가 있습니다. 이 문제를 해결하기 위한 두 가지 주요 접근 방식을 살펴보겠습니다.

가장 영향력 있는 메트릭 방식

컨테이너가 메모리보다 더 많은 vCPU를 사용하면 vCPU 비율이 계산하는 데 사용됩니다.

메트릭 가중치 방식

vCPU, 메모리 등과 같은 메트릭에 가중치를 부여한 다음 이를 활용하여 비율을 계산합니다.

vCPU와 메모리 같은 항목부터 시작하는 것이 좋지만 컨테이너 비율을 결정할 때 이러한 메트릭만 중요한 것은 아닙니다. 로컬 디스크 사용량, GPU, 네트워크 대역폭과 같은 다른 메트릭을 고려해야 할 수도 있습니다. 클러스터에 계획된 워크로드 유형에 따라 전체 메트릭 가중치가 특정 클러스터와 관련이 높을 수도 있기 때문에 클러스터 메트릭 가중치는 각 상황에 따라 다를 수 있습니다.

이렇게 컨테이너 비율 계산은 복잡한 영역이기 때문에 아직 표준화된 접근 방식은 없습니다. 컨테이너 비용 할당 프로세스를 시작할 때는 이러한 비율을 측정하는 방법이 내장된 타사 핀옵스 플랫폼을 채택하는 것이 좋습니다.

앞의 방식으로 클러스터 비용을 할당하더라도 여전히 할당되지 않은 비용이 발생할 수 있습니다. 클러스터가 항상 100% 사용되는 것은 아니기 때문에 클러스터 비용의 일부가 할당되지 않은 상태로 남게 됩니다. 컨테이너 비용을 성공적으로 할당한 조직과 시간을 보내면서 이렇게 할당되지 않은 비용을 처리하기 위한 두 가지 주요 전략을 알아보았습니다.

중앙팀에 유휴 비용 할당

클러스터 비용을 100% 할당할 수 있도록 할당 전략이 필요하므로 일부 조직에서는 이러한 유휴 비용을 클러스터를 실행하는 팀에 할당합니다. 이러한 중앙팀에는 클러스터 비용에 대한 예산과 예측 데이터가 있으므로 유휴 비용을 활용하여 각 그룹이 컨테이너 스케줄링을 최적화하고, 워크로드가 허용할 수 있는 만큼 클러스터 크기를 줄이고, 클러스터 낭비를 최소화하도록 인센티브를 제공합니다. 이를 통해 유휴 비용을 줄일 수 있습니다.

클러스터를 사용하는 팀에 유휴 비용을 분배

두 번째 전략은 클러스터에서 컨테이너를 실행하는 팀에 유휴 비용을 분배하는 것입니다. 컨테이너 비용을 할당하는 데 사용하는 것과 동일한 비율 데이터를 사용하여 누구에게 얼마나 비용을 부과할지 결정합니다. 이 방법을 사용하면 유휴 비용에 대한 중앙 집중 예산이 필요하지 않습니다.

예를 들어 팀 A는 인스턴스의 20%를 사용하는 컨테이너를 실행하고 팀 B는 동일한 인스턴스의 40%를 사용하는 컨테이너를 실행합니다. 그러면 인스턴스의 40%가 유휴 상태가 됩니다. 그런 다음 이 유휴 비용은 사용량에 따라 A팀과 B팀에 비례하여 할당됩니다.

유휴 비용을 할당하는 방식을 정하기 전에 클러스터를 운영하는 팀과 클러스터를 사용하는 팀을 모두 참여시켜 향후 어떻게 진행해야 할지에 대한 합의를 이루는 것이 좋습니다.

GCP에서의 컨테이너 비율

맞춤형 머신 유형을 사용하는 경우 GCP에서는 vCPU와 메모리에 대해 개별적으로 요금을 부과하므로 컨테이너 비용 할당에 사용할 메트릭인 경우 컨테이너가 사용하는 서버에서의 비율을 정할 필요가 없습니다. 클러스터에서 실행되는 각 컨테이너에 할당된 vCPU와 메모리만 알면 일반 GCP 단가표를 활용하여 각 컨테이너에 요금을 할당할 수 있습니다. 총 클러스터 비용은 전체 vCPU와 메모리 요금으로 표시됩니다. 이 값에서 각 컨테이너에 할당된 비용을 빼면 사용되지 않은 클러스터 비용이 남습니다.

그러나 사전 정의된 머신 유형을 사용하면 앞서 설명한 대로 각 컨테이너에 대한 맞춤 비율 데이터를 파악해야 합니다.

18.4.3 태그, 레이블, 네임스페이스

서버 인스턴스와 마찬가지로 식별자가 없는 컨테이너라면 외부에서는 뭐가 뭔지 판단하기가 어렵습니다. 그리고 현실적으로 수백 또는 수천 개의 작은 컨테이너가 생길 수도 있습니다. 태깅, 라벨링 전략이 있으면 사용량을 분류할 수 있습니다. 기본적인 클라우드에서와 동일한 핀옵스 패턴으로 컨테이너를 처리한다는 점을 다시 기억해봅니다. 이제 익숙해졌으면 합니다. 따라서 표준 클라우드 태깅 전략이 컨테이너에도 잘 적용된다는 것이 놀라운 일은 아닙니다.

컨테이너 세상에서는 컨테이너에 태그, 레이블을 지정할 수 있습니다. 이러한 태그는 비용을 할당하는 데 사용하는 식별 정보로 활용할 수 있습니다. 네임스페이스를 사용하면 컨테이너를 가상 클러스터로 그룹화할 수 있습니다. 팀이나 특정 서비스에 대한 네임스페이스를 만들면 대략적인 비용 할당 그룹을 생성할 수 있습니다.

18.5 컨테이너 최적화 단계

정보 제공 단계와 마찬가지로 컨테이너 세상의 최적화 단계에서도 클라우드 플랫폼 용으로 정의한 원래 핀옵스 단계에 바로 맞추도록 하겠습니다.

얼핏 보면 컨테이너화는 라이트사이징 문제를 해결하는 것처럼 보일 수 있습니다. 결국 동일한 서버 인스턴스에서 더 많은 것을 실행하는 것이 더 비용 측면에서 효율적인 것처럼 보입니다. 그러나 지금까지 살펴본 것처럼 클러스터에서 비용을 절감하고 있는지 여부를 측정하는 것은 복잡한 작업입니다.

핀옵스 실무자들이 '이제 컨테이너로 이동했으므로 라이트사이징할 필요가 없습니다' 또는 '유휴 리소스는 더 이상 문제가 되지 않습니다'라고 하는 것을 들은 적이 있습니다. 이러한 말들은 몇 가지 사실을 근거로 하지만 이 말들이 컨테이너 최적화의 전체를 설명하지는 않습니다. 핀옵스가 어떻게 진화해야 성공적이 될지 살펴보겠습니다.

18.5.1 클러스터 배치

한 클러스터 내에서 모든 컨테이너를 실행하는 경우 각기 다른 환경에 맞게 클러스터를 최적화하지 못할 수 있습니다. 스팟 인스턴스나 개발자에게 더 가까운 지역에서 개발 컨테이너 실행은 개발 용도의 특정 클러스터에서 실행될 때 더욱 쉽습니다. 또한 상용과 별도의 개발 계정에서 개발 클러스터를 실행하면 더 도움이 됩니다.

대안은 여러 클러스터를 실행하는 것이지만 너무 많은 클러스터를 실행하게 되면 관리하기 어려울 수 있으며 비용 측면에서 효율적이지 않습니다. 각 클러스터에서는 클라우드 리소스 측면과 직원 시간 측면에서 관리 오버헤드overhead가 발생합니다. 또한 워크로드가 여러 클러스터에 분산되어 있는 경우 클러스터 활용도를 극대화하기가 더 어렵습니다. 더 많은 컨테이너가 클러스터에 분산될수록 컨테이너가 실행 중인 서버를 채울 가능성이 낮아져 활용률도 낮아집니다.

여기서 균형을 찾는 것은 앞서 이야기한 클라우드 리소스의 비율 균형을 찾는 것만큼 중요합니다. 클러스터를 관리하고 클러스터를 사용하는 팀과 함께 논의하는 것이 조직 내 소규모 도메인별 클러스터와 대규모 일반 클러스터 사이에서 만족스러운 수준을 찾는 가장 좋은 방법입니다.

18.5.2 컨테이너 사용량 최적화

이제 핀옵스 수명 주기의 최적화 단계에서 논의된 사용량 최적화를 컨테이너에 맞춰서 살펴보겠습니다.

컨테이너에서의 유휴 리소스

클러스터된 컨테이너를 사용하면 여러 워크로드가 동시에 실행되므로 서버 인스턴스가 유휴 상태일 가능성이 낮습니다. 그러나 클러스터에 계획된 개별 컨테이너가 비활성화될 위험이 있습니다. 아시다시피 컨테이너는 클러스터 리소스를 사용하므로 클러스터가 필요한 것보다 크면 비용 효율성이 떨어집니다.

앞서 유휴 서버 인스턴스를 찾아보기 위해 서버 사용률 메트릭을 파악했던 것처럼 사용하지 않는 컨테이너 인스턴스를 찾아보기 위해 컨테이너 사용률 메트릭을 파악해야 합니다. 다시 말하지만 유휴 서버 인스턴스에서 사용하는 동일한 프로세스가 컨테이너에 적용됩니다.

클러스터와 컨테이너 라이트사이징

클러스터가 비용 효율적이지 않은 경우에는 잘못된 계획과 활용도가 낮은 클러스터 리소스 때문일 수 있습니다. 실행 중인 모든 컨테이너가 중지된 후에도 계속 실행 중인 클러스터 인스턴스나 대규모 클러스터 인스턴스에서 하나 또는 몇 개의 컨테이너만 실행 중이라면 인스턴스가 거의 활용되지 않음을 의미하므로 클러스터당 비용이 증가하고 라이트사이징이 필요합니다.

컨테이너 세상에는 수평적 라이트사이징, 수직적 라이트사이징, 워크로드와의 맞춤과 같은 여러 가지 전략이 있습니다.

수평적 라이트사이징

수평적 라이트사이징은 컨테이너를 서버 인스턴스에 얼마나 잘 적재하는지를 나타냅니다. 더 조밀하게 함께 적재될수록 실행해야 하는 서버 인스턴스가 줄어듭니다. 이 작업이 올바르게 수행되면 클러스터는 필요하지 않은 서버 인스턴스를 실행하지 않도록 하여 비용을 절감하면서 필요한 인스턴스 수는 확장할 수 있습니다. 컨테이너 오케스트레이터는 부하가 떨어질 때 클러스터에서 제거할 수 있는 서버 인스턴스를 확보하면서 서버 인스턴스의 활용도를 높이기 위해 컨테이너를 재배치해야 합니다. 시간이 지나고 사용되지 않는 클러스터 용량을 파악하면 스케줄링 엔진에서의 변경 사항을 파악할 수 있습니다. 그런 다음 더 적은 수의 서버 인스턴스에 컨테이너를 적재할 수 있도록 스케줄러를 업데이트하거나 조정하면 증가된 효율성을 측정할 수 있습니다.

수직적 크기 조정

수직적 크기 조정은 서버 인스턴스의 크기를 바꾸는 것을 의미합니다. 컨테이너 오케스트레이터가 가능한 적은 수의 서버에 컨테이너를 적재할 것으로 예상해야 하지만 고려해야 할 다른 요소가 있습니다. 고가용성을 위해 일부 컨테이너는 다른 서버 인스턴스에서 실행되어야 합니다. 이로 인해 서버 인스턴스의 활용도가 떨어지면 vCPU와 메모리를 더 적게 사용하도록 서버 인스턴스의 크기를 조정하여 비용을 절감할 수 있습니다.

워크로드와의 맞춤

컨테이너 워크로드가 vCPU 대 메모리 비율과 일치하지 않는 경우 예를 들어 vCPU보다 많은 메모리 사용하게 된다면 서버의 사용 가능한 vCPU가 있더라도 컨테이너가 사용할 메모리가 없게 됩니다. vCPU와 메모리 간의 서버 균형이 컨테이너 워크로드와 일치하지 않는다고 데이터로 분석되면 vCPU당 메모리가 더 많은 유형처럼 더 일치하는 서버 인스턴스 유형으로 낮은 시간당 요율로 실행하여 비용을 절감할 수 있습니다.

쿠버네티스 내의 컨테이너 클래스

앞에서 쿠버네티스와 같은 클러스터 오케스트레이션 솔루션을 사용하면 서비스 품질quality of service(QoS) 클래스라는 계획된 컨테이너에 다른 리소스를 설정할 수 있다고 언급했었습니다.

보장된 리소스 할당

중요한 서비스 컨테이너의 경우 보장된 리소스 할당을 사용하여 일정한 양의 vCPU와 메모리를 항상 파드에서 사용할 수 있도록 설정할 수 있습니다. 보장된 리소스 할당을 예약된 용량으로 생각할 수 있습니다. 컨테이너의 크기와 형태는 변하지 않습니다.

급증 가능한 리소스 할당

특정시간에만 바쁜 워크로드는 필요할 때만 더 많은 리소스에 접근할 수 있으므로 서버 인스턴스에서 용량을 사용할 수 있을 때는 파드가 처음 요청한 것보다 실제 더 많은 리소스를 사용할 수 있습니다. 확장 가능한 리소스 할당은 일부 클라우드 서비스 제공 업체(AWS의 t-시리즈와 GCP의 f1-시리즈)에서 제공하는 확장 가능한 서버 인스턴스와 비슷하며 기본 수준의 성능을 제공하지만 필요할 때 파드가 더 많은 리소스를 사용할 수 있도록 허용합니다.

최선의 리소스 할당

더불어 개발, 테스트 컨테이너는 최선의 리소스 할당 방식을 사용하여 용량이 충분한 경우 파드를 실행할 수 있지만 리소스가 부족하다면 파드가 중지될 수 있습니다. 이 클래스는 GCP의 선점형 VM이나 AWS의 스팟 인스턴스와 유사합니다.

컨테이너 오케스트레이터가 각 서버 인스턴스에 서로 다른 리소스 할당이 보장되는 파드 조합을 할당하면 서버 인스턴스 활용률이 높아집니다. 기본 양의 리소스를 고정 리소스 파드에 할당하고, 서버 리소스의 나머지 부분까지 사용할 수 있는 급증 가능한 파드를 추가로 배치하고, 사용 가능한 예비 용량을 모두 사용할 수 있는 최선의 리소스 파드까지 함께 할당할 수 있습니다.

18.5.3 서버 인스턴스 비율 최적화

서버리스 클러스터를 사용하지 않는 한 클러스터는 일반 클라우드 서버 인스턴스로 구성됩니다.

클러스터가 최선을 다하거나 다시 시작 가능한 파드를 많이 실행하는 경우 클러스터의 일부를 스팟 인스턴스로 실행할 수 있는 옵션이 있습니다. 스팟 인스턴스를 사용하면 클라우드 서비스 공급 업체가 제공하는 엄청난 비용 절감 효과를 활용할 수 있습니다. 그러나 클러스터 내에서 이러한 인스턴스를 실행하려면 서버 인스턴스와 실행 중인 파드가 거의 알람 메시지도 없이 클라우드 서비스 제공 업체에 의해 중지될 수도 있는 추가 위험을 고려해야 합니다.

이러한 서버 인스턴스는 다른 인스턴스와 마찬가지로 예약할 수 있습니다. 쿠버네티스와 같은 클러스터 오케스트레이션 소프트웨어를 실행한다고 해서 일반적인 예약 인스턴스와 제휴된 이용 할인 프로그램에서 클러스터를 제외해야 한다는 의미는 아닙니다. 컨테이너화가 클라우드 서버 인스턴스의 안정성을 높이는 경우가 종종 있습니다. 컨테이너는 클라우드 서버를 전반적으로 변경하지 않고도 생성, 삭제가 가능합니다. 이것은 예약 계획을 단순화 하고 전체적으로 예약 활용률이 높아진다는 것을 의미합니다. 항상 실행 중인 인스턴스를 예약하면 13장에서 설명한 대로 50% 이상의 비용을 절감할 수 있습니다.

18.6 컨테이너 운영 단계

핀옵스 운영 단계에서 배웠던 것을 떠올려 보면서 클라우드 리소스 수준에서 수행하는 작업 중 컨테이너 세상에 적용할 수 있는 작업의 수를 고려해봅시다. 업무시간 시작과 종료 즈음에 개발 컨테이너를 켜고 끄도록 계획하고, 유휴 컨테이너를 찾아서 제거하고, 컨테이너 레이블과 태그를 강제로 유지하는 것은 광범위한 전체 핀옵스 단계에서 일대일로 도출할 수 있는 유사점 중 일부에 불과합니다.

18.7 서버리스 컨테이너

아마존 파게이트와 같은 클라우드 서비스 공급자가 제공하는 서버리스 컨테이너는 컨테이너와 관련된 핀옵스 전략에 흥미로운 반전을 더합니다. 자체 관리형 클러스터를 사용하는 경우 더 많은 클러스터 실행이 비용에 미치는 영향을 고려해야 합니다. 각 클러스터에 대한 관리 컴퓨팅 노드의 추가 비용과 유지 보수 요구 사항이 있으므로 엔지니어링팀은 중앙집중식 계정에서 더 적은 수의 클러스터를 유지하려고 합니다.

서버리스에서는 클라우드 서비스 제공 업체가 클러스터 관리 계층을 관리하고 컴퓨팅 노드를 추상화하므로 워크로드를 중앙집중화할 필요가 없습니다. 서버리스 환경에서는 스케줄러의 효율성을 파악하고 컨테이너가 클러스터 인스턴스에 얼마나 잘 적재되고 있는지 측정할 필요가 없습니다. 이 책임은 모두 클라우드 서비스 제공 업체에 맡겨졌습니다. 그러나 초과해서 배포된 컨테이너에 대한 모니터링은 여전히 필요한 사항입니다.

각 컨테이너에 대한 비용 할당 작업은 클라우드 서비스 공급자가 직접 청구하므로 자연스럽게 완료됩니다. 서버리스에서는 서버에서 실행 중인 컨테이너를 클라우드 서비스 공급자가 볼 수 있기 때문에 가능해졌습니다. 따라서 비용을 분배하고 공유 리소스를 분할하는 문제가 해결됩니다. 컨테이너가 계정 내 서버 인스턴스에서 실행 중인 경우 컨테이너를 제거하면 클러스터에 여유 공간은 생성되지만 컴퓨팅 노드가 클러스터에서 완전히 제거될 때까지 비용이 절감되지 않습니다. 서버리스 컨테이너에서는 컨테이너가 제거되면 비용이 청구되지 않습니다.

이것은 좋은 소식처럼 들릴 수 있지만 그동안 봐왔던 핀옵스의 모든 것과 마찬가지로 여러 가지 고려 사항이 있습니다. 예를 들어 서버리스 환경에는 현재 예약된 인스턴스가 없습니다. 즉 서버리스에서 모든 워크로드를 실행하는 데 드는 비용이 자체 관리형 클러스터보다 훨씬 더 클 수 있습니다. 클라우드 서비스 공급자가 클러스터를 관리한다는 것은 팀에서 조정할 수 있는 구성 항목이 적다는 것을 의미하므로 워크로드에 맞게 클러스터를 최적화할 수 없게 됩니다.

18.8 마치며

컨테이너 문제는 클라우드로 이동할 때 처음 직면하는 문제와 비슷하므로 기존 핀옵스 방식을 사용하여 이러한 문제를 해결할 수 있습니다.

요약하면 다음과 같습니다.

- 컨테이너화된 애플리케이션에는 여전히 핀옵스 원칙이 적용되며 비용 관리 필요성이 중요하다는 점을 감안할 때 컨테이너화에서도 핀옵스가 꼭 필요합니다.

- 클라우드 서비스로 관리되는 컨테이너화 플랫폼을 사용하지 않는 한 실행 중인 컨테이너에서 서버를 사용하는 방법에 대한 추가 데이터를 수집해야 합니다.

- 컨테이너가 소비하는 서버 인스턴스의 비율을 파악하고 해당 정보를 클라우드 청구서와 맞춰보면 진정한 비용 할당이 가능합니다.

- 컨테이너화가 반드시 효율적인 것은 아닙니다. 서버 사용을 모니터링하고 라이트사이징과 스케줄러 최적화를 수행해야 합니다.

- 서버리스 오케스트레이션은 비용 할당의 핀옵스 오버헤드를 줄이지만 비용이 증가할 가능성이 높습니다.

19장에서는 단위 경제학과 핀옵스를 최고 수준이라고 불렀던 것에 대해 살펴보겠습니다. 지금까지 논의한 고급 핀옵스 기술의 모든 것들을 포함합니다.

CHAPTER 19

경제 단위 관리: 핀옵스 최고 수준

그동안 핀옵스 수명 주기의 세 단계를 모두 살펴봤습니다. 이제 클라우드 지출에 대해 가장 흥미롭고 도전적인 수준까지 왔습니다. 핀옵스의 최고 수준 단계는 경제 지출 관리 단위(X당 비용, X=고객, 렌더링, 사용자 등)로 전환하는 것입니다. 클라우드에서 더 많이 또는 더 적게 지출할 시기에 대해서 정보에 입각한 결정을 내릴 수 있도록 가시성을 확보하는 것이 중요합니다. 이를 위해서는 핀옵스 지식을 모두 종합하고 다른 학문의 도움도 받아야 합니다.

지금까지 수행한 모든 일들을 통해 여기까지 올 수 있었습니다. 지출을 할당하고, 최적화 목표를 설정하고, 팀이 이러한 목표를 달성할 수 있도록 절차를 구현했습니다. 핀옵스 수명 주기를 여러 번 거치면서 할당 전략, 메트릭 임계값, 클라우드 사용량에 대한 가시성을 확보하고 구체화했습니다.

하지만 여전히 격차는 있습니다. 청구서의 요금이 올라갈 때마다 지출이 좋은지 나쁜지에 대한 논쟁이 다시 시작됩니다. 사업이 성장해서 청구액이 증가한 걸까요? 클라우드 마이그레이션을 추진한 영향 때문일까요? 아니면 비효율적인 사용 패턴이 증가했나요? 경영진이 믿을 수 있을 정도로 확실한 답변을 하기는 정말 까다롭습니다.

19장에서는 경제 단위를 활용하여 지출을 비즈니스 가치와 연계하게 됩니다. 메트릭을 활용하면 추가 수익을 창출할 수 있는 지출 승인에 대한 가치와 비즈니스 성과에 대한 목표, 핵심 성과 지표(KPI)를 설정하는 데 도움이 됩니다.

19장을 마치기 전에 경제 단위로 핀옵스 최고 수준에 이르는 데 있어서 몇 가지 핵심 비즈니스 요소를 어떻게 놓치고 있는지 이야기할 겁니다. 이러한 핵심 비즈니스 요소에 대한 공백을 채우려면 핀옵스가 기술 비즈니스 관리 모델에 제공할 수 있는 수준을 넘어서야 합니다.

19.1 경제 단위의 기본인 메트릭

경제 단위는 일반적으로 특정 비즈니스 모델과 관련된 직접적인 수익과 비용으로 정의하고 단위별로 구체적으로 표현하게 됩니다. 메트릭을 사용하면 비즈니스의 개별 단위에서 얻을 수 있는 수익과 서비스, 관련 비용을 파악하여 궁극적으로 지출의 비즈니스 가치를 파악할 수 있습니다. 고객 대면 애플리케이션의 경우 해당 단위는 사용자나 고객의 가입일 수 있습니다. 전자 상거래 플랫폼의 경우 해당 단위가 주문일 수 있습니다. 항공사의 경우 좌석일 수 있습니다.

서비스의 핵심 가치를 측정하는 하나의 메트릭 개념이 새로운 것은 아닙니다. 종종 북극성 지표North Star metric(NSM)라고도 합니다. 조직이 단기적인 영향 대신 장기적인 성장에 집중하는 데 도움이 되는 지표로 생각하기 바랍니다.

비즈니스를 측정하기 위한 올바른 단위를 찾는 것은 예술과 같으며 시간이 지나면 해당 단위가 변경되거나 업데이트될 수 있습니다. 클라우드 환경에서 하나의 서비스를 제공하는 조직이라면 전체 클라우드 지출과 관련된 하나의 가치만 있으면 됩니다. 복잡한 구조와 여러 제품을 제공하는 조직이라면 종종 특정 제품군, 애플리케이션, 서비스와 관련된 여러 단위를 가지게 됩니다.

지출은 괜찮지만 낭비는 괜찮지 않습니다. 핀옵스 수명 주기의 정보 제공 단계로 다시 생각해 봅시다. 정보 제공 단계에서는 비용에 대한 인식과 소유권을 확립하기 위해 클라우드 비용을 부각시키며 강조합니다. 클라우드 지출에 대한 가시성을 확보함으로써 추세를 파악하고 향후 비용에 대한 예측도 할 수 있게 됩니다. 클라우드 비용이 계획된 예산을 초과하게 되면 다음 단계에서는 증가분을 확인하고 무슨 일이 일어나고 있는지 파악하게 됩니다. 메트릭 기반 비용 최적화에서 메트릭이 비용 최적화에 대한 중요한 역할을 하는 것과 동일하게 단위 메트릭은 클라우드 지출의 변화에 대한 중요한 정보가 됩니다.

북극성 지표를 다시 보면 클라우드 내에서 실행되는 서비스에서 생성된 비즈니스 수익을 기반으로 간단하게 분석을 시작하는 조직도 종종 볼 수 있습니다. 총 클라우드 비용을 창출된 수익

으로 나누면 클라우드 지출 증가가 조직의 이익을 증가시키는지 즉 '좋은' 지출인지를 판단할
수 있습니다.

총수익에 대한 클라우드 지출을 계산하면 클라우드 지출 증가를 전체 비즈니스의 성장으로 이
야기할 수 있습니다. 동일하게 생각해보면 클라우드 지출이 낭비되지 않았다는 것이 합리적입
니다. 만약 클라우드 지출이 비즈니스보다 빠르게 증가하면 우려할만한 원인이 될 수 있습니
다.

이상적으로는 경제 단위에 사용하는 메트릭의 엔트로피entropy가 낮아야 합니다. 낮은 엔트로피
에서는 비즈니스의 한 부분에서의 결정한 사항이 다른 곳에서 사용하는 메트릭에 영향을 주지
않습니다. 예를 들어 보겠습니다.

[그림 19-1]에서는 클라우드 지출과 조직의 총수익을 보여주고 있습니다. 이 선들이 어느 정
도 일관성을 유지한다면 경제 단위는 규칙이 있는 것으로 보입니다.

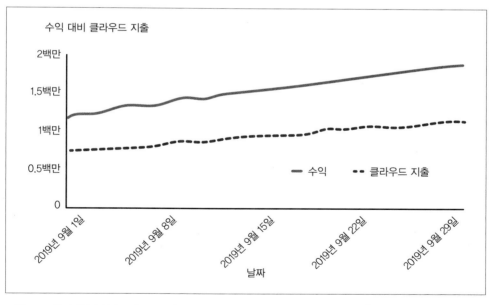

그림 19-1 안정적인 수익과 클라우드 비용

[그림 19-2]에서는 사업부가 클라우드 서비스에 무료 계층을 도입하여 고객이 무료로 서비스에 등록하고 사용할 수 있도록 했습니다. 이러한 무료 고객은 결국 유료 서비스에 가입하여 전체 수익을 증가시킬 것으로 기대됩니다. 하지만 새로운 무료 서비스를 도입하면 수익에 직접적인 영향을 주지 않으면서 즉각적으로 클라우드 지출이 증가하게 됩니다. 경제 단위가 영향을 받았습니다. 엔지니어링팀이 이 메트릭을 사용하여 인프라 비용이 비즈니스 가치에 얼마나 잘 부합하는지 측정하면 이것은 부정적인 영향을 미칩니다. 물론 엔지니어링팀에게 이러한 변화를 예상할 수 있도록 계속 이야기해 줄 수 있습니다. 지금부터 6개월 동안 마케팅팀이 광고를 진행해서 무료 계층 고객이 많아질 것이고 단위 메트릭이 영향을 받을 것이라고 이야기하는 것입니다.

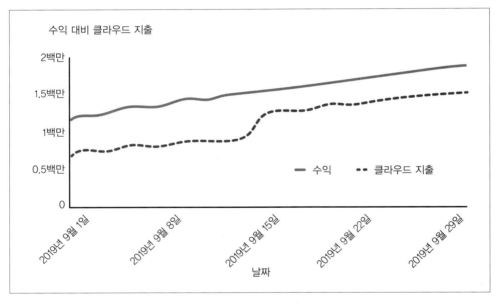

그림 19-2 무료 계층을 도입하는 동안 수익과 클라우드 비용

[그림 19-3]에서는 월간 활성 사용자monthly active users(MAU)에 대한 클라우드 지출을 측정하기로 했습니다. 활성 사용자가 증가하면 클라우드 지출도 증가할 것입니다. 무료 계층의 도입으로 활성 사용자와 클라우드 지출이 함께 증가하고 메트릭은 전반적으로 일관되게 유지됩니다. 이 경우 향후 마케팅 캠페인으로 더 많은 고객을 유도하면 그래프와 비슷한 효과를 낼 수 있으

며 엔지니어링팀에서도 일관성을 유지할 수 있습니다. 또한 활성 사용자가 증가하면 클라우드 지출이 증가하게 됩니다. 이 메트릭에서 비즈니스 가치인 활성 사용자는 클라우드 지출에 대비해서 측정되었습니다.

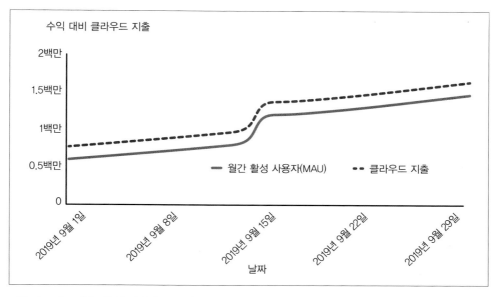

그림 19-3 무료 계층 제공을 시작하는 동안 월간 활성 사용자 및 클라우드 비용

회사 수익에서 월별 활성 사용자를 항공편 예약 좌석이나 이동한 차량 대수와 같은 단위로 변경하면 더 나은 정보를 파악할 수 있습니다. 조직의 수익과 직접적으로 관련되지 않은 단위를 사용하면 고객에게 청구되는 금액을 변경해도 단위 메트릭의 값이 변경되지 않습니다. 특히 클라우드 지출과 관련해서 이러한 메트릭을 사용할 때는 클라우드 플랫폼에서 생성한 비즈니스 처리량을 측정하는 것이 클라우드 비용 효율성에 대한 비즈니스 결정을 내리는 데 핵심이 됩니다.

19.2 철의 삼각으로 복귀

북극성 지표를 활용한 경제 단위는 인프라 변경이 비용에 미치는 영향을 측정하는 데 필요한 데이터입니다. 운영팀과 재무팀 간의 대화에서는 변경 사항에 대한 세부 사항이 아니라 그로 인한 영향에 대해 더 많이 논의하게 됩니다. 활성 사용자당 비용을 2% 증가시키면 애플리케이션 성능이 10% 향상되는지에 대한 것처럼 운영팀과 재무팀 간의 대화를 통해 회사는 변경 사항의 이점과 단가에 미치는 예상 영향을 비교하는 의사결정을 내릴 수 있습니다.

핀옵스 수명 주기의 최적화 단계에 경제 단위를 적용하면 목표 설정 시 예약 적용률 80% 달성과 같은 운영 메트릭만 사용하는 것이 아니라 가입자당 비용 25% 절감과 같은 수익에 영향을 미치는 목표를 사용하는 것으로 발전하게 됩니다. 예약 적용률 80%라는 것이 비즈니스에 도움이 될 수는 있지만 정말 중요한 의사결정에 불필요한 방해가 될 수도 있습니다.

클라우드 이야기 – J. R. 스토먼트

지출이 증가한 예를 살펴보겠습니다. 2018년에 저는 서비스로서의 소프트웨어(SaaS) 회사에서 일했는데 이곳에서 더 많이 지출해도 수익을 보호하면서 고객 경험을 크게 개선할 수 있다는 사실을 깨닫게 되었습니다. 시스템의 일부가 성능 문제로 로딩 시간이 느려졌고 그 결과 고객은 다른 곳으로 옮기겠다고 했습니다. 몇몇 엔지니어는 애플리케이션 인프라의 설치 공간을 늘릴 수 있다면 로딩 시간을 크게 줄일 수 있다고 보고했습니다.

운이 좋게도 엔지니어링팀은 프로세스의 일부로 비용도 고려하고 있었습니다. 그들은 리소스에 부지런히 태그를 달았으며 배포와 관련된 비용을 면밀히 관찰했습니다. 초기 테스트 다음 날 그들은 변경에 대한 예상 월별 비용을 계산했고 제품 소유자와 함께 한달에 10,000달러를 추가할 만한 가치가 있는지에 대해 깊은 대화를 나눌 수 있었습니다.

그들은 추가 비용이 비즈니스에 도움이 된다고 판단했고 고위 경영진의 전폭적인 승인을 받아 변경 사항을 상용에 적용했습니다. 제품 소유자는 재무 담당자에게 예산 변동이 발생하기 전에 미리 알려 줄 수 있었습니다. 프로세스를 준수하면서도 기술팀, 비즈니스팀, 재무팀은 비즈니스에 적합한 선택을 하고 합의하면서 공동으로 신뢰를 형성했습니다. 팀 간의 신뢰 증가는 핀옵스 채택에 필요한 문화적 변화를 가속화하는 데 도움이 되었습니다.

문제는 성장과 속도를 유지하면서 효율적인 조치를 취하는 것입니다. 경쟁이 치열한 환경에 있을 때 목표는 비용 절감이 되며 더 많은 기능과 빠른 성장을 추구하는 것보다 중요합니다. 클라우드에 더 많이 지출하면 더 많은 수익을 창출할 수 있고, 고객층이 커졌다는 것을 알 수 있고, 데이터 센터를 더 빨리 폐쇄할 수 있습니다.

허리띠를 졸라매기로 결정

클라우드 제품에 무료 계층을 제공하는 예를 다시 살펴보겠습니다. 클라우드 지출의 증가와 무료 계층이 장기 매출에 미치는 영향을 측정했을 때 클라우드 지출의 증가가 예상되는 매출 증가보다 조직에 더 많은 비용을 부담시키는 것을 확인할 수 있었습니다. 무료 계층 고객에게는 성능이 낮은 리소스를 제공하여 관련 비용을 줄이기로 결정했습니다. 무료 계층 고객에 대한 품질 저하로 무료 프로그램의 장기적인 혜택을 받던 사람들이 유료 비즈니스 프로그램으로 변경할 수 있습니다.

더 많은 투자로 결정

무료 프로그램을 유지하는 것이 비즈니스에 더 적합하다고 판단할 수도 있으며 애플리케이션 성능이 좋아지거나 가용성이 더욱 향상되면 수익 증대로 이어질 수 있습니다. 사업부에서는 애플리케이션 성능을 향상시키기 위해 클라우드 지출을 늘리기로 결정했습니다. 이를 통해 고객은 무료 서비스에 만족했고 더 많은 고객이 유료 계층으로 전환하도록 유도했습니다.

두 경우 모두 부서 간 대화를 기반으로 한 의사결정입니다. 경제 단위는 철의 삼각에 맞춰 의사결정을 내리는 데 도움이 되는 데이터를 제공합니다.

19.3 작업 기반의 비용

고급 핀옵스 실무자는 인프라와 관련이 있는 특정 작업을 수행하는 데 필요한 비용을 살펴볼 것입니다. 이들은 관련된 시스템 사용 시간(또는 생성된 파일당 비용, 렌더링당 비용 등)을 이해하여 예산을 책정합니다.

[그림 19-4]에서는 서비스에서 렌더링되는 파일의 수와 이를 지원하는 데 관련된 클라우드 비용을 보여줍니다. 렌더링 작업이 증가하면 클라우드 비용도 증가합니다.

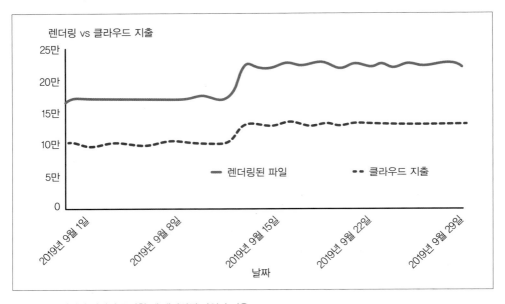

그림 19-4 렌더링 작업이 증가할 때 렌더링된 파일당 비용

[그림 19-5]에서는 파일 렌더링 비용을 분석했습니다. 클라우드 비용은 월 중순에 증가하지만 렌더링된 작업의 수는 그렇지 않았습니다. 이 모습은 렌더링된 작업의 수가 아닌 무언가가 변했다는 것을 보여줍니다. 월초보다 파일 렌더링에 더 많은 비용을 지불하고 있습니다. 더 많은 리소스가 사용되거나 예약 인스턴스가 더는 클라우드 리소스에 적용되지 않았기 때문일 수 있습니다.

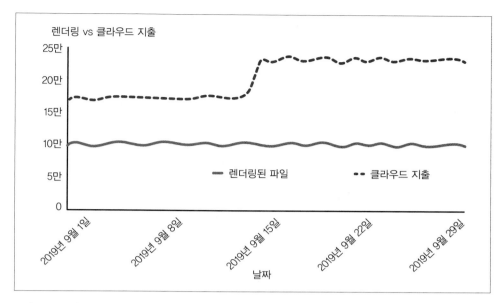

그림 19-5 클라우드 비용이 증가할 때 렌더링된 파일당 비용

5장에서 논의했듯이 클라우드 요금은 사용량에 요율을 곱한 값에 따라 부과됩니다. 따라서 예산을 초과하면 리소스 사용량에 의한 것인지 예약 인스턴스나 약정 사용 할인과 같은 포트폴리오 변경에 의한 것인지 판단할 수 있습니다. 작업 기반 비용을 계산할 때는 비용 동인을 적극적으로 관리하도록 합니다.

19.4 수식에서 제외된 사항

지금까지 클라우드 지출을 수익, 월간 활성 사용자, 렌더링된 파일과 비교했지만 다른 많은 비용도 포함할 수 있습니다. 여러분은 핀옵스 최고 수준에 도달했기 때문에 클라우드 지출을 통한 비즈니스 이점의 통찰력을 얻었습니다. 하지만 클라우드 비용은 전체 중 일부에 불과합니다. 즉 인프라 비용은 인건비에 비하면 새 발의 피입니다.[1] 경제 단위에 대한 개념은 인건비와 같은 항목을 포함하여 모든 관련 비용 데이터를 포함할 때 가장 유용합니다.

---

1 *https://oreil.ly/76m57*

지금까지 공유한 성공적인 핀옵스 사례는 순전히 클라우드 비용에 초점을 맞췄습니다. 클라우드 지출만 경제 단위로 나누면 실제 비용에 비해 일부분만의 단위 정보가 제공됩니다. 실제로 클라우드 외에 다른 많은 비용이 비즈니스의 전체 수익 창출에 기여합니다.

11장에서 서비스를 서버리스 아키텍처 모델로 변경하는 것에 대해 설명했습니다. 서비스를 다시 설계하기로 결정할 때는 인프라 비용과 잠재적인 절감액을 재설계를 위한 인건비와 비교해야 합니다. 또한 서비스가 서버리스 아키텍처에서 실행되면 서비스에 대해 비용은 클라우드 리소스 에서 청구되는 비용보다 줄어들면서 운영비용이 늘어날 수도 있습니다.

물론 핀옵스의 개념을 확장하여 클라우드 청구서 외부의 비용도 포함할 수 있습니다. 그러나 우리는 핀옵스를 기존의 검증된 총비용 관리 모델과 함께 고려하는 것이 더 합리적이라고 생각합니다.

기술 비즈니스 관리 이론은 수년간 가치를 IT 지출과 연결하기 위한 프레임워크를 제공했습니다. 그러나 기술 비즈니스 관리 프레임워크는 초 단위로 비용이 바뀌는 클라우드 세계에서 조직이 운영하는 데 도움이 되지 않습니다. 특히 구매 의사결정이 조직 전체에 분산된 조직에서 더 그렇습니다. 그렇기 때문에 핀옵스는 기술 비즈니스 관리 프레임워크의 훌륭한 동반자라고 생각합니다.

인프라를 운영하는 사람들은 대체로 인프라로 인해 발생하는 수익 특히 기술로 인해 발생하는 수익에 대해 이해하지 못하는 경우가 많습니다. 반대로 매출과 수익을 담당하는 사람들은 해당 수익의 원인이 되는 비용을 충분히 파악하지 못하는 경우가 많습니다. 기술 비즈니스 관리 프레임워크를 활용하면 수익을 수식으로 가져오고 이를 핀옵스가 제공하는 비용 동인과 결합하면 두 분야가 각각 자체적으로 제공할 수 있는 것보다 클라우드의 수익 영향에 대한 더 완전한 비즈니스 체계를 만들어 갈 수 있습니다.

지금이 IT 지출이 어떻게 되는지 알기 위해서 기존에 잘 구축된 프레임워크에 핀옵스를 연결해야 하는 시점입니다. 아직 이러한 프레임워크를 결합한 성공 사례는 많지 않습니다. 하지만 핀옵스를 통해 기술 비즈니스 관리 프레임워크를 클라우드 환경에서뿐만 아니라 클라우드 네이티브 방식에서도 운영할 수 있는 것을 알게 되었습니다. 또한 쓸데없이 시간을 낭비할 필요 없이 핀옵스를 통해 기술 비즈니스 관리 프레임워크가 클라우드 청구서 외부의 더 큰 비즈니스 비용을 다룰 수 있다는 것도 알 수 있게 되었습니다.

19.5 마치며

여러분은 지금까지 배운 핀옵스 프로세스가 어떻게 클라우드 지출과 클라우드가 제공하는 비즈니스 가치를 비교하는지 이해할 수 있습니다. 비즈니스 가치를 활용하여 최적화에 대한 목표를 설정하고 메트릭을 사용하여 클라우드 비용을 유발하는 진정한 원인을 파악하기 바랍니다.

요약하면 다음과 같습니다.

- 북극성 지표 메트릭은 클라우드 지출의 비즈니스 가치를 나타냅니다. 월간 활성 사용자는 일반적인 북극성 지표이지만 비즈니스의 산업마다 다릅니다.
- 복잡한 구조와 여러 제품을 제공하는 조직에서는 종종 특정 제품 라인, 애플리케이션, 서비스와 관련된 여러 단위 메트릭이 있습니다.
- 의사결정 시 더 이상 클라우드 비용에 초점을 맞추지 않고 클라우드 지출이 조직에 가져다주는 이점을 기반으로 하게 됩니다.

이제 잠시 시간을 내어 향후를 바라봅시다.

19.6 미래 계획

클라우드가 조직의 필수적인 부분이 되고 클라우드 비용 관리 문제가 발생하면서 핀옵스가 시작되었습니다. 핀옵스는 클라우드 비용을 비즈니스에 완전히 통합하기 위해 진화하는 기술이며 핀옵스 업무를 산업군과 같이 발전시키면 진정한 클라우드 성공을 달성하는 데 도움이 됩니다.

핀옵스에 대해서는 '끝'이 없다는 것을 강조하겠습니다. 더 이상 배울 것이 없고 더 이상 할 일이 없는 것은 없습니다. 핀옵스는 계속 발전하고 있으며 클라우드 서비스 제공 업체는 지속적으로 제품을 업데이트하고 배포합니다. 일부 서비스와 방법론은 더 이상 사용되지 않고 새로운 서비스와 방법론이 그 공간을 채웁니다. 간단히 말해서 클라우드가 진화하고 변화하는 한 핀옵스도 진화하고 변화합니다.

요즈음 가장 뛰어난 핀옵스 실무자는 핀옵스의 경제 단위를 활용하고 있습니다. 향후 12~18개월 안에 핀옵스가 기술 비즈니스 관리 프레임워크와 같은 다른 대규모 비즈니스 프레임워크와의 연결을 통해 진정한 클라우드 지출을 정량화할 수 있을 것으로 기대합니다. 이를 위해서는 프레임워크가 반복되어야 하고 현재 클라우드에서 서비스가 어떻게 작동하는지 더 잘 알아야 합니다. '구축하고 실행하는' 운영 모델을 활용하면 조직의 더 많은 팀이 비즈니스에서 제공하는 서비스에 기여합니다. 이들은 더 많은 개별 마이크로서비스를 담당하고 종종 여러 비즈니스 제품들이 비용을 분담합니다. 마이크로서비스, 데브옵스, 퍼블릭 클라우드의 선택을 이해하려면 클라우드 청구서 외부의 비용을 측정하는 방식을 업데이트해야 합니다.

클라우드 비용을 이해하고 정보에 입각한 비즈니스 결정을 내리는 것을 목표로 핀옵스에 대한 여행을 시작했습니다. 핀옵스를 기술 비즈니스 관리 프레임워크와 같은 프레임워크에 연결하면 기존 기술 비즈니스 관리 프레임워크가 클라우드를 이해할 수 없는 문제를 해결할 수 있지만 핀옵스로도 대규모 비즈니스의 전체 비용과 수익을 다루게 됩니다. 이 시스템들이 함께 작동하면 클라우드 비용을 더 큰 비즈니스 시스템에 원활하게 통합할 수 있습니다.

그리고 이렇게 클라우드 성공을 이룰 수 있습니다.

후기 (J. R. 스토먼트)

책의 전체 초안 제출 마감 10일 후 여덟 살인 쌍둥이 아들이 세상을 떠났습니다. 아들의 마지막 세 번의 주말 중 두 번은 아내와 아이들이 오리건 해안 같은 곳으로 여행을 떠났습니다. 그동안 저는 이 책을 편집하느라 혼자 집에서 주말을 보냈습니다.

마이크와 저는 7월 26일 금요일로 마감일을 정했습니다. 뿌듯했습니다. 집에 있는 화이트보드에 '7월 26일에 핀옵스 책 마감'을 적고 기념했습니다. 원고 제출에 대해서 링크드인에도 게시했습니다. 이 책을 쓰기 위해 가족과 떨어져서 수많은 저녁과 주말을 보냈던 마이크도 기쁨과 함께 글을 올렸습니다.

다음 날 아침 저는 아이들과 놀았어야 했습니다. 그러나 몇 달 동안 오랜 시간 글을 쓰는 데 시간을 보냈기에 그동안 쌓인 업무 이메일을 확인하기 위해 집으로 돌아왔습니다. 제가 타이핑하는 동안 쌍둥이 와일리와 올리버가 장난스럽게 방에 들어왔습니다. 아이들에게 관심을 주지 않자 와일리는 화이트보드 텍스트를 수정하면서 다음과 같이 고쳤습니다.[1]

....

1 옮긴이_ 사진의 poop과 poo는 모두 어린이의 말로 똥을 의미합니다. 즉 '핀옵스 똥 똥 책'.

일주일이 조금 더 지난 후 와일리는 하늘나라에 갔습니다. 가족보다 덜 중요한 것들로 인해 아들과 함께하지 못한 시간을 후회했습니다. 저는 아들의 삶과 죽음 그리고 그것이 저에게 미치는 영향에 대해 긴 글을 썼습니다. 여러분이 가진 시간에 대해 감사하고 중요하게 생각해야 한다는 메시지를 담았기 때문에 이 글이 널리 읽혀야 한다고 생각합니다(*https://bit.ly/2njjJAm*).

이 책은 핀옵스 업무를 돕기 위해 출간되었지만 만료되는 예약 인스턴스나 단기적인 라이트사이징 때문에 금요일 저녁에 가족과 함께하지 못하면 안 됩니다. 예약 인스턴스 구매로 회사가 100,000달러를 절감해도 여러분의 시간만큼 소중하지는 않습니다. 월요일에 하세요. 상사 때문에 그렇게 하기 어렵다면 핀옵스 재단 그룹에 연락하여 다른 직장을 찾기 바랍니다. 핀옵스 재단은 전문가들과 좋은 사람들로 이루어진 커뮤니티입니다.

팀이 하룻밤 사이에 큰 영향을 받을 가능성은 거의 없습니다. 일과 삶의 균형을 찾길 바랍니다. 팀에서 모든 것을 라이트사이징하고 주말을 활용한다고 해도 이것은 일회성 업무입니다. 핀옵스를 가능하게 하는 전사적 문화, 프로세스, 사례들을 만들지 않으면 비용 절감에 대한 프로젝트는 수명이 짧을 수밖에 없습니다. 주말에 일하는 것은 남는 것도 없이 지나가는 시간일 뿐입니다.

마지막으로, 핀옵스는 진화할 것입니다. 클라우드 서비스 제공 업체가 지속적으로 혁신할 뿐만 아니라 더 많은 핀옵스 실무자가 사례들을 공유하면서 진화와 변화가 더욱 두드러질 것입니다. 이 책으로 핀옵스를 끝까지 정의하지 못합니다. 겨우 시작에 불과합니다. 앞으로 이루어질 일들에 기여하고 싶다면 핀옵스 재단에 가입하고 이야기하면서 함께 만들어가길 바랍니다.

INDEX

INDEX

INDEX

INDEX

INDEX